소비자의 마음

소비자의 마음

멜리나 파머 지음 | 한진영 옮김

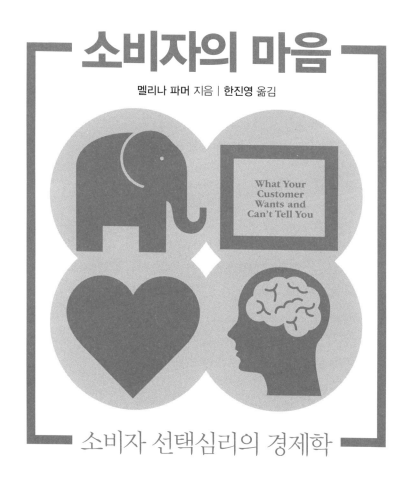

What Your
Customer
Wants and
Can't Tell You

소비자 선택심리의 경제학

사람in

"사람은 자신의 직감을 믿는다. 수많은 기업가가 직감을 믿고 결정을 내렸다가 거대한 회사와 자신의 명성을 망쳤다. 이 책은 승승장구하던 지도자를 무너뜨린 인지 편향을 피하는 법을 행동경제학에 기반하여 알려 준다. 학계와 업계의 최근 성과를 탁월하게 조합하여, 회사를 지키고 경력을 확장하는 법을 명쾌하게 설명한다."

— 글렙 치퍼스키(행동과학자, 디재스터 어보이던스 익스퍼츠Disaster Avoidance Experts 최고경영자, 《직감을 믿지 말라Never Go with Your Gut》, 《무엇이 관계를 조종하는가The Blindspots Between Us》 지은이)

"멜리나는 행동경제학을 쉽게 이해하고 적용하도록 해 주었을 뿐 아니라 많은 기업 전략에 도입하여 눈부신 성과를 이끌었다. 소비자의 머릿속을 파악하여 기업을 키우고 싶다면 이 책을 읽어야 한다."

— 저스틴 마틴(베리티 크레디트 유니언Verity Credit Union 임직원가치제안책임자 겸 최고운영책임자)

"고객이 개인적으로나 공적으로 결정하고 선택하는 '진짜 이유'가 통념과 다름을 보여 준다. 예전 방식을 '너무 깊이' 파지 말고 이 책에서 배워야 한다."

— 윌 리치(마인드스테이트 그룹Mindstate Group 최고경영자, 《마케팅에서 사고방식으로Marketing to Mindstates》 지은이)

"멜리나 파머는 유명 팟캐스트 〈브레이니 비즈니스The Brainy Business〉를 여러 해 진행하며 쌓은 통찰력을 재밌고 발랄하게 채워 넣었다. 이 책을 읽으면 참신하고 기발한 아이디어로 사업체를 끌어올릴 수 있을 것이다. 활용하기 좋은 지식이 가득한 이 보물단지는 수많은 심리학 원리를 활용하여 마케팅하는 법을 알려 준다. 독자는 가격 책정과 점화 효과, 메시지 전달, 넛지, 호혜성, 습관 등 바로 실천할 수 있는 요령에 눈뜰 것이다. 고객을 제대로 상대하려면 놓치지 말아야 할 필독서다."

— 커트 넬슨(랜턴 그룹Lantern Group 창립자 겸 수석행동과학자, 우수 팟캐스트로 선정된 〈적재적소 행동과학Behavioral Grooves〉 공동 진행자)

"읽기 시작하면 곧바로 빠져든다. 멜리나는 탁월한 이야기꾼이다. 22년간 P&G 인사이츠P&G Insights에서 일한 경험자로서 말하면, 이 책의 내용 대부분은 내가 참여한 여러 브랜드에도 들어맞는다. 이 책은 사례 연구와 근거를 제시하고 현장 비즈니스와 행동경제학 이론을 멋지게 엮어 낸다."

— D. 키스 이워트(클라우드아미CloudArmy 고객연구팀 부국장)

"최고경영자에서 마케팅 담당자, 제품 개발자, 1인 기업가에 이르기까지 브랜드와 관련된 모두가 읽어야 할 책이다. 리더십에 관심 있거나 기업체를 성공적으로 운영하려는 비즈니스맨이라면 팀원과 함께 읽어야 한다."

— 크리스티나 맥램(니쉬 스킨케어Niche Skincare 창업자 겸 최고경영자)

"행동 이론을 적용하는 법을 쉽고 탁월하게 알려 준다. 진실하고 설득력 있으며 전 세계 마케팅 담당자나 실무자에게 유용한 지침서다. 비즈니스맨이라면 이 책의 통찰에서 많은 것을 얻을 것이다."

— 누알라 월시(마인드에퀴티MINDEQUITY 창립자, 유엔여성기구 영국사무소 부의장, 세계응용행동과학자협회 창립 멤버)

"일상 업무에 적용할 수 있는 행동경제학 원리와 지혜로 가득한 이 책은 멜리나의 팟캐스트 〈브레이니 비즈니스〉와 딱 맞는다. 여러분을 응용행동과학이란 멋진 세계로 안내하는 이 책을 꼭 읽으시라."

— 제이슨 아캠볼트(트루이스트 파이낸셜Truist Financial 행동경제학부 이사)

"구체적 사례가 풍부하고 친절하며 매력적이다. 행동과학 원리를 삶과 일에 적용하려는 이에게 귀중한 자료다."

— 벡 위크스(피크Pique 공동 창업자)

"멋진 아이디어, 실용적 요령, 인간 행동을 날카롭게 통찰한다. 참으로 많은 내용을 종합하여 실행하기 쉽게 알려 준다. 놓치면 안 되는 필독서다!"

— 팀 홀리헌(비헤이비어 알케미Behavior Alchemy 행동과학전략국장, 우수 팟캐스트로 선정된 〈적재적소 행동과학〉 공동 진행자)

"우리가 모르는 사이에 뇌가 어떻게 행동의 방향을 정하고 촉발하는지를 알려 주는 매혹적인 사례로 가득하다. 재미있고 의욕을 불러일으키는 이 책은 참신한 아이디어를 갈망하는 스마트마케팅 종사자, 창작자, 디자이너뿐 아니라 심리학에 관심 있는 사람에게도 유용하다. 우리가 선택하고 움직이도록 하는 진짜 요인을 알려 준다."

— 톰 노블(클라우드아미 Inc.CloudArmy Inc. 사장 겸 최고보안책임자)

"인간 행동과 의사 결정의 과학에 매혹된 이에게 탁월한 안내서다. 행동경제학과 마케팅을 독창적으로 결합했다. 적절한 사례와 감탄스러운 통찰을 담은 이 책은 재미있고 증거 자료도 탄탄하다. 주제의 범위와 깊이도 적절한 균형을 이룬다."

— 매들린 퀸런(세일런트 비헤이비럴 컨설턴츠Salient Behavioral Consultants 공동 창업자, 세계응용행동과학자협회 회장)

"비즈니스에 성공하려면 인간의 행동과 소비자의 사고를 이해해야 한다. 이 책은 행동과학의 최근 연구 결과를 흥미롭게 보여 주고 업무에 활용하는 요령도 알려 준다. 미루지 말고 지금 읽으라. 여러분 자신과 사업에 이익이 될 것이다."

— 리처드 채터웨이(《처음 읽는 행동경영학The Behaviour Business》 지은이, BVA 넛지 유닛 UKBVA Nudge Unit UK 최고경영자)

"인간의 행동을 파악하고 업무와 삶에 활용하고 싶다면 놓치지 말아야 한다."

— 마코 파머(텍사스A&M대학교 인간행동연구소 소장)

"인공지능 시대인 현재도 가장 정교한 기계인 뇌의 작용을 이해하고 활용할 수 있도록 설명했다."

— 제임스 로버트 레이(디지털 그로스 인스티튜트Digital Growth Institute 창업자 겸 최고경영자, 팟캐스트 〈뱅킹 온 디지털 그로스Banking on Digital Growth〉 진행자, 《디지털 시대의 금융 마케팅Banking on Digital Growth》 지은이)

"적절한 사례를 우아하고 간결하게 이야기해서 요점을 쉽게 이해할 수 있다. 진정으로 성장하려면 측정할 수 있는 방식과 수단으로 감정과 행동을 이해해야 한다는 것이다."

— 나디아 호겐 페데르센(아이모션스iMotions 마케팅 부사장)

"행동경제학을 이해하고 시장에서 우위를 점하려는 비즈니스맨이 감탄할 만한 단계별 지침서다. 강력 추천한다."

— 크와메 크리스천(아메리칸 네고시에이션 인스티튜트American Negotiation Institute 이사, 베스트셀러 작가, 변호사, 강연자, 협상 관련 최고 인기 팟캐스트 〈네고시에이트 애니싱Negotiate Anything〉 진행자)

"비즈니스를 좌우하는 것은 능력이 아니라 인간 행동에 대한 이해다. 이 책은 관련 분야 서적 중 가장 의미가 크다. 행동경제학자이자 팟캐스트 진행자 멜리나 파머는 인간의 복잡다단한 뇌를 폭넓게 탐험하고 소비자를 고객으로 만드는 길을 안내한다."

— 마이클 샤인(《과대광고 핸드북The Hype Handbook》지은이, 마이크로페임 미디어MicroFame Media 사장)

"알베르트 아인슈타인은 이렇게 말했다. '모든 것은 더 단순하게가 아니라 최대한 단순하게 만들어야 한다.' 멜리나 파머도 그렇게 했다. 행동경제학과 사회심리학의 연구 결과를 누구나 이해하도록 설명했다. 그러면서도 작은 요소를 무시하지 않았다. 현실에 적용하는 방법뿐 아니라 필요한 자료도 알려 준다. 소비자를 더 끌고 싶다면 이 책과 그녀의 팟캐스트 〈브레이니 비즈니스〉를 놓쳐서는 안 된다."

— 브라이언 에이헌(《사람들을 설득하는 법Influence PEOPLE》지은이)

"이 책은 인간 행동과 경제학을 매력적으로 이야기한다. 비즈니스 방향을 제시하고 기존 전략을 다시 생각하게 만든다. 제대로 된 경영과 리더십을 위한 실천 과제도 제시한다. 무엇이 고객의 마음을 움직이는지 궁금하면 반드시 읽어야 한다."

— 스콧 J. 밀러(베스트셀러 지은이, 리더십 관련 최고의 팟캐스트 〈온 리더십 위드 스콧 밀러On Leadership with Scott Miller〉진행자)

"초보자부터 경험 많은 비즈니스맨에 이르는 모두가 지혜를 얻을 것이다.

— 에이프릴 벨라코트(카우리 컨설팅Cowry Consulting 행동과학컨설팅책임자, 《넛지의 천재들Ripple》공저자)

"응용행동과학에 발을 들여놓고 비즈니스에 적용하려는 사람을 위해 멜리나가 심혈을 기울여 쓴 책."

— 맷 월리트(행동과학자, 《기획에서 마케팅까지 끝에서 시작하라Start at the End》지은이)

"실용적 통찰과 사례가 가득할 뿐 아니라 학술 논문으로 탄탄하게 뒷받침했다. 행동경제학을 응용하려면 탐독해야 한다."
— 제즈 그룸(카우리 컨설팅 창업자 겸 최고경영자, 《넛지의 천재들》 공저자)

"이 책이 알려 주는 적용법을 이해하면 잠재력을 억누르는 무의식의 장벽을 넘어 고객에게 맞는 제품과 서비스를 생각할 수 있을 것이다. 그리하여 경쟁자를 앞지를 것이다. 읽으라. 흡수하라. 써먹으라!"
— 애덤 핸슨(아이디어스 투 고Ideas To Go 행동혁신 부사장, 《본능을 앞서라Outsmart Your Instincts》 공저자)

"소비자 자신도 모르는 결정 과정을 보여 주며 비밀의 장막을 걷어 낸다. 소비자의 사고방식을 예리하게 통찰하는 지식의 보고다."
— 네이트 앤도스키(크리에이티브 사이언스Creative Science 최고경영자, 《구매의 이유 해독하기Decoding the Why》 지은이)

"행동과학을 바로 적용할 수 있는 조언과 흥미로운 사례로 가득하다."
— 얼린 홀츠워스(패턴 헬스Pattern Health 행동과학 연구실장, 듀크대학교 고급통찰센터 책임자)

차례

1부

**뇌는 어떻게
작동하는가**

3부

행동경제학을 활용하는 법

4부

뇌의 방해를 극복하는 법

1백 년 전 윌리엄 맥퍼슨William Macpherson이《설득의 심리학The Psychology of Persuasion》을 런던의 한 출판사를 통해 펴냈다. 1929년에는 에드워드 버네이즈Edward Bernays가 여성의 흡연을 "자유의 횃불"이라는 슬로건으로 규정하며 대중화했다. 20세기 들어 소비자심리학이 점점 발전했지만 기업은 상품의 특성과 장점에 초점을 맞춘 마케팅을 고집했다.

그동안에도 새로운 학문이 싹을 틔웠다. 이 학문에 따르면 복잡한 방정식으로 세상을 설명해 온 경제학자는 인간의 행동에 관해 착각했다. 알려진 바와 달리 소비자가 언제나 최대 한계효용을 추구하지는 않고, 기업가도 최고 수익을 올리는 데만 목숨 걸지는 않는다. 인간이 실제로 어떻게 행동하는지 연구한 학자들이 노벨상을 받으면서 행동경제학이 주목받기 시작했다.

지난 수십 년 동안 뇌과학이 발전하면서 인간 행동에 관한 지식도 늘었다. 뇌는 안을 들여다볼 수 없는 블랙박스였지만, 이제는 기능적자

기공명영상fMRI 등 덕분에 관찰할 수 있는 기관이 되었다.

나는 광고와 포장, 상품에 소비자가 반응하는 과정을 연구하며 뇌과학을 활용하는 선구적 마케터들을 보고 마케팅과 뇌의 관계에 관심을 기울였다.

뉴로마케팅neuromarketing이라는 신생 분야에 관한 글을 쓰기 시작한 2005년 당시에는 연구 환경이 미비했다. 유명 브랜드만 뉴로마케팅 연구를 지원할 여력이 있었기 때문이다. 그래서 규모가 작은 조직도 활용할 수 있도록 뇌과학에 기반한 마케팅 전략을 발표했다.

이 시기에 인간 행동은 대부분 무의식이 결정한다는 것을 보여 주는 베스트셀러가 연달아 출간됐다. 업계 지도자들도 소비자를 설득하려면 논리와 객관적 사실에만 매달려서는 안 된다는 것을 차차 인식했다.

내가 첫 책《그들도 모르는 그들의 생각을 읽어라Brainfluence》를 펴낸 10년 전에는 업계에서 자주 부딪치는 문제를 행동과학으로 해결하도록 안내하는 책이 드물었다. 가격을 어떻게 정하고 제시할까? 어떤 이미지가 설득력이 클까? 어떤 헤드라인이 구매자를 더 많이 끌어들일까? 나는 이 질문에 답하는 정도를 넘어 실천할 수 있는 방법을 알리고 싶었다.

멜리나 파머의《소비자의 마음-소비자 선택심리의 경제학》은 행동과학의 중요성을 설파하는 의미 있고 소중한 책이다. 학자처럼 설명하지 않고 바쁜 마케터와 임원이 납득하고 체화할 수 있게 행동과학을 이야기한다. 설교가 아니라 대화하듯 이야기하고 전문용어도 거의 쓰지 않는다. 뿐만 아니라 독자가 책의 내용을 여러 상황에 적용할 수 있도록 안내한다.

　이 책을 읽으면 모든 조직에 적용할 수 있는 비의식적 설득 방법을 이해할 수 있을 것이다. 처음부터 끝까지 읽지 않고 특정 부분만 살펴봐도 유익한 아이디어를 얻을 수 있다.

　마케터로 성공하려면 상품이나 서비스의 특성을 치켜세우는 것을 넘어 고객의 결정에 영향을 미치는 무의식적 요소를 알아야 한다. 멜리나 파머는 이 책에서 바로 그 점을 역설했다.

— 로저 둘리

《프릭션Friction》,《그들도 모르는 그들의 생각을 읽어라Brainfluence》 지은이)

1부

뇌는 어떻게
작동하는가

What Your Customer Wants and Can't Tell You

Chapter 01

뇌의 비밀을 찾아서

우리는 뇌에 대해 얼마나 알고 있을까?

잠시 생각해 보자. 뇌의 역할과 작동에 관해 확실히 '아는 것'이 있는가? '아는 것' 중 얼마나 많은 부분이 짐작과 기대에 바탕하는가? 나아가 친구와 동료 또는 고객의 뇌에 관해 얼마나 아는가?

우리 모두는 뇌가 있지만 실제로 어떻게 작동하는지는 모른다.

최근 20년간 많은 학자가 뇌에 관해 밝혀낸 사실은 지난 20만 년 동안 알아낸 것보다 많다.[1] 과학기술을 발전시키고 관련 분야의 연구를 결합한 덕분이다. 하지만 아직 베일에 싸인 영역이 너무도 많다.

그 비밀을 제대로 밝히는 분야 중 하나는 행동경제학이다. 소비자가 어떤 이유로 상품을 구매하는지, 현실에서 어떻게 행동하는지를 예측하는 분야다.

비유하자면 행동경제학은 전통 경제학과 심리학이 결혼하여 낳은 아이다. 다음과 같이 표현할 수도 있다.

전통 경제학＋심리학＝행동경제학

이 책에는 이보다 복잡한 식이 없다. 그 정도로 쉽게 이야기하는 이유는 행동경제학이라는 거창해 보이는 분야의 학자로서 연구 성과를 모두가 이해하고 활용하도록 하기 위해서다.

이 책을 쓴 목적은 다음과 같다.

- 인간의 뇌가 어떻게 작동하는지 보여 준다.
- 행동경제학의 중요한 개념을 소개한다. 이해하기 쉽고 오래 기억하도록 하나씩.
- 배운 개념을 통합하여 비즈니스에 활용하는 방법을 알려 준다.
- 문제가 생겼을 때 뇌를 속이는 법을 알려 주어 문제를 극복하고, 배운 것을 실천하게 해 준다.

행동경제학은 심리학, 경제학, 신경과학, 철학 연구 결과가 수십 년간 쌓이고 결합한 학문이다. 한편으로는 기교이기도 하다. 뇌가 현실을 인식하고 결정하기까지는 수백 가지 규칙과 개념, 자극이 영향을 주고받는다. 이 책에 소개하는 개념들은 이미 학술적으로 증명되었다. 그 개념들은 어떤 식으로든 일상에서 작동한다. 하지만 우리는 언제 어떻게 어떤 개념을 적용할지는 잘 모른다. 여기서 기교가 필요하다. 이 책에서 그 문제에 접근하는 방법도 설명하려 한다.

먼저, 뇌가 실제로 어떻게 작동하는지를 이야기해 보자.

인간을 움직이는 잠재의식과 의식

우리가 오프라 윈프리와 만나고 싶다고 하자. 하지만 무턱대고 그녀에게 전화해서 약속 날짜를 정할 수는 없다. 일단 1명 혹은 10명일지도 모르는 비서를 거쳐야 한다. 비서는 세상 누구보다 바쁜 오프라가 사소한 일로 방해받지 않도록 검문하는데, 두 사람의 관계는 의식과 잠재의식의 관계와 비슷하다.

노벨상 수상자인 행동경제학자 대니얼 카너먼Daniel Kahneman은 뇌를 2가지 시스템으로 설명한다.[2] 시스템 1은 자동 시스템으로, 반응이 빠르고 순식간에 어마어마하게 많은 정보를 처리한다. 컴퓨터 용어로 바꿔 말하면 1초에 1천1백만 비트의 정보를 처리한다.[3] 이 책에서는 시스템 1을 '잠재의식'이라고 하겠다.

반면 시스템 2는 반응속도는 물론 정보처리도 훨씬 느리다. 잠재의식이 1초당 1천1백만 비트를 처리하는 반면, 의식은 고작 1초당 40비트만 처리한다. 이 책에서는 시스템 2를 '의식'이라고 하겠다.

잠재의식(시스템 1) = 비서

증명된 규칙을 반사적으로 이용하여 재빨리 수많은 결정을 한다.

의식(시스템 2) = 바쁜 임원

정말 중요한 일만 이 단계로 들어선다. 여러 가지를 따져 보고 신중하게 결정한다.

우리는 자신의 뇌를 통제하고 생각과 행동을 적절하게 결정할 수 있다고 생각한다. 또 모든 일을 복잡하고 논리적으로 실행한다고 여긴다. 하지만 절대 그렇지 않다. 뇌의 의식 영역은 너무 느려서 생존에 필요한 무수한 일을 그때그때 결정할 수 없다.

그렇기 때문에 우리의 판단 중 99퍼센트를 잠재의식이 담당한다.[4]

뇌의 두 시스템은 사용하는 언어가 다르다. 그래서 포커스 그룹* 이 자신은 A라는 치약을 사고 싶다고 답변하고 실제로는 사지 않는 일이 벌어진다. 고의적인 거짓말은 아니다. 나중에 어떻게 결정할지 모를 뿐이다. 더 중요한 문제는 자신이 왜 그렇게 판단했는지 설명하지 못한다는 것이다. 다시 말하지만 그 이유는 두 영역의 언어가 다르기 때문이다.

* 표적 시장으로 예상되는 소비자를 일정한 자격 기준에 따라 선발한 집단.

경험이 반복되면 규칙이 된다

처음 운전을 배운 때를 떠올려 보라. 당시에는 끊임없이 자신의 지지부진한 행동을 점검했을 것이다. '내 손이 어디 있지? 어느 페달이 브레이크더라? 사이드미러도 봐야지!'

운전이 느린 이유는 뇌의 의식 영역이 규칙을 세우고 있었기 때문이다. 일단 규칙이 정해지면 그때부터는 훨씬 쉬워진다. 어제 운전할 때 그 규칙들을 떠올렸는가? 그렇지 않았을 것이다. 운전 기술이 뇌의 무의식 영역으로 넘어왔기 때문이다. 운전하는 동안 뇌가 초보 시절과 똑같이 결정하고 판단하지만, 이미 검증된 경험 법칙에 따르기 때문에 속도가 빠르다.

그런데 평소와 달리 폭우 속에서 산길을 운전하며 트럭과 가드레일 사이를 달리고 있다면 어떨까. 긴장해서 시간이 느리게 흐르는 것 같고, 운전대의 미세한 움직임도 느끼며, 눈에는 힘이 잔뜩 들어가고, 어깨도 한껏 올라갈 것이다.

그 이유는 잠재의식이 운전대를 의식 영역에 넘겨줬기 때문이다. 이런 상황에서는 운전이 생존을 좌우하는 중요한 일이므로 계속 집중할 필요가 있다. 말하자면 초당 40비트로 정보를 신중하게 처리해야 한다. 운전이 중요한 자리를 차지하는 동안 다른 일은 잠재의식 단계로 내려간다.

낯선 주소를 처음 찾을 때 라디오 볼륨을 낮추는 이유도 그 때문이다. 의식 영역은 한 번에 여러 가지 일을 할 수 없다.

뇌가 경험을 쌓으며 규칙과 편향을 만드는 한편 잠재의식 규칙은

몸의 생리로부터도 많은 영향을 받으며 수천 년 동안 진화해 왔다.[5]

위험에 직면한 인간은 반사적으로 '싸움, 도망, 경직' 중 하나의 반응을 보인다. 여기에는 이유가 있다. 수많은 세대가 이어지는 동안 선조와 우리를 생존하게 해 준 규칙이 작동하기 때문이다. 우리 조상 중 밤에 숲속에서 반짝이는 2개의 점을 보고 '다들 저게 호랑이라고 생각하겠지만…… 절대 아닐걸!'이라고 생각한 사람은 분명 잡아먹혀 진화의 사슬에서 사라졌을 것이다.

과거를 바탕으로 미래를 예측한다

우리는 진화를 통해 배우기도 하고 개인적 경험으로 배우기도 한다. 그 지식은 잠재의식이 적용하는 규칙에 언제나 영향을 미친다.

우리는 다음에 일어날 일을 예측하고 대부분의 행동을 결정한다. 예측의 바탕은 잠재의식이 알고 있는 과거다. 잠재의식이 여러 선택지 중 고른 하나는 대부분 옳다. 하지만 때로는 상황에 맞지 않게 결정하기도 한다. 초당 1천1백만 비트의 정보를 처리하기 때문에 모든 결정이 1백 퍼센트 옳을 수는 없다.

예를 들어 현대사회의 우리가 호랑이를 만날 가능성은 거의 없다. 하지만 우리 뇌는 사장이 참석하는 회의나 웹사이트의 어지러운 광고를 맹수의 '공격'처럼 받아들이고 '싸움, 도망, 경직' 중 하나의 반응을 보인다.

행동경제학은 일상생활이나 회사에서 뇌가 어떤 규칙을 따라 작동하는지를 연구한다. 이 책에서 소개하는 개념은 문화와 연령, 성별, 소득, 교육 수준 등과 상관없다.[6] 상황과 개인에 따라 조금씩 다르겠지만 누구나 일상에서 경험하기 때문이다.

우리가 체스판을 생전 처음 봤는데 체스마스터와 겨뤄야 한다고 해보자. 조건은 체스 규칙을 게임하면서 익혀야 한다는 것이다. 체스를 두면서 규칙을 조금씩 배우면 각각의 말이 어떤 역할을 하는지, 왜 언제 움직여야 하는지 짐작할 수 있을 것이다. 하지만 실력을 기르기는 너무 어렵고 체스마스터를 이기는 것도 불가능할 것이다.

규칙을 미리 알았다면 체스 경기에서 훨씬 많이 배웠을 것이다. 어쩌면 이겼을지도 모른다.

행동경제학을 통해 뇌가 결정하는 방식을 배우는 일은 허둥대는 체스 초보자를 상대로 체스마스터가 되는 것과 비슷하다. 사람들 대부분이 모르는 게임 규칙을 알면 삶과 일에서 훨씬 유리한 위치를 차지할 것이다.

이제 그 규칙을 알아보자.

Chapter 02

기업과 브랜드

"브랜드는 기억이다."
— 피터 스테이들《뉴로브랜딩Neurobranding》지은이)[7]

스스로에게 이렇게 질문해 보자. 나는 무슨 브랜드를 가장 좋아하지?

그럼 특정 브랜드가 잠재의식에서 반사적으로 떠오른다. 그 브랜드는 글자만 있는 서류와 달리 감정과 기억과 감각이 뒤섞여 있다. 애플 로고를 떠올렸을 수도 있고, 스타벅스의 프라푸치노 향이 코끝에 맴돌았을 수도 있다. 디즈니랜드로 가족 여행 갔을 때의 흥분이 되살아나거나 볼보의 가죽 시트 냄새를 느꼈을 수도 있다.

우리가 연상하는 브랜드는 잠재의식의 규칙과 연상, 즉 습관 때문에 나타난다. 우리는 왜 특정 브랜드를 선호할까? 왜 다른 브랜드와 다르게 받아들일까? 왜 그 브랜드가 머릿속에 떠오를까?

"인식한 것이 현실이다"라는 격언을 들어 봤을 것이다. 이 말이 계속 회자되는 이유는 진실을 담고 있기 때문이다. 그런 면에서 나는 피터 스테이들Peter Steidl의 "브랜드는 기억이다"라는 명언을 좋아한다.

'브랜드'의 위치는 기업보다 높다.

기업은 상품이나 서비스를 제공하고 돈을 받는다. 즉, 수익을 얻기 위해 존재한다. 그런데 소비자가 특정 상품이나 서비스를 사는 이유는 무엇일까? 무엇이 감정과 사연과 기억을 그 브랜드에 고정할까? 브랜드화branding다.

우리는 브랜드를 통해 경험을 쌓고, 그 경험은 마음속에 페르소나를 형성한다. 그리고 친근감은 호감을 낳는다.[8]

한 이성과 첫 데이트를 한다고 가정해 보자. 우리는 그 사람의 행동을 얼마나 날카롭게 관찰할까? 아마 모든 말과 행동을 평가하고 마음에 새길 것이다. 매력 있더라도, 수프를 먹으며 후루룩거리면 다시 만나고 싶지 않을 수도 있다.

이번에는 자신이 기혼자라고 가정해 보자. 그리고 파트너가 비슷하게 짜증나는 후루룩 소리를 냈다고 해 보자. 이것이 이혼 사유가 될까?

아마도 아닐 것이다.

브랜드도 마찬가지다. 우리는 특정 브랜드를 처음 접하면 까다로운 눈으로 살핀다. 방어벽을 높이 치고는 애정을 줄지 돌아설지를 가늠한다. 이때 뇌는 잠재의식과 의식을 동원하여 브랜드를 평가하지만, 선택에 영향을 미치는 요소는 대부분 의식의 표면 아래에 있다.

브랜드를 평가한 후 기억하고, 더 나아가 좋아하게 되면 나중에 '후루룩거리는 소리를 들은 듯'한 실망을 느끼더라도 좋아하는 10가지 브랜드 안에는 남을 것이다.

10가지 브랜드 중 하나가 황당할 정도로 실망시킨다면 애정이 사라질까? 불쾌한 경험을 몇 번쯤 해야 브랜드의 신뢰도가 흔들려 목록에서 사라질까? 애초에 특정 브랜드를 선택한 이유는 무엇일까? 신뢰일까, 습관일까?

마법 같은 브랜드의 힘

브랜드가 중요한 이유는 기업을 고객에게 각인시키기 때문이다. 잠재의식의 갈망을 브랜드가 채워 주리라 기대하는 고객은 감정적으로 반응하고 특정 행동을 한다. 우리에게 브랜드가 없으면 고객의 잠재의식은 반사 반응을 일으키지 않는다. 대신 우리의 경쟁사가 고객을 사로잡을 것이다.

우리가 무슨 일을 하고 무엇을 팔든 핵심은 브랜드다. 앞에서 언급한 유명 브랜드는 최고 중의 최고다. 그 브랜드 관계자는 위상과 중요성, 해야 하는 것과 하지 말아야 하는 것, 그리고 독보적 위치에 오른 이유를 안다.

넷플릭스 제작 담당 부사장이었던 깁슨 비들Gibson Biddle은 고객을 중심에 두는 정도가 아니라 집착해야 훌륭한 제품이나 회사, 브랜드가 탄생한다고 주장한다.[9] 행동공학적 안목이 탁월한 넷플릭스 구성원들은 고객이 필요하다고 느끼지 못하고 요구하지도 않은 제작물과 서비스를 기획한 덕분에 업계 선두 주자가 됐다. 이 책의 요령을 활용하면 여러분도 그럴 수 있다.

디즈니는 마법과 경이로움, 꿈의 실현을 상징하는 브랜드다. 디즈니의 작품을 아는 대중의 기억 속에는 일정한 기대가 있다. 만약 온 가족이 한자리에 앉아서 디즈니 영화를 보는데 〈쏘우Saw〉 같은 공포 영화가 나오면 어떨까?

사람들은 격분할 것이고, 디즈니는 신망뿐 아니라 많은 브랜드 가치를 잃을 것이다.

디즈니라는 브랜드는 참으로 폭넓다. 디즈니 직원들의 일, 고객이 디즈니 상품을 구입한 경험, 디즈니랜드에서 만나는 캐릭터 모두가 브랜드의 일부다. 디즈니는 한 사람 한 사람 모두가 중요하다는 사실을 잘 안다. 매 순간이 중요하다. 그래서 사소한 것 하나까지도 브랜드의 성격과 일치하게 만든다.

참신함과 스토리의 힘

디즈니만 디테일에 신경 쓰는 것이 아니다. 라스베이거스 베니션호텔은 2014년 여행 관련 사이트 트립어드바이저가 '세계에서 가장 호화로운 호텔'로 뽑은 곳이다. 이 호텔에는 높이가 7.6미터에 달하는 기둥이 있다. 호텔 측은 적당한 대리석이 아니라 이탈리아에서 수입한 대리석으로 기둥을 만들었다. 아마존은 평범한 마분지 상자가 아니라 회사 로고를 인쇄한 상자를 사용한다. 미소 짓는 입술을 표현한 로고는 A부터 Z까지 안 파는 물품이 없는 아마존을 상징한다. 아이폰 광고에 나오는 기기들은 시각이 언제나 오전 9시 41분이다. 그 이유는 2007년에

스티브 잡스가 아이폰을 처음 공개한 시각이기 때문이다. 얘기가 나와서 말인데, 시계 광고에서는 시각이 항상 10시 10분에 맞춰져 있다. 좌우 대칭이 잘 맞고, 아마존 로고처럼 웃는 얼굴을 떠올리게 하기 때문이다. 트위터 로고의 새는 이름까지 있다. 궁금해하는 사람을 위해 말해 주자면 래리다. 해리포터 영화 시리즈에 나오는 초상화들은 어떻고? 모두 컴퓨터 그래픽이 아니라 화가가 손으로 그린 작품이다. 런던워너브라더스 세트장에서 본 적 있는데, 정말로 환상적이었다!

유명 브랜드 사례를 꼽으면 한이 없다. 그 내용으로 이 책을 채울 수도 있을 것이다. 여기서 중요한 것은 '왜 그렇게까지 하느냐'다. 우리가 좋아하는 브랜드는 왜 그런 수고를 감내할까? 왜 쉬운 길을 가지 않을까? 왜 바비 인형에 성과 중간 이름을 지어 주고 출생 배경까지 만들까? 참고로 바비의 이름은 바버라 밀리센트 로버츠고, 자란 곳은 위스콘신주에 있는 가상의 도시 윌로스다.

유명 브랜드들이 언제나 애쓰는 이유 중 하나는 고객의 뇌가 소소한 성취와 발견을 좋아하기 때문이다. 우리는 제품을 만드는 기업이 세심할수록 좋아한다. 그 정성이 선물처럼 느껴지기 때문이다. 또 브랜드에 관한 사소한 정보를 알면 칵테일파티 등에서 박식해 보일 수도 있다. 제품에 후광효과halo effect[10]를 더할 수도 있다. 뇌가 이렇게 생각하기 때문이다. '이렇게 사소한 것에 신경 쓸 정도면 본 제품에는 얼마나 공들이겠어!'

또 다른 이유는 우리 뇌가 예민하기 때문이다. 초당 1천1백만 비트의 정보를 처리하는 잠재의식은 뭔가 이상한 것이 있으면 포착하도록 프로그래밍되어 있다.

드라마 〈왕좌의 게임Game of Thrones〉을 생각해 보자. 73편의 에피소드가 8개 시즌으로 구성된 이 드라마는 총방영 시간이 70시간이 넘는다. 시청자는 매회마다 흥미진진한 이야기와 다양한 의상, 세트를 즐겼다. 그런데 마지막 시즌에 엉뚱하게 스타벅스 컵이 등장하여 인터넷에서 난리가 났다.

그 컵은 왜 눈에 거슬리게 두드러졌을까? 왜 대중은 제대로 묘사된 수백만 가지 아이템은 트위터에서 언급하지 않았을까? 왜 하나의 실수가 드라마 전체에 지나치게 부정적인 영향을 미칠까?

바로 뇌가 끊임없이 스캔하기 때문이다. 그러다 뭔가가 정상에서 벗어나면 의식 영역이 경계 태세로 바뀐다. 문제의 컵이 보이는 잠깐 동안에는 다른 장면이 흐릿한 배경이 된다. 사실 제대로 나온 소품들에 관해서는 사람들이 거의 언급하지 않았으니 불공평한 일이다. 우리 뇌는 이처럼 사소한 불일치를 과도하게 부풀리고 기억에 영향을 미친다.

기억의 축적

브랜드는 고객의 기억이 축적된 결과물이다. 뇌에 쌓인 기억은 전반적인 인상을 남긴다. 특정 브랜드와 상호작용하는 고객의 뇌는 무수한 정보를 나름의 기준으로 분류하여 잠재의식 파일에 저장한다. 그 기업에 대한 인상은 새로운 경험을 할 때마다 꾸준히 바뀐다.[11]

그런데 기억이란 무엇이고, 어떻게 작용하는 걸까?

단순한 질문이지만 답은 복잡하다. 이 질문에는 수많은 진실이 들어 있지만 사람들 대부분은 외면한다. 뇌에 쌓이는 기억을 캐비닛 속 서류나 클라우드에 저장한 사진처럼 생각할 수도 있다. 하나의 기억은 실제 일어난 일을 세심하게 복제한 것이고, 안전하게 보관하면 보고 싶을 때마다 볼 수 있으며, 이후에는 똑같은 상태로 저장된다고 말이다.

실상은 전혀 다르다.

우리는 뇌가 부정확하게 해석한 내용을 기억한다. 게다가 그 기억을 꺼낼 때마다 내용이 조금씩 바뀐다. 우리가 뭔가를 더 많이 생각할수록 원본에서 더 멀어진다. 좀 허탈한 일이다.

사람의 뇌는 편의에 맞추어 기억을 계속 바꾼다. 자신을 더 멋지게 만들고, 어떤 부분은 과장하며, 타인의 비중을 줄이기도 한다. 이 모든 것을 의식 영역에서는 인지하지 못한다. 심지어 거짓 기억을 만들기도 한다. 소설이나 광고 속 사건인데 실제로 일어난 일로 착각할 수도 있다.[12]

나는 18세 때 항공사 콜센터에서 일한 적이 있다. 혹시 비행기 때문에 항공사 고객서비스팀에 전화해서 소리 지른 적이 있는가? 나는 그런 전화를 여러 번 받았다.

많은 사람이 전화로 하소연했는데, 듣다 보면 기가 막혔다. 이륙 시간이 미뤄지면 치가 떨린다며 이렇게 말했다. "정말 고문이 따로 없었어요!" "먹을 것도 없이 공항에 발이 묶였는데, 의자는 불편하고 화장실은 더럽고……."

컴퓨터로 간단히 확인해 보면 연착 시간은 겨우 90분 정도였는데 말이다.

모르는 사람을 위해 알려 주자면, 항공사에 전화해서 항의하는 이들은 하나같이 무료 항공권을 요구한다. 어떤 여성은 승무원이 탄산수 1개를 너무 늦게 가져다주었다며 무료 항공권을 요구했다. 그녀 좌석은 8열이어서 멀지도 않았다.

승객이 그렇게 기억하는 이유는 현실을 그렇게 인식했기 때문이다. 항공사는 날씨를 통제할 수 없지만, 악천후 때문에 공항에 발이 묶인 승객은 항공사에 관해 나쁜 이미지를 형성한다. 운행을 미루는 이유가 탑승자의 안전을 지키기 위해서라는 것은 다들 안다. 하지만 잠재의식은 그 사실을 무시하고 불쾌한 경험만 저장한다.

오래된 낚시꾼 이야기를 생각해 보자. 어떤 사람이 작은 물고기를 잡았는데 20년 후에 '지금까지 본 적 없는 엄청나게 큰 물고기!'로 뻥튀기된 이야기 말이다. 대부분은 거짓말하는 게 아니다. 그 경험을 이야기할 때마다 뇌 속에서 물고기가 점점 커졌기 때문이다. 과장하다 보면 다른 사실도 저절로 과장하기 마련이다. 다른 낚시꾼보다 잘나 보이려는 욕심 때문이 아니라 뇌가 자연스럽게 활동한 결과다.[13]

기업인이 알아 두면 좋은 기억의 변덕은 또 있다. 실제 사건과, 일어났다고 착각하는 사건을 뇌가 구분하지 못한다는 사실을 보여 주는 사례다.

5살 때쯤 쇼핑몰에서 길을 잃은 적이 있다. 엄마와 함께 걷는데 털로 뒤덮인 오렌지색 곰 인형이 눈길을 끌었다. 오렌지색 곰은 드물기 때문에 신기했다. 유리를 통해 보니 더 안아 보고 싶었다. 1초

후에 뒤돌아봤는데 엄마의 검은색과 흰색 줄무늬 원피스가 안 보였다. 부산하게 지나가는 어른들의 수많은 다리를 겁에 질려 쳐다보는 동안 온몸이 두려움에 휩싸였다. 엄마를 다시 만날 때까지 12분밖에 안 걸렸다는데, 느낌으로는 몇 년쯤인 듯하다.

믿기 힘들겠지만, 이 이야기는 여러분의 기억 창고에 저장되었다. 뇌는 가짜 기억도 진짜처럼 저장할 수 있다. 한 유명 연구 결과에 따르면[14] "당신이 쇼핑몰에서 길을 잃었을 때 말인데요"라고 말하며 어린 시절을 상기시키면 사람들의 3분의 1은 길을 잃은 적이 없는데도 사실이라고 믿었다. 4분의 1은 이후 두 차례 인터뷰한 후에도 진짜라고 믿었다.

우리는 어떤 일에 정보를 더하면 더할수록 더욱 사실로 믿는다.[15]

광고에 나오는 "업계 최고", "서비스망이 가장 넓습니다", "가장 빨리 성장하는 회사" 등의 문구를 사실처럼 기억 창고에 저장한다. 뇌는 일관성을 추구하기 때문에 일단 사실로 받아들이고, 어울리는 정보를 찾는다.[16]

내막을 파악하고 기억을 돌아보면 정확할 것 같지만, 그렇지도 않다.

'사야 하는 것'과 '사는 것'은 다르다

우리가 제품이나 서비스를 개발했는데 사람들이 구입하지 않는다고 가정해 보자. 처음에는 틀림없이 잘 팔릴 것이라고 생각했는데 반응이 신통치 않다. 그럼 어떻게 팔아야 할까?

"사야 한다"라고 표현하는 제품은 실패작이다. 상품 개발자가 "소비자들은 이걸 사야 돼" 또는 "정말 좋다는 걸 모두 알게 될 거야"라고 말하면 아마도 결과가 좋지 않을 것이다.

소비자가 '해야 하는' 일이나 '가장 득이 되는' 일을 하는 것은 아니다. 무엇이 가장 좋은지 알아도 행동하지 않을 수도 있다. 예컨대 누구나 건강을 원하고, 그러려면 무엇을 해야 하는지 안다. 다이어트와 운동이다.

그런데 사람들이 2가지를 실천하는가? 안 하는 사람이 훨씬 많다.

이것이 뇌의 수수께끼다. 의식 영역은 무엇을 해야 하는지 알지만 잠재의식 영역이 지시를 따르지 않을 때가 많다. 뉴욕대학교 심리학과 교수 조너선 하이트Jonathan Haidt는 코끼리 조련사 이야기로 쉽게 설명한다.[17]

의식 영역과 시스템 2를 가리키는 코끼리 조련사는 코끼리를 움직이게 하는 좋은 계획과 논리를 안다. 하지만 잠재의식 영역과 시스템 1을 가리키는 코끼리가 정신이 팔려 있거나 무관심하면 방법이 없다. 조련사가 밀거나 당기거나 소리 질러도 움직이지 않을 것이다. 한편 적절히 자극하면, 예컨대 무더울 때 시원한 연못으로 안내하면 그쪽으로 움직일 것이다.

코끼리가 원하는 바를 파악하면 훨씬 쉽게 움직일 수 있다. 행동경제학은 이렇게 뇌와 협력하는 방법을 파헤친다.

이 책에 등장하는 뇌와 관련된 개념들을 결합하여 다양하게 적용하는 법을 알면 업계에서 우위를 점할 수 있다.

제품을 디자인하든, 가격을 책정하든, 홍보 문구를 생각하든, 사내 소통을 담당하든, 알맞은 브랜드를 개발하든 가장 심각한 문제는 의식 영역의 조련사가 자신들만의 언어로 다른 조련사와 의논한다는 것이다. 실제로는 코끼리를 꾀어서 움직이게 해야 하는데 말이다.

코끼리는 인간의 논리를 이해하지 못한다. 잠재의식도 마찬가지다. 그러므로 먼저 잠재의식을 설득해야 한다. 의식 영역이 할 일은 그 방법이 왜 환상적인 작전인지 설명하는 것이다.

Chapter 03

뇌의 비밀

잠재의식이라는 코끼리는 끝없이 보상을 찾고, 그것을 어디서 얻을 수 있는지 예상할 수 있는 현재 상태를 선호한다. 사람의 뇌를 '기분 좋게 해 주는' 화학물질은 4가지다. 쉽게 외우려면 머리글자를 딴 DOSE를 기억하자.[18]

- 도파민dopamine: 기대
- 옥시토신oxytocin: 공감과 유대감
- 세로토닌serotonin: 좋거나 나쁜 기분
- 엔도르핀endorphins: 목표 달성에 필요한 고통이나 불쾌감 억제

고객을 기쁘게 하는 도파민

4가지 화학물질 중 비즈니스와 가장 관련 깊은 것은 도파민이다. 구매 행위의 95퍼센트는 습관이 이끄는데, 습관은 보상에 대한 기대 때문에 형성되기 때문이다.[19] 보상이 가장 중요할 것 같지만 더 중요한 것은 보상받기까지의 과정이다.

신경과학자 로버트 새폴스키Robert Sapolsky[20]는 도파민이 언제 분비되는지를 연구했다. 실험을 계획한 그는 불이 켜졌을 때 단추를 10회 누르면 간식을 받는다고 원숭이들을 가르쳤다.

이제 도파민이 언제 분비되기 시작할까? 언제 가장 많이 분비될까?

- 불이 켜질 때
- 단추를 누르는 동안
- 간식이 나올 때
- 간식을 먹을 때

결과는 어땠을까.

대부분 간식을 받아 먹을 때 도파민이 가장 많이 나온다고 생각할 것이다. 실제로는 불이 켜질 때 도파민이 나오기 시작했고, 단추를 누르는 동안 가장 많이 나왔다. 간식이 나오자 도파민은 더 이상 분비되지 않았다.

상황이 불확실해지면 더 재미있는 결과가 나타났다. 단추를 누르면 간식이 나오는 확률을 50퍼센트로 줄여 불확실성을 높였더니 도파민 분비량이 2배가 되었다! 규칙을 바꿔 간식이 25퍼센트나 75퍼센트 확률로 나오게 하자 도파민은 매번 줄 때와 50퍼센트만 줄 때의 중간 정도 분비되었다.

계획을 짜고 고객 체험 지도customer experience journeys를 작성할 때 이 실험을 명심하기 바란다. 가장 중요한 것은 보상에 이르는 여정이다.

이 책에서는 그 여정을 여러 장*에 걸쳐 설명할 것이다. 도파민의 양을 결정하는 것은 기대 심리고, 부정적 도파민은 브랜드의 명성을 단번에 떨어뜨린다. 고객을 기대감에 들뜨도록 만들었는데 주문량이 낮아졌다면? 부정적 도파민을 분출시켜 고객을 화나게 했다는 뜻이다. 반대로 주문이 예상을 넘어섰다면 고객의 도파민이 더 많이 분비됐다는 뜻이다. 즉, 놀랄 정도로 기뻐한 고객이 있었다는 의미다.

자동판매기에서 과자를 산다고 생각해 보자. 물건 하나 가격을 넣으

불확실성이 증가시키는 도파민

간식이 나올 확률 50퍼센트	😍 😍 😍 😍
간식이 나올 확률 25퍼센트 또는 75퍼센트	😍 😍 😍
간식이 나올 확률 1백 퍼센트	😍 😍

면 하나를 받을 것이다. 그러면 도파민이 별로 안 나온다. 하나 가격만 넣었는데 2개가 나오면? 오, 예! 도파민이 많이 나온다. 돈을 넣었는데 걸려서 과자가 안 나오면? 에잇! 부정적 도파민이 분비된다.

소비자가 좋은 제품을 선뜻 사지 않고 망설이면 어떻게 해야 할까? 무료 샘플을 제공하라. 호혜성이 2배가 되고 기대감에 따른 도파민 분비도 2배가 된다.

거울뉴런

뇌는 특이한 방식으로 타인으로부터 배우고 공감한다. 바로 거울뉴런mirror neuron 덕분이다.[21] 학자들은 인간이 관찰하며 배우고 처음 보는 사람에게도 감정이입한다는 사실을 오래전부터 알았다. 하지만 원리는 1990년대 초반 거울뉴런이 발견된 후에야 밝혀졌다.

이 발견에 관한 사연은 다음과 같다.

유난히 무더운 시기에 이탈리아 파르마대학교 연구실에서 한 원숭이를 대상으로 실험을 했다. 연구팀은 원숭이 머리에 전극을 연결했다. 특정 동작을 할 때 뇌가 어떻게 반응하는지 알아보기 위해서였다. 예를 들면 원숭이가 컵을 잡거나 벽돌을 들거나 땅콩을 집을 때 어느 부분이 활성화하는지 관찰하려는 것이었다.

역사적인 그날, 한 연구원이 아이스크림을 먹으며 들어왔다. 원숭이는 움직이지 않았다. 그저 아이스크림에 대한 관심 때문에 눈이 커지기만 했다. 하지만 뇌는 다른 말을 하고 있었다. 원숭이 자신이 아이스크림을 먹는 것처럼 뇌의 해당 영역에 불이 켜졌다!

추가 연구에 따르면, 연구원이 땅콩을 건네기 위해 집으면 원숭이가 땅콩을 집은 것처럼 해당 뇌 영역에 불이 켜졌다. 연구원이 땅콩을 입에 넣으면 원숭이도 자신이 땅콩을 먹은 것처럼 해당 뇌 영역에 불이 켜졌다! 원숭이는 가만있었지만 뇌는 상대의 행동을 '경험'하고 있었다. 그 행동을 똑같이 한 것처럼 말이다.

이 우연한 사건으로 거울뉴런을 발견한 연구팀은 1990년대에 연구 결과를 발표했다.[22] 원숭이와 마찬가지로 인간도 거울뉴런이 있고, 이는 인간이라는 존재를 형성하는 데 큰 영향을 미친다.

우리는 거울뉴런 덕분에 다음과 같이 관찰하며 배운다.

- 아이는 어른이 병뚜껑 따는 모습을 지켜보고 배운다.
- 고양이처럼 도약하는 법을 배우는 발레리나도 다른 사람의 모습을 보고 배운다.
- 대중 강연가를 꿈꾸는 사람은 다른 강연가의 발표를 보며 무엇을 하고 하지 말아야 하는지를 배운다.

인간은 설명을 듣거나 미리 행동해 보지 않아도 관찰하며 배울 수 있다. 놀라운 일이다. 거울뉴런이 없었다면 현대인의 삶은 존재하지 않을 것이다. 유튜브에서 상품을 개봉하는 언박싱 동영상도 무용지물일 것이다.

인류는 아마도 우연히 불을 발견했을 것이다. 처음부터 원리를 알고 불을 피웠을 리 만무하다. 그럼 사람들은 어떻게 불 피우는 법을 배웠을까?

그렇다. 거울뉴런 덕분이다.

사냥하며 모여 살고 농사짓고 집 짓는 방법뿐 아니라 지금 매일 사용하는 기술도 그렇게 익혔을 것이다. 인류의 집단 지성은 무척 빨리 성장한다. 누군가가 새로운 행동을 하면 다른 사람들의 뇌가 그 행동을 직접 해 본 것처럼 작동하기 때문이다. 배운 내용은 들불처럼 빠르게 퍼진다.

거울뉴런이 어떻게 작동하는지 살펴보자. 인간의 뇌에는 1천억 개의 뉴런이 있고, 각 뉴런에는 다른 뉴런과 연결되는 1천~1만 개의 접점이 있다.

거울뉴런은 전두엽에 있다. 이곳에는 컵을 잡거나 공을 차는 등 일상 행동을 할 때 활발해지는 동작 제어 뉴런도 있다. 거울뉴런은 우리가 의식적으로 움직일 때 활발해지지만 무의미한 동작을 할 때는 그렇지 않다. 브랜드 사업자가 명심해야 할 놀라운 사실은 의도가 중요하다는 점이다. 예를 들어 보자. 한 실험에서 진행자가 참가자들에게 찻잔을 들고 있는 손 사진을 보여 주었다.[23] 사진의 배경은 3가지로 달랐다.

- 옆에 쿠키 접시와 찻주전자가 있는 사진(한 모금 마시려고 찻잔을 집어 든 것처럼 재현)
- 주변에 과자 부스러기와 지저분한 테이블이 있는 사진(청소하려는 것처럼 재현)

- 배경이 없는 사진(검은 배경에 손과 찻잔만 재현)

거울뉴런은 배경이 있으면 더 활성화했다. 목적이 분명한 듯한 동작에 더 잘 반응했다.

거울뉴런은 우리가 다른 사람의 행동을 이해하고 느낌을 공유하도록 돕는다. 예를 들어 어떤 사람의 오른팔에 다른 사람의 몸이나 물건이 닿으면 우리 뇌도 오른팔에 똑같은 것이 닿은 것처럼 반응한다.

빌라야누르 라마찬드란Vilayanur Ramachandran이 테드TED 강연에서 설명했듯이, 똑똑한 통증수용체와 촉각수용체가 "걱정 마. 누군가가 만지는 게 아니라 우리가 그저 공감하는 거야"라고 뇌에 알림으로써 접촉을 실제로 착각하지 않게 해 준다. 심지어 팔의 감각을 마비시키는 주사를 맞더라도 우리는 촉각을 경험하고 '느낄' 것이다.

말도 안 되는 것 같지만 사실이다. 이 모든 것은 거울뉴런 때문이다.

매혹적인 일이지만 이런 궁금증이 들 수도 있다. '비즈니스와 행동경제학을 이야기하는 책에서 왜 이런 내용을 소개하지?' 거울뉴런을 적용하는 방법이 무궁무진하기 때문이다.

- 동영상에서 다른 사람이 뭔가를 구매하는 장면을 본 사람은 뭔가를 구매할 가능성이 높아진다.
- 유튜브 영상 마지막에 커서가 '구독'을 클릭하는 장면을 보여 주면 구독자 수가 크게 많아진다.
- 웹사이트 이미지의 부적절한 얼굴 표정은 엉뚱한 거울뉴런과 행

동을 촉발할 수 있다.

- 브랜드에 관한 이야기를 들으면 거울뉴런이 자극받고 해당 브랜드를 이전과 다르게 경험하고 분류한다.
- 고객의 행동을 이끌어 내려면 맥락이 중요하다(찻잔 사진을 떠올려 보라).
- 고객과의 관계는 악순환 아니면 선순환이다. 부정적인 내용을 내놓으면 더 부정적으로 반응하고, 긍정적인 내용을 내놓으면 더 긍정적으로 반응할 것이다.[24]

단어 선택과 브랜드 페르소나brand persona,* 직원의 태도 모두 기업 이미지에 중요하다. 소비자는 의식하지 못하고 설문조사에서도 분명히 표현하지 못하지만, 거울뉴런은 기업을 보는 시각에 영향을 미친다. 내가 언제나 강조하는 것은 '중요하지 않은 것은 없다'다. 선택의 결과를 생각하든 말든 결과는 직원과 동료, 고객의 행동에 영향을 미친다. 우리의 과제는 그 과정을 최고로 만드는 것이다. 여기서 묻고 싶다. 그런데도 안 할 이유가 있는가?

편향된 뇌

행동과학 이론을 본격적으로 살펴보기 전에, 우리 뇌는 편향적이라

---

* 나이, 성별, 사회경제적 위치, 지적 수준 등 소비자가 브랜드에서 연상하는 인간적 특성과 이미지.

는 사실을 인정해야 한다. 사람들 대부분은 완벽하게 객관적이 되고 싶어 하지만 편향적이지 않은 사람은 없다. 단 한 사람도.

잠재의식의 규칙은 경험과 편견에 바탕한다. 경험과 편견을 제거할 수는 없지만 일단 이해하면 모든 것이 수월해진다. 뇌의 편향이 낳는 현상 중 하나는 자신이 남들보다 도덕적이고 똑똑하며 빠르다는 믿음이다.[25]

> "사람은 누구나 자신이 유머 감각이 있고 취향이 세련됐다고 생각하지. 하지만 모든 사람의 취향이 세련됐을 리가 없잖아."
>
> — 영화 〈해리가 샐리를 만났을 때〉에서 마리가 한 말

뇌는 혼자만의 우주에서 중심을 차지한다. 우리는 자신이 최고라고 믿게 되어 있다. 다른 사람뿐 아니라 과거의 우리도 마찬가지다. 또 어제보다 오늘의 자신이 낫다고 생각한다. 그래서 모두 다음과 같은 편향을 드러낸다.[26]

- 나는 남과 다르게 현실을 정확하게 봐. 나는 객관적이고 편견이 없지(순진한 현실주의).
- 나는 남들보다 능력 있으니 성공할 가능성이 높아(낙관주의 편향).
- 대부분 내 의견에 동의할 거야. 침묵은 동의 아냐(합의 편향)?
- 다른 사람이 나를 아는 것보다 내가 다른 사람을 더 잘 알아(비대칭적 통찰의 착각).

- 나는 속마음을 보여 줬어. 설명하지 않아도 모두 내 행동의 동기와 배경을 알 거야(투명성 착각).
- 나는 남들과 다르니 내게 맞는 해결책이 필요해(고유성 착각).
- 하지만…… 별자리점 같은 것을 보고 "이게 바로 나야!"라고 할 때는 전반적인 나를 말하는 거야(바넘 효과, 포러 효과, 점성술 효과, 점치기 효과).
- 내가 이 행운의 양말을 신어야 그 팀이 이길 거야(통제의 착각).
- 나는 남보다 유혹에 강해. 홍보 프리젠테이션 시작해 봐(낙관주의 편향, 자신감 과잉 효과).
- 남들은 항상 똑같지만 나는 늘 변화해(특성 신념 편향).
- 내가 그 게임쇼를 제패할 거야(자신감 과잉 효과).
- 정말 영리한 선택이야. 그럴 줄 알았다니까(선택 지원 편향, 타당성 착각).

행동경제학에 따르면 우리는 각자 다르지만 예측할 수 있는 존재다. 자신이 2차원 세계에서 돌아다니는 3차원적 존재라고 자부하지만, 그 원인은 다른 사람의 모든 측면을 보지 못하기 때문이다. 물론 다른 사람도 타인을 별 볼 일 없는 2차원적 존재로 생각할 것이다. 그 사실을 이해하면 대화가 어떻게 달라질까?

Chapter 04

이 책을 활용하는 법

나는 브랜드를 기업과 유기적으로 통합하고 싶어 하는 사람을 위해 이 책을 썼다. 글로벌 기업 마케팅 책임자든, 제품 개발이나 디자인 책임자든, 가격 전략 책임자든, 모든 분야를 떠맡아야 하는 소기업 대표든 이 책이 도움이 될 것이다.

사업 감각을 기르고 싶어서 이 책을 골랐다면 칭찬하고 싶다. 심리학과 뇌과학에 대한 관심과 호기심을 사업 수익으로 바꿔 줄 테니 말이다.

책을 읽을 때 문제가 많았던 제품이나 서비스가 생각나면 좋은 일이다! 염두에 두면 좋지만 문제들에 속박될 필요는 없다. 이 책의 목적은 숨은 기회를 찾아 주는 것이니 말이다.

나는 심사숙고 끝에 책을 네 부분으로 나누었다.

1. 1부에서는 지금까지와 다른 시각으로 뇌를 설명한다. 뇌가 작동하는 과정을 열린 마음으로 배울 수 있다.

2. 2부에서는 업무에 적용할 개념들을 설명한다. 전문 개념은 1백 가지가 넘지만, 숫자에 압도되지 않도록 기본 지식을 주로 이야기하겠다. 또한 현장에서 참고하도록 짧게 구성했다. 이 책은 소장용이 아니라 사업에 행동경제학을 적용하는 실전용이기 때문이다. 각 장 끝에는 독자가 적용할 수 있도록 실천 과제를 덧붙였다. 또 개념을 깊이 알고 싶은 사람을 위해 내가 진행하는 팟캐스트 〈브레이니 비즈니스〉의 관련 회차를 본문 뒤(343쪽)에 소개했다. 참고로 thebrainybusiness.com/ApplyIt에 무료 PDF 워크북 파일이 있다. 다운로드하면 메모하고 반복 연습할 수 있다.

3. 3부에서는 행동경제학을 다양하게 결합하면 비즈니스가 예상외로 성장할 수 있음을 보여 준다. 각 장 끝에 개념 목록을 제시했으므로, 실천 과제로 개념을 적용하면 편리할 것이다(배운 내용을 보충하는 무료 PDF 워크북을 꼭 활용하기 바란다).

4. 4부에서는 우리를 지켜 주는 뇌의 편향과 속임수를 설명한다. 이 책은 재미있는 안내서 이상이다. 배운 내용을 비즈니스에 적용하는 요령과 자신감이 생길 것이다.

주요 개념을 살펴보기 전에, 우리 뇌에 몇 가지 준비작업을 해야 한다. 그래야 그 개념들을 적용할 수 있다. 본문에서 다룰 점화 효과를 여기서도 언급하는 이유는 다음과 같다.

1. 뇌를 위해 적절히 준비하면 마지막 단계에 응용하는 계획을 세우는 데 유리하고 성공 확률도 높아진다.
2. 이 책에서 영감을 받으면 흥분한 나머지 끝까지 읽기도 전에 다른 사람에게 알려 주고 싶을 것이다. 이때 대화를 생산적으로 이끄는 법을 알아야 열정을 유지할 수 있고 성공 확률도 높아진다.
3. 친근성 편향 덕분에, 읽은 내용이 다시 나오면 더 쉽게 흡수할 것이다. 물론 성공 확률도 더 높아진다.

개념을 설명하기 전에, 성공에 필요한 태도를 잠시 살펴보자.

현상 유지에 도전하기

잠재의식은 게으르기 때문에 대부분 경험 법칙에 따라 결정한다. 내버려두면 뇌는 현상 유지와 예측 가능성을 흔드는 시도에 무조건 저항하고 자율주행 모드를 유지하려 한다.[27]

하지만 우리는 배우고 성장하며 변화하고 현상 유지에 도전한다.

블룸버그가 '행동과학'을 향후 10년 동안 각광받을 최고의 분야로 예상했으니,[28] 머지않아 행동경제학도 뇌에 익숙한 '현상'이 될지도 모른다. 하지만 지금은 행동경제학을 적극 도입할 때다. 회사에서 이 분야를 실험하면 동료의 뇌 편향도 바로잡을 수 있을 것이다.

다음은 뇌가 우리를 편향적으로 방해하지 못하게 하는 3가지 요령이다.

1. 모두 한 팀이라는 사실을 다른 사람이 인식하도록 하고, 개인적 편견을 바꿔 집단의 이익을 도모하게 한다. 즉, 내집단 편향in-group bias을 유리하게 이용한다.
2. 배경 지식을 알리고, 인간은 모두 비슷하므로 의견이 다르더라도 각자 옳을 수 있음을 보여 준다.
3. 질문의 힘을 이용하여 대화의 문을 연다.

다르면서도 옳을 수 있다

다른 사람과 의견이 다를 때는 이렇게 생각해 보자. 의식 영역이 처리하는 정보량은 초당 40비트인 반면 잠재의식은 초당 1천1백만 비트다. 정보 한 조각이 잠재의식의 필터를 통과하여 의식 영역으로 갈 때 다른 정보 27만 5천 개는 중요하지 않다고 분류되었다는 의미다.

상대방의 뇌는 27만 5천 개 중 하나가 중요하다고 선택할 수도 있지 않은가?

의견이 다르더라도 두 사람 모두 옳을 수 있다. 오히려 시각을 달리할 기회로 받아들이면 더 흥미로운 해결책과 기회를 찾을 수도 있다. 로리 서덜랜드Rory Sutherland가《잘 팔리는 마법은 어떻게 일어날까 Alchemy》[29]에서 말했듯이 "좋은 아이디어의 반대도 좋은 아이디어일 수 있다."

질문의 힘을 이용하라

나는 가끔씩 고객에게 이렇게 말한다. "잘못된 질문에 옳은 답을 찾는 건 어렵지 않아요."

크든 작든, 최근이든 오래전이든 여러분이 참여한 프로젝트를 생각해 보라. 문제를 해결하기 전에 얼마나 오랫동안 생각했는가? 솔직하게 말해 보자.

이미 굳어진 편향들을 떠올려 보자. 우리가 실제보다 타인을 잘 이해하고, 더 직관적이며, 통찰력이 깊고, 편견이 적으며, 문제 해결 능력이 뛰어나다고 자신하면, 해결해야 하는 진짜 문제를 파악하기 전에 해답을 찾으려 하지는 않을 것이다.

알베르트 아인슈타인은 문제를 해결하는 데 1시간이 주어지면 55분은 문제의 본질을 궁리하는 데 쓰고 5분을 해결에 쓰겠다고 말했다.

여러분의 '문제 규정 대 문제 해결' 비율은 55 대 5와 거리가 멀 것이다. 문제를 파악하는 데 5분이라도 쓴다면 다행이다.

성급하게 문제 해결에 나서게 만드는 가장 큰 요인은 브레인스토밍brainstorming이다. 브레인스토밍은 바람직한 방향과 정반대고, 뇌를 생산적으로 만들지도 않는다. 고객들은 흔히 이렇게 묻는다. "어떻게 하면 소비자가 완벽한 구매 경험을 할 수 있을까요?" 또는 "어떻게 하면 소비자가 경쟁사가 아니라 우리 제품을 선택하게 할 수 있을까요?"

브레인스토밍을 시작한 참석자는 어떻게든 '문제' 해결책을 내놓아야 한다. 하지만 집단에 맞서고 싶지 않고, 나중에 틀렸다고 밝혀지는 답을 내놓아 멍청해 보이기도 싫으며, 아이디어를 내면 그 프로젝트를 맡아야 하기 때문에 좋은 아이디어를 떠올리기 힘들다.

내가 권하는 방법은 퀘스천스토밍questionstorming이다. 바른질문연구소

Right Question Institute[30]에서 고안한 이 방법은 워런 버거Warren Berger의 《어떻게 질문해야 할까A More Beautiful Question》[31]에도 실려 있다.

여기서는 전체 과정을 이야기하기보다, 질문이 어떻게 마음을 열고 기회와 가능성을 불러들이는지를 설명하겠다. 퀘스천스토밍은 '어떻게 완벽한 구매 체험을 기획할까?' 하는 질문의 해결책을 무작위로 떠올리지 않고 진짜 문제에 대한 호기심으로 시작한다.

질문을 '완벽한 구매 체험은 존재한다' 같은 명제로 바꾸면 다음과 같이 질문할 수 있다.

- 완벽하다는 게 뭔가?
- 누구에게 완벽하다는 건가?
- 구매 체험은 무엇인가?
- 완벽함은 경험마다 달라지는가?
- 소비자는 실제로 '완벽함'을 원하는가? 또는 그것이 필요한가?

이처럼 계속한다. 한 그룹과 함께 이렇게 연습하면 30분 안에 진지한 질문이 1백 개도 넘게 나온다. 맞닥뜨린 프로젝트에 대한 시야도 넓어진다. 지금 무엇이 중요하고 무엇이 중요하지 않은지가 보이기 때문이다. 구성원들도 그 방향이 맞다고 느낀다.

문제를 파악하면 해결에 들어간다. 뇌는 억압하지만 않으면 많은 질문을 한다. 의심스러우면 4살짜리 아이와 이야기해 보라.

고양이는 호기심 때문에 죽지 않는다.

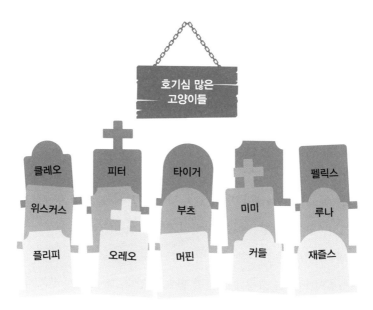

호기심 많은
고양이들

클레오	피터	타이거		펠릭스
위스커스		부츠	미미	루나
플리피	오레오	머핀	커들	재즐스

고양이는 호기심 때문에 죽는다는데 정말일까?

우리가 깜빡하고 있지만 "호기심이 고양이를 죽인다"라는 속담은 뒷부분이 생략되었다. 이 반쪽짜리 속담은 질문하지 말라고 경고하는 뜻으로 회자되지만, 전체 문장은 이렇다. "고양이는 호기심 때문에 죽었고, 만족감 때문에 되살아났다."[32]

호기심을 유지해야 한다. 적절한 호기심은 일에 활기를 부여하고 진행 방향을 바꾼다. 지금 이대로를 좋아하고 세상 일에 편향을 보이는 뇌의 습관에 저항하자. 잠재의식이 어떻게 작동하는지를 열린 마음으로 배워서 다른 사람을 더 이해해 보자. 조금만 변화해도 동료와 고객, 다른 사람과 제대로 소통할 수 있다.

팟캐스트 〈브레이니 비즈니스〉를 끝낼 때마다 나는 이렇게 말한다.

"청취해 주셔서, 함께 배워 주셔서 감사합니다. 그리고 심사숙고하는 거 잊지 마세요BE thoughtful."

"심사숙고하세요"(이메일도 이 말로 끝맺는다)의 뜻은 여러 가지다. BE는 behavioral economics(행동경제학)의 머리글자를 대문자로 쓴 것이다. 'thoughtful'에는 깊은 뜻이 있다.

모두가 중요하다는 사실을 인식하는 것이다. 디즈니처럼 눈에 보이지 않는 일들도 의식해야 한다. 언뜻 당연해 보이는 것을 파헤쳐 더 나은 해답을 찾아야 한다. 다른 사람의 잠재의식이 무엇을 원하는지, 어떻게 만족시킬지를 생각해야 소비자가 우리 브랜드에 이끌린다.

스스로의 뇌에도 그렇게 접근할 필요가 있다. 왜 그렇게 생각하는지 묻고, 이전과 다른 방식을 적용하기 위해 호기심을 품어 보자. 상황을 당연하게 받아들이지 말고, 첫 번째 문제가 정확하거나 유일하다고 간주해서도 안 된다. 다른 것도 찾아봐야 하기 때문이다.

시간을 들여 이 책을 깊이 있게 살펴보기 바란다. 처음에는 가볍게 훑어보고 필요하면 다시 읽는 것도 좋고, 자신의 속도에 따라 찬찬히 읽는 것도 괜찮다.

행동경제학으로 일과 삶을 업그레이드할 준비가 됐는가? 그럼 시작하자.

실천 과제와 연습 활동을 담은 무료 PDF 워크북의 주소는 thebrainybusiness.com/ApplyIt이다.

행동경제학이란
무엇인가

What Your Customer Wants and Can't Tell You

프레이밍 효과

오늘 저녁은 스파게티를 먹기로 했다. 그런데 소스에 넣을 고기가 없어서 급히 상점에 간다. 진열대에는 소고기 다짐육 2가지가 있다.

무지방 90퍼센트 소고기　　　　　　　　지방 10퍼센트 소고기

어느 쪽을 사고 싶은가?

어느 것을 선택하겠는가? 대부분은 무지방 90퍼센트 소고기를 살 것이다. 왜 그럴까? 논리적이거나 계산이 빠르면 '둘 다 똑같잖아!'라고 생각할 텐데 말이다. 지방 10퍼센트 소고기가 더 싸다면 어떨까? 그래도 뇌는 사지 말라고 할 것이다. 우리 잠재의식이 훨씬 좋지 않다고

여기기 때문이다.

소비자는 항상 최고의 상품을 선택할까? 천만에! 뇌는 정보가 들어오는 방식에 따라 선택한다. 강제하면 의식 영역을 움직일 수도 있지만, 평소에는 의식이 아니라 잠재의식이 먼저 작동한다.

멋진 그림을 싸구려 액자에 넣으면 작품 감상에 어떤 영향을 미칠까? 어린아이의 그림을 멋진 액자에 끼워 넣으면 어떻게 보일까? 어째서 그림 주변의 작은 테두리 때문에 결과가 달라질까? 잠재의식이 순식간에 평가하고 추정하여 판단하기 때문이다. 그래서 고급 액자나 적재적소의 미적 디테일만 보고도 고급 작품이라고 확신한다.

뇌는 단어나 어구, 숫자에도 그런 식으로 움직인다. 말하는 내용보다 방식이 더 중요하다.

2017년에 남편과 함께 시애틀을 떠나 이사했을 때 내게 중요한 일 중 하나는 새로운 네일숍을 찾는 것이었다. 남편 동료들이 똑같은 곳을 계속 추천했지만 나는 한참 망설인 후에야 그곳에 갔다. 왜 그랬을까?

네일숍 건물의 커다란 노란색 간판에 이렇게 쓰여 있었기 때문이다. "2009년, 2010년, 2011년 사우스사운드 매거진에서 선정한 최고의 네일숍."

이 구시대적 간판의 문제는 광고 문구가 잠재의식에 부정적 메시지를 보냈다는 것이다. 의식 단계에는 깨닫지 못했더라도, 간판을 본 시기가 2017년이라면 그 네일숍이 대단하다고 생각하기 힘들다. 대신 '어? 이후 6년 동안 무슨 일이 있었기에 내리막길을 걸었을까?' 하는 궁금증이 생길 것이다.

마지막으로 선정된 해가 2011년인 데는 이유가 있을 수도 있다. 그후 순위가 발표되지 않았다거나 등의 이유 말이다. 어쨌든 세 번이나 선정된 것은 사실이니 자랑하는 게 좋다. 하지만 그런 훈장도 어느 정도 시기가 지나면 빛이 바래고 부정적 인상을 줄 수 있으니 새 간판을 만들어야 한다.

구체적 연도를 나열하지 않고 "사우스사운드 매거진에서 3년 연속 최고로 선정한 네일숍"이라고 하면 어떨까? 아주 작은 변화지만 이 새로운 프레임^{frame}은 극적인 효과를 발휘한다. 3년 연속 선정된 시기가 언제든 상관없다. 어쩌면 40년 전일 수도 있지만 중요하지 않다. 잠재의식은 그렇게까지 깊이 따지지 않기 때문이다. 뭔가를 성취했다는 정보를 받아들일 뿐 시기는 관심 사항이 아니다.

진짜 중요한 것 중 하나는 '맥락'이다. 예를 들어 오늘 스티브와 샐리의 은행 계좌에 각각 5백만 달러가 있다고 가정하자. 그들에게 마케팅을 한다면, 경제 수준이 똑같다고 간주하여 내용이 똑같은 메시지를 보내는 경우가 대부분일 것이다.[33]

그런데 어제 스티브에게는 1백만 달러가, 샐리에게는 1천만 달러가 있었다는 사실을 알게 되면 어떨까? 뭐가 달라질까? 그들은 자기 계좌의 5백만 달러를 두고 어떤 태도를 취할까?

스티브는 늘어난 재산에 흥분할 가능성이 높고, 샐리는 재산 손실 때문에 망연자실할 것이다(손실 회피 성향은 9장에서 다룬다). 이처럼 사연과 경험의 프레임이 각자의 현실을 규정한다. 그러므로 메시지에 가장 적합한 프레임을 결정할 때는 맥락을 최대한 고려해야 한다.

단어 선택이 중요하다

한번은 남편과 여행하다가 한 어린이집을 발견했다. 그곳 이름은 'AVG 어린이집'이었다. 평균적인average 어린이집? 평범한 어린이집? 그렇다면 '뭐, 우린 그냥 괜찮은 수준이에요'라는 뜻 아닌가. '아니, 왜 이름을 저렇게 지었지?' 하는 의문이 들었다.

이름은 해당 기업의 전반적인 프레임을 만들어내며, 나중에 취소할 수 없다. 소비자들은 절대 그 프레임보다 비싼 값을 지불하려 하지 않는다. 그런데 AVG라는 명칭을 들으면 그곳 서비스가 그냥 무난한 정도라고 짐작한다. 필요 이상으로 노력하지 않을 거라고 말이다. 자기 아이를 봐주고 가르치는 곳인데 누가 그런 곳을 선택하겠는가. 재밌으라고 지은 이름일지도 모르지만, 그리 좋은 방법이 아니다.

내가 그 옆에 어린이집을 열기로 했다고 치자. 그러면 이름을 '에이스 어린이집' 또는 'A+ 어린이집' 또는 '꼬마 천재 어린이집'이라고 짓겠다. 심지어 '평균 이상인 어린이집'이라고 짓더라도 그 어린이집보다는 인기 있을 것이다. 프레임이 더 낫기 때문이다.

프레임이 안 좋은 그 어린이집 옆에 프레임이 좋은 내 어린이집을 연다면 나는 더 높은 수익을 올리게 된다(상대성에 대한 내용은 8장에서 다룬다). 저쪽이 이름을 잘못 지은 덕에 내 사업이 더 잘되는 셈이다. 저쪽의 경험이 더 풍부하거나 비용이 저렴할 수도 있지만 그건 중요하지 않다. 안 좋은 이름이 만든 허술한 프레임은 이름을 바꾸지 않는 한 수익에 부정적 영향을 미칠 수밖에 없다. 혹시 여러분 회사가 그렇다면 이름부터 바꿔야 한다. 아는 사람이 그런 이름을 쓰고 있다면 꼭 바꾸라고 권해 주길 바란다.

언어유희로 단점을 장점으로 돌변시키는 데 탁월한 분야가 부동산 광고다.[34] '세입자 구함' 광고에서 '안온한'이라는 말은 '좁은'보다 훨씬 좋은 인상을 남긴다. 또한 '멋들어진'은 '오래된'보다 훨씬 호감을 준다.

"전원생활을 좋아하신다면 널찍하고 쓸모가 많은 마당이 딸린 이 안온하고 멋들어진 집을 꼭 보셔야 합니다."

"직장이 어디든 차를 몰고 다니기 너무 먼 이 집은 바깥이 볼썽사납고…… 너무 좁고 오래됐으며, 프라이버시 보장도 안 됩니다. 마당에 나무가 하나도 없거든요"라고 하는 것보다 위 문구가 훨씬 그럴듯하지 않은가?

소개 글에 쓰인 모든 형용사는 사실상 프레임이라 할 수 있다. 우리는 '천연', '유기농', '농장에서 바로 온'으로 묘사되는 상품을 더 좋은 것으로 받아들인다. 그 묘사는 객관적 사실일까, 다른 의미가 있는 것일까, 아니면 그냥 이름이나 슬로건일까.

심플리 오렌지Simply Orange라는 주스 브랜드는 배우 도널드 서덜랜드의 목소리를 이용하여 사랑스러운 광고를 만들었다. 그 주스는 오렌지 외에는 아무것도 들어가지 않았고 농축액을 희석하지도 않았다고 설명한다. 진열대에 있는 다른 브랜드의 주스들도 똑같이 만들었을 수 있지만, 소비자들은 정확히 모른다. 심플리 오렌지는 트로피카나 다른 스토어 브랜드보다 더 정성을 들였을 거라고 짐작할 뿐이다. 사실과 다를 수도 있지만 말이다. 이처럼 광고에서 뭔가를 자랑하면, 여러 제품이 똑같더라도 고객의 뇌에는 그 상품이 업계 최고로 각인된다.

이것이 프레임이다. 일단 A가 어떤 주장을 하면, 다른 경쟁자들도 그 방식을 사용하더라도 A의 것이 된다. 다른 업체들이 똑같이 주장하면 못나 보이거나, 제일 먼저 주장한 A의 브랜드를 상기시킬 뿐이다.

숫자의 힘

주위를 돌아보면 거의 모든 광고에 숫자가 포함돼 있다. "치과의사 5명 중 4명이 동의" 또는 "99.9퍼센트의 살균력", "써 본 사람 중 95퍼센트가 친구에게 추천할 의향 있음", "여성 87퍼센트가 6주 사용 후 효과를 봤고, 99퍼센트가 6개월 후에 효과 봄"처럼 말이다.

찾아보면 어느 광고에서든 숫자가 보인다. 고속도로와 시내에서의 휘발유 연비. 지방이나 무지방 비율. 1백 퍼센트 통곡. 입안을 3배나 상쾌하게. 세척력이 2배……

숫자가 그렇게 많이 쓰이는데 왜 지금까지 눈치 채지 못했을까? 숫자가 보이는 순간 잠재의식이 바로 결정해 버렸기 때문이다. 숫자는 우리가 가치를 매기고 비교하는 것을 돕는다. 의식 영역까지 개입할 필요가 없다. 앞에서 말했지만 결정의 99퍼센트는 잠재의식이 한다. 잠재의식의 흐름에 따라 쉽게 결정하는 방법이 있고, 필터를 통과시켜 의식 영역으로 보낸 다음 신중하게 결정하는 방법이 있다. 의식 영역은 속도가 느리고 쉽게 지친다.

숫자의 힘을 활용하기 위해 우선 회사 일에서 숫자를 찾아 보자. 그

다음 숫자를 최대한 활용할 방안을 찾고, 어떻게 하면 가장 설득력 있게 들릴지 생각해 보자.

언젠가 한 고객에게 "저희 고객의 87퍼센트는 계약을 갱신합니다"라는 광고 문구를 보여 주고, 그 회사 웹사이트나 홍보 자료에 실을 비슷한 통계를 찾아서 비슷하게 표현해 보라고 했다. 여기저기서 자료를 찾은 그는 다음의 홍보 문구를 만들어 왔다. "저희 고객의 78퍼센트는 추가 서비스를 받습니다."

내가 처음 보여 준 문구와 형식이 같았지만 느낌은 달랐다. 나는 프레임을 바꿔 보자고 했다. 우리가 새로 만들어 낸 문구는 "고객 5명 중 4명이 추가 서비스를 받습니다"였다. 훨씬 낫지 않은가? 왜 앞에서는 퍼센트를 이용하라 하고, 나중에는 퍼센트를 이용하지 '말라'고 했을까?

87퍼센트는 높은 숫자다. 반올림하면 90퍼센트에 가깝고, 맥락에 따라서는 1백 퍼센트로 봐도 큰 무리가 없다. 뇌가 그것을 높은 수치로 본다는 게 중요하다. 하지만 78퍼센트는 반올림해도 80퍼센트라서 훨씬 낮은 수치로 느껴진다. 학교 점수로 치면 78퍼센트는 C에 해당하고, 학교에 따라서는 낙제에 가까운 점수일 수도 있다. 간단히 말해 우리 뇌가 부정적인 의미로 받아들인다. 그렇다면 10명 중 8명이라는 숫자로 환산하는 게 낫고, 분모는 가능한 한 가장 작은 수를 쓰는 게 좋다. 그러면 5명 중 4명이 된다. 78퍼센트보다 훨씬 낮고, 같은 비율을 나타내는 80퍼센트보다도 낫다.

비즈니스에서 정보를 제시하는 방법은 여러 가지이므로 숫자만 사

다음 문구들은 뜻이 비슷하다. 그런데 왜 느낌이 다를까?

- 78퍼센트는 저희 제품을 재구매합니다.
- 10명 중 8명은 저희 제품을 재구매합니다.
- 5명 중 4명은 저희 제품을 재구매합니다.
- 대부분의 고객이 저희 제품을 재구매합니다.
- 저희 고객 5명 중 1명은 재구매하지 않습니다.

중요한 건 프레임이다.

용할 필요는 없다. 51퍼센트보다 '반 이상'이 듣기 좋고, 60퍼센트보다는 '대부분'이 더 듣기 좋다.

프레임은 양면성이 있기 때문에 문장의 부정적인 면도 고려해야 한다. 잠재의식이 무시할 수도 있지만, 한편으로는 정보를 다양하게 살피기도 하기 때문이다. 예를 들면 87퍼센트의 여성이 효과를 봤다는 것은 13퍼센트는 효과를 보지 못했다는 의미다.

전문용어는 프레이밍 효과framing를 망친다

나의 고객인 한 금융기관은 새로 개발한 당좌예금계좌에 대한 기대가 몹시 컸다. 이 회사는 내게 메시지를 잘 전달할 수 있게 도와 달라고 했다. 이 회사는 모든 광고에 다음 헤드라인을 넣을 계획이었다. "예금 잔고 2만 5천 달러 이상이면 이자율 1.26퍼센트 적용."

숫자를 좋아하는 사람이라도 대부분은 뇌가 이런 유형의 메시지를 싫어하기 때문에 핵심을 포착하지 못한다. 특히 시속 95킬로미터로 운전하고 있을 때는 말이다. 그래서 나는 프레임을 바꾸자고 하고 다음과 같이 수정했다. "여러분의 계좌는 작년에 315달러를 벌어 줬습니까?" 그러자 당좌예금 가입률이 1개월 전에 비해 60퍼센트 증가했다.[35] 물론 2만 5천 달러에 이자율 1.26퍼센트를 적용하면 315달러가 나오지만, 뇌는 바로 계산하지 않는다. 게으른 잠재의식이 나중으로 미루고는 별 흥미를 못 느껴서 잊어 버리기 때문이다. 메시지를 결정하려면 그 메시지에서 나올 수 있는 모든 프레임을 찬찬히 따져 봐야 한다. 처음 떠올린 통계 표현 방식을 그대로 사용할 필요는 없다.

프레이밍 효과 활용하기

| **요점** | 말하는 내용보다 말하는 방식이 중요하다.

| **실천 과제** | 회사의 성과를 보여 주는 숫자를 찾고 어떻게 광고할지 다각도로 생각해 보라. 십진법, 퍼센트, 분수, 언어 중 무엇으로 표현하는 것이 가장 좋을지, 그리고 각각을 다르게 표현하면 어떤 인상을 줄지도 생각해 보라. 어떤 프레임이 가장 긍정적으로 들리는가? 어떤 프레임이 가장 부정적으로 들리는가? 고객의 기준틀이 숫자를 해석하는 데 영향을 미치는가?

당장 쓸 만한 숫자가 없다면 아래 문장을 다음과 같이 바꿔 보라.

설문조사에서 3백 명 중 256명이 여러분 회사의 제품을 친구나 가족에게 추천할 의향이 있다고 답했다.

- 긍정적 백분율: _____
- 부정적 백분율: _____
- 긍정적 분수: _____
- 부정적 분수: _____
- 긍정적 언어 표현: _____ _____
- 부정적 언어 표현: _____
- 그 밖의 방식: _____

프레이밍 효과를 더 알고 싶다면

다음 장에서 프레이밍 효과에 대한 내용을 찾아보라.

21장: 행동경제학과 빵 만드는 기술, 22장: 가격에 숨은 진실, 23장: 좋은 상품을 많이 팔려면 어떻게 해야 할까, 24장: 작은 단계로 해체하기, 26장: 진짜 문제를 찾아라.

점화 효과

개념을 이해하고 활용하는 가장 좋은 방법은 직접 경험하는 것이다. 점화 효과priming effect를 알아보기 전에 시 한 편을 읽어 보자.

> 행동경제학 용어를 가장most 많이 배울 수 있는 곳은
> (내가 진행하는host) 〈브레이니 비즈니스〉.
> 해변coast으로 가는 차 안에서 들으라.
> 다양한 개념concepts을 배워 보자.
> 당신이 작성post하는 소셜미디어를 누비며.
> 그런데 토스터toaster에 넣는 것은 무엇인가?

이런 속임수를 본 적이 있을 것이다. 누군가는 이렇게 생각했을 것

이다. '누가 속을 줄 알고? 토스트$_{toast}$라고 할 줄 알았겠지만, 정답은 식빵이잖아.'

사실 우리의 의식 영역은 답이 식빵이라는 것을 안다. 그러면서도 스스로에게 '토스트라고 말하면 안 돼'라고 상기시켜야 한다. 잠재의식은 '토스터'와 비슷한 단어를 떠올리도록 준비되어$_{primed}$ 있기 때문이다. 의식 영역에서는 그게 아니라는 것을 알고 있으므로 '토스트'라고 말하는 것을 자제할 수 있다. 하지만 잠재의식이 자동적으로 '토스트'를 떠올리는 것을 막을 수는 없다.

운율 외에도 인간의 뇌는 여러 가지로 '점화'되어 있다. 이미지일 수도 있고, 단어나 냄새, 소리, 숫자일 수도 있고 그 밖의 것일 수도 있다. 우리 뇌가 얼마나 쉽게 영향받는지를 보여 주기 위해 몇 가지 예를 들겠다.

쉬지 않는 눈

벽이나 창밖에 점 하나를 찍고 5초간 응시해 보자. 이 페이지에서 단어 하나를 정하고 응시하는 것도 좋다. 믿기지 않겠지만 그 한 점만 바라보는 동안에도 우리 눈은 주변을 15회나 스캔한다. 우리는 의식하지 못하지만 눈은 초당 평균 3회 움직이면서 주변에 위협이 될 만한 게 있는지 확인한다.[36] 주의할 것이 없으면 의식 영역에 경계 신호를 보내지 않지만, 관련 정보는 어떻게든 행동에 영향을 미친다.

점화 효과가 작동하는 이유는 의식 영역을 건드리지 않으면서 행동에 영향을 주기 때문이다. "나는 소셜미디어의 광고에 신경을 안 쓴다"라거나 "나는 광고를 보지 않는다"라고 말하는 사람이 착각하는 이유도 여기에 있다.

어떤 사람이 대기실에 앉아 잡지를 훑어보며 자기 이름이 불리기를 기다린다고 하자. 그 사람은 모르지만 잡지에는 가짜 회사의 가짜 광고가 원래의 지면 사이에 들어가 있다. 실험 결과에 따르면 그는 잡지에 실린 가짜 브랜드를 인식하거나 선택하는 빈도가 다른 사람보다 높았다.[37]

우리 뇌는 의식 영역을 자극하는 것이 없더라도 항상 주변을 감시한다. 그런데 뇌가 기분전환을 원할 때는 어떻게 할까? 아니면 흥미로운 뭔가가 갑자기 나타난다면? 그때는 의식 영역이 알아챈다.

혹시 시계를 보다가 '또 이 시각이네'라고 느낀 특정 시각이 있는가? 그 시각은 대부분 11시 11분이나 12시 34분 또는 5시 55분이었을 것이다. 왜 정확히 그 시각에 시계를 보는지 궁금했는가? 뭔가 고차원적 의미가 있을 것 같지만 사실 우리 눈은 늘 그렇듯이 시계를 수백, 수천 번이나 스캔했고, 잠재의식은 그것을 무시했다. 평범한 시각은 의식 영역이 주의를 기울일 만큼 중요하지 않기 때문이다. 우리가 초록색 차를 사면 그때부터 여기저기서 초록색 차가 보이는 것도 그 때문이다. 초록색 차들은 언제나 있었다. 다만 의식 영역의 초당 40비트의 처리 속도를 초록색 차에 낭비할 이유가 없었던 것뿐이다. 그러다 초록색 차나 시계의 특정 시간이 중요하다는 판단이 서면 그때서야 주목한다.

우리 눈이 끊임없이 주변을 스캔한다면 세상이 항상 커다랗고 흐려

풍경은 눈으로 들어오지만, 영상은 뇌에서 생긴다.

보일 것 같은데 왜 그렇지 않을까? 감각수용체의 70퍼센트를 차지하는 시각 활동은 눈에서 일어나지만[38] 영상은 뇌에서 생기기 때문이다.[39]

인간은 무언가에 집중하면서도 안구의 신속운동saccades으로 위험 요소나 잠재적 자극 요인이 주위에 있는지를 끊임없이 살피도록 진화했다. 신속운동은 책장을 넘기는 것 같은 효과, 즉 정지 이미지들을 빨리 보여 주면 연속 동작처럼 인식하는 효과를 낳는다. 뇌가 다음에 보일 만한 이미지를 예측하여 하나의 흐름처럼 만들어 내기 때문이다. 신기하지 않은가?

뇌가 현상 유지를 선호하는 이유는 우리를 안전하게 지키고 기존 규칙에 따라 최대한 많은 정보를 처리하기 위해서다. 예측 가능성이 높으면 효율성도 높아진다. 그리고 우리 자신이나 고객이 어떤 대상이나 이미지를 알아채지 못하더라도 행동에 영향을 준다.

원인은 가방이다

여러분이 새로운 프로젝트에 배정받아 팀원들을 만나러 회의실에 들어간다고 가정해 보자.[40] 먼저 앉아 있는 그들에게 업무에 대한 의견을 이야기하는데, 분위기가 눈에 띄게 거슬린다. 다들 적대적이고 까다롭게 느껴진다. 처음 만난 동료들은 분명 정보를 감추고 자기들끼리만 공유하려 하는 것 같다. 프로젝트가 실패하도록 만들려고 말이다. 만일을 대비해서 여러분은 좋은 아이디어를 노트에 몰래 적는다. 힘들게 이룬 성과를 자신의 공으로 가로채는 교활한 인간이 없다는 사실이 확실해지면 그것을 내놓을 생각이다.

그런데 팀원들을 공격적이고 적대적으로 만든 뭔가가 회의실에 있었다면 믿겠는가? 여러분은 알아차리지도 못했던 단순한 서류가방이 회의에 참석한 모든 사람의 행동에 영향을 미쳤다고 하면 말이다. 만약 여러분이 서류가방이 아니라 배낭이 놓인 회의실에 들어갔다면 어땠을까. 아무도 배낭을 의식하지 못했지만, 실험에 따르면 배낭이 있던 회의실 사람들은 서류가방이 있던 회의실 사람들보다 훨씬 협조적이었다.

또 다른 실험에서는 특정 로고를 삽입한 동영상을 학생들에게 보여주었다. 로고는 0.03초만 등장하고 순식간에 지나가서 의식 영역이 지각하지 못했다.[41] 실험 결과에 따르면 IBM 로고보다 애플 로고를 삽입했을 때 학생들이 업무에서 더 높은 창의력을 발휘했다. 또한 디즈니 로고를 본 사람들은 E!* 로고를 본 사람들보다 정직한 태도를 보여줬다.

그림은 1천 단어의 가치가 있다. 하지만 강력한 브랜드를 만드는 것은 무수한 기억이다.

---

* NBC유니버설이 운영하는 유료 오락 텔레비전 채널 엔터테인먼트 텔레비전Entertainment Television의 로고.

냄새의 힘

성인은 4천만 개의 후각수용체 세포로 대략 1천 가지 냄새를 구분할 수 있다.[42] 시각과 마찬가지로 후각도 생존에 유리한 방향으로 진화했다. 천적은 우리에게 나쁜 냄새를 풍기고, 우리가 먹는 음식은 좋은 냄새를 풍긴다. 우리가 싫어하는 냄새는 빨리 거기서 벗어나라고 뇌에게 경고하는 경계경보와 같다. 후각은 대뇌변연계와 연결되어 있기 때문에 어떤 냄새는 싸움과 도망 중 하나를 촉발한다. 또한 어떤 냄새는 생생한 기억을 불러오는가 하면, 어떤 냄새는 입에 침이 고이게 한다.

감각의 70퍼센트는 시각이 차지하지만, 후각은 기억과 훨씬 직접적으로 연결되어 있어 과거의 일을 더 강렬하게 연상시킨다.[43] 특정 냄새와 연관된 기억은 12개월이 지나도 65퍼센트의 정확도를 유지하지만, 시각을 통한 기억은 4개월만 지나도 정확도가 50퍼센트로 떨어진다.

냄새는 감정과 직결되기 때문에 구매 행위와도 밀접하다. 많은 유명 브랜드에 고유의 향이 있는 이유는 그 때문이다.

마케팅 분야에서 일하는 사람들은 브랜드마다 특유의 향이 있다는 사실을 안다. 센트에어ScentAir 같은 기업은 레스토랑에서 카지노에 이르는 고객이 고유한 향을 찾도록 돕는다. 연구에 의하면, 브랜드 고유의 향은 판매량을 11퍼센트까지 높이고, 음식 만족도를 8퍼센트 높이며, 소비자 만족 지수는 20퍼센트나 높인다.[44]

냄새의 영향력은 믿기지 않을 정도로 강하다. 다음 예를 보자.

- 부스러기가 많이 떨어지는 과자를 제공하고 공기 중에 세척제 냄새를 희미하게 살포했다. 실험 참가자들이 부스러기를 치우는 확률은 냄새가 안 났을 때보다 3배나 높았다.[45]
- 레스토랑에서 레몬 향이 나면 생선 요리를 주문하는 비율이 높아졌다.[46]
- 기분 좋은 냄새가 나는 카지노에서는 손님들의 게임 시간이 45퍼센트나 늘어났다.[47]
- 신발을 평가할 때, 꽃향기가 나는 방에서 똑같은 신발을 평가한 손님들은 아무 냄새가 없는 방에서 평가했을 때보다 더 높은 호평을 남겼다. 또한 가격도 10달러 정도 높게 추정했다.[48]
- 주유소의 연료 펌프 근처로 커피 냄새를 뿜어 낸 편의점은 커피 판매량이 3배 늘었다.[49]

우리의 감정은 냄새에 따라 달라질 수 있다. 만약 누군가에게 길을 물어봐야 한다면 옷 가게가 아니라 제과점 앞에 서 있는 것이 좋다. 그래야 사람들이 도와줄 가능성이 훨씬 높다.[50] 혹은 쿠키 향이나 볶은 커피 향을 몸에 뿌리는 것도 좋다. 그러면 제과점 앞에서와 비슷한 친절함을 불러일으킬 수 있다. 이뿐만이 아니다.

- 피실험자들은 로즈마리 향이 나는 곳에서 일할 때 정보처리 작업을 더 빠르고 정확하게 해냈다.[51]
- 꽃향기를 맡은 참가자들은 퍼즐을 17퍼센트나 빠르게 풀었다.[52]

• MRI 촬영 전에 바닐라 향을 잠깐 맡게 하자 환자의 63퍼센트가
불안감이 감소했다.[53]

나쁜 냄새가 미치는 영향

공기 중에 떠도는 불쾌한 냄새는 즐거운 경험을 순식간에 망친다.
생각해 보라. 호텔 방에 들어선 순간 담배 냄새를 맡은 적 있는가? 곰
팡이 냄새나 방충제 냄새는? 아마 다들 있을 것이다. 이런 단어들만 봐
도 코가 찡그려지지 않는가?

이런 말을 들으면 어떤가? "역겨웠어요. 불쾌한 곰팡이 냄새랑 방충
제 냄새가 방에 찌들어 있었거든요."

그때의 기억이 떠오르는가? 이것이 바로 오랜 세월이 지난 후에도
발휘되는 냄새의 힘이다.

호텔 방의 가구가 아무리 화려하고 전망이 그림처럼 아름다워도 생
선 썩은 냄새를 덮을 수는 없다. 팝콘 타는 냄새가 나면 사무실의 모든
직원이 일에 집중하지 못하는 것처럼, 매장에 어울리지 않는 냄새는 고
객의 쇼핑 시간을 줄이고 나쁜 인상만 남길 수 있다.

소리가 미치는 영향

소리는 다양한 감정 상태를 촉발하여 행동에도 영향을 미칠 수 있다.[54]

우리가 레스토랑을 소유하고 있다고 하자. 그러면 빠르고 비트가 강
한 음악을 틀어야 할까, 아니면 느린 리듬앤드블루스나 솔 음악을 틀어

야 할까? 목적이 무엇인가에 따라 달라진다. 테이블 회전율을 높이는 것이 목적이라면 빠른 음악이 좋다. 반대로 손님이 고가 음식을 주문하도록 하고 싶다면 느린 음악을 틀어야 한다. 그래야 손님이 오래 머물면서 애피타이저, 음료, 디저트 등의 여러 음식을 주문할 것이다.[55] 이처럼 어떤 방식으로 수익을 올릴지를 정해야 올바르게 선택할 수 있다.

느린 음악은 식당에만 영향을 미치는 것이 아니다. 슈퍼마켓이나 일반 소매점에서도 분당 비트가 적은 음악을 틀면 손님들이 비교적 즐겁게 쇼핑한다. 매장에서 시간을 더 많이 보낼수록 상품을 구경하는 시간도 늘어나 충동구매를 한다.

곡 선정은 직원들에게 맡기면 안 된다. 업무 시간에 들어야 하는 음악이 그들 취향이 아니라 해도 말이다. 연구에 의하면 브랜드와 어울리는 음악을 틀면 고객이 상점에서 보내는 시간이 22분이나 늘어난다. 또한 머문 시간에 비례하여 판매량도 증가한다.[56] 익숙한 음악은 어떨까? 소비자들은 설문조사에서 익숙한 음악이 나오면 쇼핑을 더 오래 한다고 응답했지만, 실제로는 모르는 음악이 나올 때 쇼핑 시간이 더 늘어났다.[57]

음악 장르는 어떤 영향을 미칠까? 슈퍼마켓에서 프랑스 음악을 틀면 처음 보는 프랑스 와인을 살 가능성이 높다. 하지만 걱정할 것 없다. 다음 주에 독일 음악으로 바꾸면 독일 와인을 살 것이다.[58] 소비재에만 해당하는 현상이 아니다. 카푸친 행동과학Capuchin Behavioural Science 공동 설립자 패트릭 페이건Patric Fagan이 2014년에 진행한 연구에 의하면, 배경 소리는 이베이eBay에서 구매하는 데도 영향을 미친다.[59] 팝 음악이나 사실에 근거한 내용(미식축구에 대한 평, 경제학 보고서)을 듣고 있던 사람들은 더 현명하게 구매하는 경우가 많았다. 클래식 음악을 듣고 있던 사람들은 상품의 질을 5퍼센트 정도 높게 평가했다. 한편 레스토랑 손님들의 잡담 소리, 어린아이가 우는 소리 등의 소음은 구매자의 기분을 언짢게 만들어 상품 선택에 부정적 영향을 미쳤다.

감촉이 미치는 영향

상품을 만져 보면 그것을 소유한 듯한 느낌이 강해진다. 그러고 나면 소유했을 때의 기분과 손실 회피 성향 때문에 갖고 싶어진다.[60] (9장 참고)

또한 잠재의식은 보상을 추구하기 때문에 우리는 항상 손을 뻗어 물건들을 만져 보려는 경향이 있다. 상점에 들어서면 포근해 보이는 스웨터나 푹신한 담요처럼 만지고 싶은 욕구를 자극하는 상품이 진열되어 있다. 새 담요를 사러 간 것도 아닌데 너무 부드럽고 포근해 마음이 끌린다. "오, 너무 좋아!" 정신을 차려 보면 내 것은 물론 이미 친구와 가족 것도 하나씩 사 버렸다. 그 느낌을 선물하고 싶기 때문이다.

상점들이 상자의 물건들을 만질 수 있도록 열어 놓는 데는 이유가 있다. 큰 화살표와 함께 "여기를 누르세요"나 "만져 보세요"라는 메시지가 붙은 장난감도 마찬가지다. 진열된 담요도 포장 한쪽이 열려 있는 경우가 많다. 그래야 소비자들이 질감을 느낄 수 있기 때문이다. 구입하기 선에 만져 볼 기회를 주는 건 고미운 일이지만, 매장 주인이 그러는 이유는 그래야 손님이 구매할 가능성이 높아진다는 것을 알기 때문이다. 옷을 입어 보고 신발을 신어 보라고 권하는 이유도 마찬가지다.

아마존 같은 온라인 쇼핑몰 광고에서도 촉각을 경험할 수 있을까? 당연히 그렇다. 그것이 촉각 없는 촉각의 힘이다.

간단한 실험을 해 보자. 머릿속으로 가죽소파를 상상해 본다. 그런데 소파에 대한 설명이 '재질은 가죽'이 전부다. 마음이 끌리는가? 소파의 감촉을 느끼고 싶거나 조금이라도 관심이 생기는가? 그렇지 않을 것이다.

이건 어떤가? '버터처럼 매끄럽고 보들보들한 초콜릿브라운색 가죽.' 이번에는 약간 흥미가 생길 것이다.

심사숙고해서 고른 단어는 감촉 중추를 자극한다. 그래서 이런 문장을 읽은 사람은 실제로 만진 것처럼 반응한다. 그 상품을 소유한 듯한 느낌과 손실 회피 성향이 활성화하면 결국 상품 구매로 이어질 가능성이 커진다.[61]

중요한 건 손으로 만지든 상상 속에서 만지든 판매량에 영향을 미친다는 사실이다. 손으로 직접 만지면 효과가 가장 확실하지만, 만질 수 없는 상황이라면 섬세하게 고른 단어들, 소리, 이미지가 효과를 발휘한다. 그리고 거울뉴런도 있다. 해당 상품을 다른 사람이 체험하는 영상도 구매 행위를 부추긴다.

차가운 커피와 뜨거운 커피의 인상

어느 실험에 참여하기 위해 캠퍼스를 걸어가던 피실험자가 우연히 누군가와 부딪친다. 상대는 책 여러 권과 클립보드, 서류 등을 가득 안고 있다가 바닥에 떨어뜨린다. "앗! 정말 죄송합니다. 이거 줍는 동안 잠깐 들어 주시겠어요?" 하면서 상대가 피실험자에게 커피컵을 건네준다. 커피는 뜨거울 수도 있고 차가울 수도 있다. 컵을 받은 피실험자는 이미 실험이 시작됐다는 사실을 모른다. 이후 피실험자들은 실험실에 와서 출석을 보고했다. 이들이 할 일은 이야기 한 편을 읽은 후 피드백하고 이야기에 나오는 인물을 평가하는 것이었다.

그런데 믿기 힘든 결과가 나왔다. 차가운 커피를 들어 준 사람들은 뜨거운 커피를 들어 준 사람들보다 이야기 속 인물이 차갑고 사회성이 부족하며 이기적이라고 평가했다.[62]

이 사례를 보면 전혀 관련 없는 상황이 피실험자들의 반응에 영향을 미쳤다. 주목할 점은 뇌가 단어의 개념을 1차원적으로 받아들인다는 것이다. 찬 음료=찬 손=차가운 성격으로 말이다.

단어를 쓰든, 이미지나 냄새를 이용하든 뇌는 이 개념들을 곧이곧대로 연관시킨다. 글씨 크기처럼 단순한 것도 마찬가지다. 즉, 작은 글씨=작은 가격이다.[63]

세일 가격을 크게 쓰면 더 효과적일 것 같지만, 더 작게 써야 가격이 더 낮아 보인다.

글씨 크기도 문장의 의미에 대한 느낌을 바꿀 수 있다. 또한 회사 인터넷 홈페이지에 어떤 인물이 아이스커피 마시는 사진이 있다면 잠재 고객은 그 회사의 제품이나 서비스에 냉담하게 반응할 수도 있다. 내가 고객에게 항상 강조하는 말은, 미리 생각하든 안 하든 이런 요소가 잠재 고객의 태도에 영향을 줄 수 있다는 것이다. 따라서 단어나 이미지, 냄새가 뇌에 미치는 영향을 미리 살피고, 브랜드와 어울리는지 점검해야 한다.

고정관념과 잠재의식

유명한 실험 하나를 소개하겠다. 대학생들에게 언어 능력을 평가한다고 말하고는, 무작위로 배열된 30개 문장을 적절한 순서로 배열하라는 과제를 냈다. 한 집단에는 중립적 단어로 구성된 문장들을 제시했고, 다른 한 집단에는 점화 효과를 위해 노인에 대한 편견을 담은 단어로 구성된 문장들을 제시했다. '플로리다, 늙은, 회색, 조심스러운, 서글픈, 현명한, 빙고게임, 건망증, 은퇴, 주름살, 오래된, 무력한, 주의' 등이었다.[64]

과제가 끝나자마자 실험 진행자는 이제 돌아가도 좋다고 하며 엘리베이터 위치를 알려 줬다. 그때 진행자 중 한 사람은 복도에 앉아 있었다. 그는 다른 교수와 이야기하려고 기다리는 척했지만, 실제로는 실험 참가자가 실험실에서 나와 그 층의 특정 지점까지 이동하는 데 걸리는 시간을 스톱워치로 재고 있었다.

자, 결과가 어떻게 나왔을 것 같은가? 노인에 관한 편견이 담긴 단어

대화를 방해한 실험 참가자 비율

60% **40%** **20%**

무례함으로 점화된 집단 60%   통제 집단 40%   공손함으로 점화된 집단 20%

무례한 단어들로 점화된 사람들은 대화에 일찍 끼어들 가능성이 높았다.

들로 점화된 참가자는 복도까지 걸어가는 시간이 더 오래 걸렸다! 연구팀은 다른 실험도 함께 했는데, '무례한' 단어들과 '공손한' 단어들을 통해 통제 집단과 비교하는 방식이었다. 참가자들은 단어를 배열하는 과제를 마치면 복도를 따라가서 담당 교수를 찾아 다음 과제가 무엇인지 물어보라는 지시를 받았다. 참가자들이 교수에게 갔더니 그 교수는 다른 '학생'(실제로는 실험 진행자였고 스톱워치로 시간을 재고 있었다)과 대화를 나누고 있었다. 진행자들은 실험 참가자들이 얼마나 기다리다가 교수에게 다음 과제를 물어보는지를 기록했다. 예상했을지 모르지만, 무례한 단어들로 점화된 참가자 집단은 통제 집단보다 인내심이 약해져서 대화 중간에 끼어들었고, 공손한 단어들로 점화된 참가자 집단은 인내심이 강해져서 더 오래 기다렸다.

다음 실험 결과는 한 사람의 마음에 공존하는 고정관념을 드러냈다. 실험 참가자는 모두 아시아계 미국인으로 SAT 점수가 비슷하고 MIT에 재학 중인 여대생이었다.[65] 그들은 점화 효과를 유발하는 단어들로 작성된 사전 설문지에 답하라는 지시를 받았다. 한 집단은 '기숙사는 남녀가 함께 쓰는가, 성별로 따로 쓰는가?' 등 여성과 연관된 용어로 점화되었고 다른 한 집단은 '부모나 조부모는 영어를 쓰는가, 다른 언어를 쓰는가?' 등 아시아계 미국인과 연관된 용어들로 점화되었다.

그다음 두 집단에 20분을 주고 어려운 수학 문제 12개를 풀게 했다. 능력 있는 이 여성들의 점수가 달랐을까? 그렇다.

- 아시아인이라는 정체성으로 점화된 집단: 54점
- 통제 집단: 49점
- 여성이라는 정체성으로 점화된 집단: 43점

실험에 참가한 여성들 대부분은 자신이 테스트에 반영된 고정관념에 동의하지 않는다고 할 것이다. 그런 고정관념과 의식적으로 싸우고 있었는지도 모른다. 하지만 이번 장의 초반에 소개한 '토스트'와 '토스터' 사례처럼 잠재의식의 자동 연상 작용은 행동에 영향을 준다. 그들은 모두 우수한 인재였지만, 여성은 수학에 약하다는 점화 효과를 적용하자 점수가 11점이나 낮아졌다.

혹시 여러분은 너무 일찍 점화에 관한 질문을 던져 편견을 갖게 하는 설문지를 보내지 않는가? 여러분 회사의 새로운 채용 절차는 처음부터 방향이 잘못되지 않았는가? 혹시 직원 회의를 시작할 때 단어를 부주의하게 선택하여 팀의 성과를 11퍼센트나 떨어뜨리지는 않는가? 내가 하는 일은 이런 질문들을 수정하는 것이다. 여러분도 행동경제학의 힘을 이용하면 문제에 대응할 수 있다.

기억이 행동에 미치는 영향

냄새가 기억을 떠올리게 한다는 사실은 잘 알려져 있다. 그런데 기억은 희한한 방식으로 행동에 영향을 미치기도 한다. 예를 들어 실험 진행자의 지시에 따라 친구를 배신했던 때를 떠올린 사람들은 친구에게 잘해 줬던 때를 떠올린 사람들에 비해 항균 티슈로 손을 닦는 횟수가 2배나 많았다.[66]

뇌의 잠재 영역이 나쁜 행동을 어떻게든 '청소'하기 위해 취한 행동이다. 그런데 기이하게도 손을 닦아 낸 뒤에는 시간을 내서 봉사활동을 하겠다는 비율이 낮아졌다. 심리적으로 '손을 깨끗하게 닦았기' 때문에 죄의식으로 인한 부담이 사라졌기 때문이다.

점화 효과의 힘

이 장의 내용을 요약하면 다음과 같다. '중요하지 않은 것은 없다.'

이 원리는 소비자가 여러분의 브랜드를 인식하기 전에 여러분이 한 말과 행동뿐 아니라 홍보 자료에 사용한 단어나 이미지에도 적용된다. 그러므로 모든 것을 통제할 수는 없지만 통제할 수 있는 것들에는 각별히 신경 써야 한다.

어느 프로그램의 중간 광고에 여러분의 브랜드가 나온다고 가정해 보자. 바로 전에는 어떤 내용이 나왔는가? 여러분의 브랜드 광고판이 스트레스를 높이는 교차로에 세워져 있는가? 그렇다면 그 위치는 브랜드와 함께 어떤 연상을 불러일으킬 것 같은가?

점화 효과의 영향력은 너무나 강력하기 때문에 3부에서도 가격 전략, 웹사이트 디자인, 광고를 설명하면서 계속 다루겠다. 지금까지의 사례에서 보았듯이 간단한 단어, 냄새, 이미지 같은 작은 요소도 쓰기에 따라 결과를 바꿀 수 있다.

설문에 응답한 사람들은 자신은 그런 요소에 영향을 받지 않았다고 믿는다. 혹은 전혀 눈에 들어오지 않았다고 한다. 소비자들은 자신이 무엇을 할지, 그리고 무엇이 선택에 영향을 줬는지를 모른다. 행동경제학 개념들을 제대로 이해해야 하는 이유가 여기에 있다.

홍보 자료와 브랜드 체험을 구상할 때는 모든 감각을 고려하고 가능한 한 많은 요소를 결합하여 점화 효과를 적용해야 한다. 뇌는 상황을 1차원적으로 해석한다는 것도 잊으면 안 된다. 예를 들면 글씨를 크게 하면 가격까지 커 보인다. 그러므로 여러 색깔과 이미지를 시도해 보면서 소비자들이 어떻게 반응할지 예측해야 한다. 하지만 무조건 실험에 돌입하지는 말고, 일단 이 책을 끝까지 읽길 바란다. 관련 개념과 실험에 접근하는 올바른 방식도 알아야 하기 때문이다.

점화 효과 적용하기

| **요점** | 중요하지 않은 것은 없다. 이미지와 단어, 냄새 등이 여러분

브랜드와 어울리는지를 따져 보라.

| 실천 과제 | 여러분의 브랜드를 생각해 보라. 소비자에게 알리고 싶은 것을 하나만 선택한다면 무엇인가. 여러분 브랜드가 경쟁 브랜드보다 우월한 점은 무엇인가. '정보가 풍부한' 직원 또는 '친절한' 직원만으로는 부족하다. 고객에게 힘을 주는가? 또는 안정감과 보호받고 있다는 느낌을 주는가? 꿈을 이룰 수 있게 도와 주는가?

점화 효과를 불러일으키기에 완벽한 단어를 찾으려면 유사어를 활용하는 것도 좋다. 읽거나 들을 때 '바로 이거다'라는 느낌이 와야 한다.

다음에는 그 단어를 반영하는 이미지들을 찾아보라. 컴퓨터 소프트웨어를 사용하고 있거나 자신의 업체를 운영하는 인물의 역량을 어떤 식으로 나타내면 좋을까?

여러분의 브랜드가 체현하려 하는 요소를 받쳐 주는 강력한 점화 효과 이미지는 조용히 소비자를 구매로 이끌고, 브랜드가 자신에게 적합하다는 판단을 뒷받침한다.

점화 효과를 더 알고 싶다면

다음 장에서 점화 효과에 대해 더 찾아보라.

22장: 가격에 숨은 진실, 23장: 좋은 상품을 많이 팔려면 어떻게 해야 할까, 24장: 작은 단계로 해체하기, 25장: 주문하시겠습니까?, 26장: 진짜 문제를 찾아라, 27장: 새로움과 이야기의 힘.

기준점 제시와 조정

잠재의식은 문제에 대한 답을 모르면 짐작한다. 언뜻 생각하면 '합리적 추측educated guess'일 것 같지만, 대부분은 경험 법칙을 따른다. 모든 행동경제학 개념이 여기서 시작된다. 초당 1천1백만 비트로 정보를 처리하는 잠재의식은 일상생활에서 우리를 안전하게 지키기 위해 경험 법칙을 이용한다.

이 개념을 소개할 때 나는 항상 간단한 게임으로 시작한다. 여러분의 대답을 들을 수 없지만, 인터넷 검색으로 답을 찾아보진 않을 거라고 믿겠다. 그냥 직감대로 대답해 보라. 준비됐나?

남극대륙의 황제펭귄은 1만 마리보다 많을까, 적을까? 몇 마리나 있을 것 같은가?

머릿속에 숫자가 떠오르는가? 남극에는 59만 5천 마리가 있다! 여러분이 떠올린 숫자는 훨씬 적었는가? 한 문제 더 풀어 보자.

지구 상에 존재하는 국가는 1천 개보다 많을까, 적을까? 몇 나라가 있을 것 같은가?

답은 195개국이다. 여러분이 생각한 숫자는 그보다 큰가?

어림짐작하는 뇌

내가 제시한 숫자를 본 여러분의 잠재의식은 내가 황제펭귄이나 국가의 수를 안다고 짐작했을 것이다. 사실 나는 그 숫자로 '점화 효과'를 유발했다.

내가 1만 마리라는 기준을 제시하지 않고 황제펭귄의 개체 수를 물었으면 어땠을까? 짐작한 숫자가 달라졌을까? 내가 제시한 기준점이 1백만이나 1천만 혹은 1억이었으면 어땠을까?

내가 국가의 수를 물었을 때 여러분은 이렇게 중얼거렸을 것이다. "흠…… 나라가 몇 개나 되나 세어 볼까. 아니다…… 그러면 너무 오래 걸리고 번거로워." 그리고 내가 1천이라는 기준점을 제시하지 않았다면 뇌는 나름의 방식으로 추정했을 것이다. "음, 북아메리카 대륙에는 세 나라가 있고 그 밖에 오스트레일리아랑 뉴질랜드가 있지……. 지도를 떠올려 보자……. 대륙마다 평균 20개국 정도가 있으려나? 몇 나라는 까먹었을 수도 있으니까 조금 늘려잡을까? 대륙당 30개국으로 하자. 그럼 120개국에 앞에서 센 나라들을 더하면 125개국이 되겠는걸." 정답에서 그리 멀지 않은 숫자다.

하지만 내가 1천이라는 높은 기준점을 제시했기 때문에 여러분의 뇌는 추정 과정을 건너뛰고 다음처럼 가장 쉬운 길을 택했다.[67] "이 사람이 뭔가 알고 있나 본데. 그러니까 저 숫자를 먼저 제시했지. 너무 많아 보이지만…… 나야 국가에 대해서는 잘 모르니까 대충 6백으로 가자."

기준점이 황당하지만 않으면 대부분 이렇게 반응하기 마련이다.

몇 년 전 여성 기업가들을 상대로 프리젠테이션을 했다. 나는 참석자들에게 사회보장번호의 마지막 숫자 2개를 떠올리라고 했다. 그다음에는 눈에 띄게 반짝거리는 내 목걸이를 보고 가격이 얼마일지 맞혀 보라고 했다. 그러면서 "한 연구에 의하면[68] 사회보장번호의 마지막 두 자리 숫자가 8이나 9처럼 큰 사람들은 1이나 2처럼 작은 사람들에 비해 가격을 높이 매겼다고 합니다"라고 덧붙였다.

그때 한 여성이 손을 들고 말했다. "사실 제 사회보장번호 끝의 두 자리가 8, 9예요! 선생님이 목걸이 가격을 예상해 보라고 하셨을 때 저는 89달러라고 생각했어요. 그러고는 다시 생각했죠. 아, 말도 안 돼. 아마 65달러 정도일 거야."

이것이 기준점 제시anchoring와 조정adjustment이다. 당시 사회보장번호가 가장 낮은 사람들은 목걸이 가격을 35달러로 훨씬 낮게 추정했다.

우리 뇌에 처음에 주입되는 숫자인 기준점은 점화 효과의 한 형태다. 사회보장번호 같은 무작위적 숫자는 효과가 금세 사라지지만, 기준점은 광고를 기획할 때나 웹사이트에 제품을 올릴 때, 패키지 가격 등을 정할 때 중요하다.

스니커즈 바 18개 사세요

팟캐스트나 강연에서 내가 한 말이 유명해지는 재미있는 경험을 할 때가 있다. 한번은 어느 칼럼에서 스니커즈 실험에 관해 이야기했는데, 비슷한 설명에 관해 사람들이 "이건 멜리나 파머가 말한 스니커즈 사례랑 같잖아!"[69]라고 말할 정도로 입소문을 타기도 했다. 이 칼럼은 그해 그 매체에 실린 글 중 열 번째로 인기가 많았다.[70] 사람들에게 핵심을 전한 마법 같은 사례였다.

한 슈퍼마켓의 통로 입구에 진열대 2개가 있었다. 첫 번째 진열대의 광고 문구는 "스니커즈 바—여러 개 사서 냉장고에 넣어 두세요"였고, 두 번째 진열대의 문구는 "스니커즈 바—18개를 사서 냉장고에 넣어 두세요"였다. 사람들 대부분은 초콜릿 바 18개를 한꺼번에 사라는 권유는 좀 심하다고 생각할 것이다.

하지만 광고는 엄청난 효과를 거뒀다. '18'이라는 숫자를 쓴 진열대의 판매량이 '여러 개'라고 쓴 것보다 38퍼센트나 많았다. 왜 그랬을까?

슈퍼마켓에서 보이는 '여러 개'라는 광고 문구는 뇌를 자극하지 못한다. 설사 자극했다 하더라도 사람들은 "그래. 2, 3개만 사지, 뭐"라고 하며 카트에 담을 것이다. 하지만 숫자 18이 보이면 어떨까? 흔한 숫자가 아니기 때문에 잠재의식이 주목한다. 그리고 이렇게 말한다. "18개?

미쳤어? 다른 사람들은 그럴지 모르지만 나는 생각 없는 사람이 아니라고. 그냥 6개만 사겠어."

어떻게 된 일인지 알겠는가? 기준점 제시와 조정이 일어난 결과다. 이처럼 의식 단계에서는 큰 수를 제시하는 것이 비합리적인 것 같지만 판매량에 큰 효과를 발휘할 수 있다. 숫자가 잠재의식과 소통하는 방식 때문이다.

홍보 문구에서 '여러 개'라는 단어는 '0'이라는 숫자와 비슷한 뜻이고, 질문으로 바꾸면 "스니커즈 살래요?"가 된다. 반면 '여러 개' 대신 숫자 18을 쓰면 구입이 기정사실이 된다. 즉, 묻는 방식을 교묘하게 바꿔 "스니커즈 몇 개 사실래요?"라고 묻는 것과 같다. 단어 하나를 바꿔 기준점을 제시하니 프레임이 바뀌고 잠재의식의 구매 경험도 바뀌었다.

〈마케팅 연구 저널 Journal of Marketing Research〉에 실린 같은 연구는 슈퍼마켓에서 흔히 활용하는 기준점 제시를 자세히 설명한다.

기준점을 제시할 때 '1개에 1달러'라고 표시할 때보다 '10달러에 10개'라고 표시하면 판매량이 많아진다. 또한 구매할 수 있는 개수를 제한하면 더 많이 팔린다. 이 실험에서는 3가지 조건을 내걸었다.

- 수프 10센트 할인!
- 수프 10센트 할인!(4개 한정)
- 수프 10센트 할인!(12개 한정)

어떻게 됐을까? 수프를 여러 개 사서 쟁여 두고 싶은 사람은 조건에 상관없이 구입할 거라고 생각하는가? 너무 논리적인 생각이다.

구매할 수 있는 개수를 제한하지 않을 때는 평균 구매량이 수프 3.3캔이었다. 4개로 한정하면? 3.5캔으로 약간 올라갔다. 12개로 한정하면? 2배로 늘어서 평균 7개가 팔렸다. 말도 안 되는 것 같지만 사실이다.

기준점 제시와 조정 적용하기

| **요점** | 홍보 문구에 과감하게 큰 숫자를 쓰라. 숫자 하나가 질문의 프레임을 바꿀 수 있다.

| **실천 과제** | 모호한 메시지를 찾아서 숫자를 넣어 보자. 그리고 소비자들의 행동이 어떻게 변하는지를 지켜보자. '초콜릿 바 18개'처럼 높은 기준점을 제시하거나, 구매 과정을 쉽거나 간단하게 느끼도록 낮은 기준점을 시도하는 것도 좋다.

일단 목표를 설정해야 한다. 여러분이 제시한 메시지를 보고 소비자들이 어떻게 행동하기를 원하는가.

국가의 수를 물어볼 때 내가 1천으로 시작한 이유는 큰 수를 떠올리게 하기 위해서였다. 만약 195에 가까운 수를 떠올리게 하고 싶었다면 250이나 2백을 제시했을 것이다. 목표를 정했다면 기준점 숫자를 크게 할지 작게 할지 판단할 수 있다. 그럼 테스트해 보라!

기준점 제시에 대해 더 알고 싶다면

다음 장들에서 기준점 제시에 대한 내용을 더 찾아보라.

22장: 가격에 숨은 진실, 23장: 좋은 상품을 많이 팔려면 어떻게 해야 할까, 24장: 작은 단계로 해체하기, 25장: 주문하시겠습니까?

기준점 제시는 갖고 놀기 재미있는 개념이다. 프레이밍 효과에 관한 장에서 이야기했듯이 제대로 정한 숫자에는 굉장한 힘이 있기 때문이다. 실험하기도 쉽고 즉시 활용할 수도 있다. 하지만 시작하기 전에 상대성에 관한 8장을 읽어 보기 바란다. 두 개념은 우유와 쿠키처럼 붙어 다니기 때문이다.

상대성

물건이 단 하나만 있으면 가치가 어느 정도인지 알 수 없다. 사는 것이 이익인지 손해인지 알기 위해서는 비교점이 있어야 한다. 이 개념을 누구보다 쉽게 표현한 사람은 브라이언 에이헌Brian Ahearn이다. 그는 저서 《사람을 설득하는 법Influence PEOPLE》에서 다음과 같이 설명한다.[71] "비싼 것도 없고 싼 것도 없다. 비교해야만 정해진다."

그 책에 소개된 멋진 사례를 조금 각색해서 이야기하겠다. 가구점에 갔는데 한 소파에 관심이 생긴다. 판매 직원에게 묻는다. "저 소파 얼마인가요?" 직원이 대답한다. "9백 달러입니다. 아, 아니네요! 제가 잘못 말했어요. 7백 달러입니다."

이때 7백 달러는 꽤 괜찮은 가격처럼 느껴진다. 그런데 가격을 묻자 직원이 이렇게 대답했다면 어떨까? "5백 달러입니다. 아, 아니네요! 제가 잘못 말했어요. 7백 달러입니다." 같은 가격인데 훨씬 비싸게 느껴지지 않는가?

소파 가격은 그대로다. 9백 달러도 아니고 5백 달러도 아니다. 하지만 체감하는 가격은 크게 다르다. 바뀐 건 오직 하나, 맥락이었다. 처음에 실수로 말한 가격이 기준점이 되었고, 이에 따라 손님들은 소파를 당장 사고 싶을 수도 있고 돈 낭비로 느낄 수도 있다.

1달러와 15달러의 가치

15달러의 가치는 항상 똑같을까, 아니면 맥락에 따라 달라질까?

상황 1: 여러분이 상점에서 주걱 하나를 골랐다고 하자. 가격은 16달러. 계산대 앞에 서 있던 여러분은 똑같은 주걱을 다른 동네에서는 1달러에 판다는 사실을 떠올린다. 그러면 주걱을 제자리에 두고 더 싸게 사기 위해 다른 동네로 가겠는가, 아니면 그냥 사겠는가?

상황 2: 여러분이 거실을 새로 꾸밀 예정인데 마음에 쏙 드는 카펫을 발견했다. 가격은 5백 달러다. 계산하려고 하는데 누군가가 이렇게 말한다. "다른 동네에서는 똑같은 카펫이 485달러던데요." 그러면 더 싸게 사기 위해 다른 동네로 가겠는가, 아니면 그냥 사겠는가?

일반적으로 주걱은 15달러가 저렴한 다른 가게로 가서 살 것이다. 하지만 카펫은 그렇지 않을 것이다. 왜 그럴까?

'합리적'인 전통 경제학에 의하면 1달러짜리(이 경우에는 15달러) 상품은 종류에 상관없이 똑같은 행동을 불러일으킨다. 하지만 실상은 그렇지 않다.

행동에 영향을 미치는 것은 상품의 상대가격이다. 1달러와 비교한 15달러는 5백 달러와 비교한 15달러에 비해 훨씬 크게 느껴진다. 이 차이가 왜 중요할까? 사실 중요한 건 그 차이가 아니다. 우리 뇌가 합리적이라면 이렇게 물을 것이다. "다른 동네까지 차를 몰고 가는 시간을 감안하면 15달러는 나에게 어떤 의미인가?"[72]

몇 년 전 한 금융회사에서 마케팅 부서를 이끌 때 나는 휘발유 가격과 자동차 할부금에 대한 블로그 글을 썼다. 사람들이 '더 싼' 휘발유를 사기 위해 조금 먼 길을 돌아가는 것은 흔한 일이다. 어떤 사람은 1갤런당 10센트를 아끼기 위해 10분 거리의 주유소에 가기도 한다. 연료를 가득 채우면 15갤런이 되는 차가 있다고 하자. 연료가 바닥났을 때 저렴한 주유소에서 가득 채우면 1.5달러를 절약한다. 여기서는 1.5달러를 아끼기 위해 거기까지 가며 쓴 연료는 계산하지 않겠다. 하지만 '이득'의 일부를 갉아먹었으리라는 것은 알 수 있다.

내가 몸담았던 금융회사는 정기적으로 판촉 행사를 열었다. 기존 자동차 대출금을 재융자하여 1퍼센트를 할인해 주는 행사였다. 많은 사람은, 특히 1갤런당 10센트를 아끼기 위해 먼 주유소로 가는 부류는 이렇게 말할 것이다. "고작 1퍼센트 할인받으려고 신청서까지 작성해서 재융자를 받으라고? 그렇게 해서 얼마나 아끼겠어?" 분야를 막론하고 인간은 비교하는 능력이 이렇게 형편없다.

간단히 계산해도 다음 사실을 알 수 있다. 8퍼센트 이자로 2만 달러의 자동차 대출을 받은 사람이 7퍼센트로 갈아타면 월 10달러 이상을 아낄 수 있다. 몇 분 동안 온라인 신청서를 작성해서 자동차 대출 재융자를 받으면 1년에 120달러를 절약한다. '저렴한' 주유소까지 가서 연료통을 채우는 데 걸리는 시간보다 신청서 작성 시간이 더 짧을 것이다.

이런 계산 결과를 제대로 전해서 고객이 돈을 절약하도록 해 주는 것이 우리 마케팅 부서의 임무였다. 행동 변화를 이끄는 넛지는 대부분 의식을 건드리지 않고 잠재의식과 협조하지만, 상대성relativity이라는 개념은 오히려 의식에 충격을 줘서 메시지가 분명히 드러나게 한다. 1갤런당 10센트를 아끼려고 10분 거리를 운전하는 것이, 신청서를 간단히 작성해서 1백 달러 이상을 절약하는 것보다 비효율적임을 깨닫게 하려면 상대적 가치를 논리적으로 이해시켜야 하기 때문이다. 눈이 번쩍 뜨이는 사진이나 이메일 제목으로 호기심을 자극하면 고객이 잠시 시간을 내서 신청서를 작성할 마음이 들도록 점화할 수 있다.

안 팔리는 상품을 판매하는 법

상점을 운영한다면 상품을 진열하고 가격을 정할 때 반드시 상대성을 감안해야 한다.

어떤 사람이 신학기를 위해 유통업체 타깃Target에서 쇼핑하기로 했다고 하자. 그곳에서는 수업 준비물과 의류 등을 합리적인 가격으로 구입할 수 있기 때문이다. 들어가다 보니 출입문 근처의 아동용 티셔츠에 99달러라는 가격표가 붙어 있다. 그 사람은 생각한다. '우와, 여기 가격이 많이 올랐네. 올해는 뭘 살 수 있으려나.' 그런데 의류 코너에서 셔츠를 1벌에 40달러 내외로 세일하고 있다. 그 사람은 다행이라는 생각에 3벌을 산다. 정기적으로 하나씩 사는 것보다 더 저렴하다고 생각하기 때문이다.

정말 그럴까?

작년에는 그 셔츠가 1벌에 25달러였다고 알려 주면 그는 뭐라고 할까? 40달러는 25달러보다 비싼 가격이다. 하지만 그 매장은 더 비싼 99달러짜리 셔츠로 새로운 기준점을 제시했다. 그래서 이제 40달러는 굉장히 저렴해 보인다. 매장은 손님에게 99달러짜리 셔츠를 팔 생각이 없었다. 아니, 팔면 좋겠지만 그것이 목적은 아니었다. 비싼 셔츠의 임무는 다른 셔츠가 싸 보이게 만드는 것이었다. 소비자가 다른 셔츠를 살 때 기분 좋도록 말이다.

행동경제학은 윤리적인가?

나쁜 사람은 어떤 지식이든 '나쁘게' 사용할 수 있다. 내가 바라는 건 모든 사람이 행동경제학에서 얻은 힘을 좋은 의도로 사용하는 것이다. 부탁하건대, 이 책에서 소개하는 지식을 다른 사람의 삶을 개선하는 데 쓰고 책임감 있게 활용하기 바란다.

에스프레소 기계 판매하는 법

여러분이 전자제품 상점을 운영하는데, 어느 날 에스프레소 기계를 들여놓기로 했다고 하자. 상점에는 커피 관련 제품이 없기 때문에 여러분은 에스프레소 기계를 전자레인지와 믹서 사이에 진열한다. 가격은 150달러로 정했다. 여러분은 제품이 금세 팔릴 거라고 자신만만했지만 오랫동안 자리만 지키고 있다. 몇 달이 지나도 그대로고, 6개월이 지나도록 1대도 팔지 못했다.

그러면 어떻게 하겠는가? 이 책을 읽기 전이라면 여러분은 분명 2가지를 생각했을 것이다. 첫째, 에스프레소 기계를 진열대에서 치우고 앞으로 취급하지 않기로 한다. 둘째, 대폭 할인해서 치워 버린다.

2가지 방법 모두 틀렸다. 현명한 해결책은 그 기계와 비슷하지만 크기와 가격이 2배인 기계를 들여와서 나란히 진열하는 것이다. 이제는 손님들이 지나가다가 2개를 비교하게 된다. 이렇게 생각할 것이다. '에스프레소 기계에 3백 달러를 쓰는 건 좀 과해. 하지만 옆에 있는 이건 모양도 좋고 크기도 작아서 주방에 딱 맞겠어. 색깔도 예뻐! 이 정도 가격이면 스타벅스 몇 번 가는 돈이야. 처음 쓰기에는 적당할 거 같아. 게다가 상당히 싸잖아……'

짠! 판매 완료.[73]

칼로리 계산의 허점

1시간짜리 스피닝 수업이 끝나거나 5킬로미터를 달리고 나면 엄청난 일을 해낸 기분이 든다. 땀이 줄줄 흐르니 운동을 제대로 한 것 같다. 그러면 기분을 내기 위해 평소보다 조금 더 먹으며 이렇게 말한다. "오늘

운동했으니까 이 정도 간식은 먹어도 될 거야." 우리 뇌는 달리기에 쏟은 노력을 스낵이라는 보상과 연관 짓지만, 한참 빗나간 판단이다.

오래전 나는 스마트워치에 운동 시간을 기록하고 기뻐한 적이 있다. 무척 성공한 기분이었다. 3백 칼로리나 소모했다고 나와 있었기 때문이다. 나는 속으로 외쳤다. '좋았어! 내가 최고야!'

하지만 칼로리 변환표를 보니 혼신의 힘으로 소모시킨 칼로리는 탄산음료 1.5병이나 피자 한 조각의 칼로리와 같았다. 그걸 보니 먹는 것으로 자축하고 싶은 마음이 사라졌다. 비교해 보니 훨씬 현실적으로 와닿았기 때문이다. 존스 홉킨스Johns Hopkins의 연구는 이러한 비교를 올바르게 활용한 사례다.[74] 그의 연구팀은 "탄산음료 1병에 든 칼로리를 소모하려면 50분을 달려야 합니다"라는 안내문을 편의점 앞에 세웠다. 그랬더니 얼마 후 10대의 가당 음료 소비량이 낮아졌다. 연구팀은 무척 흐뭇해했다. 이처럼 상대성은 가격과만 관련 있는 것이 아니다. 맥락을 포함해서 상대성의 핵심을 찾으면 건강한 행동도 북돋울 수 있다.

하지만 비교할 때는 조심해야 한다. 훌륭한 비교 메시지가 아무 효과가 없을 수도 있기 때문이다. 예를 들어 2019년 한 광고 제작팀이 사람들의 탄산음료 섭취를 줄이기 위해 광고를 만들었다. 그런데 얼마 후 광고가 다른 의도로 변질되어 인터넷에 급속히 퍼졌다.[75] 사람들에게 약간 충격을 주려고 "도넛 6개를 먹겠습니까?"라고 묻는 질문이 등장하는데, 그것을 본 사람들은 자신이 도넛을 몇 개까지 먹을 수 있는지 이야기하는 트윗만 신나게 올렸다.

행동을 유도할 방법을 찾을 때는 상대의 성향을 이해하고 그들의 언어로 말해야 한다. 개념들을 미리 실험하지 않으면 처참하게 실패할 수 있다. 대중의 탄산음료 소비량을 줄이는 게 아니라 오히려 도넛을 배터지게 먹는 능력이 건강의 척도라고 느끼게 만든 것처럼 말이다.

가치를 결정하는 상대성 적용하기

| **요점** | 맥락이 가치를 결정한다. 모든 것은 상대적이다.
| **실천 과제** | 제품 스펙에 관한 소개는 상대성을 가장 간편하게 적용할 수 있는 방법이다. 3부에서 더 자세히 다루겠다. 여기서는 여러분 회사의 가장 좋은 제품이나 서비스를 어떻게 소개할지 생각해 보자.

- 거기에 무엇이 포함되어 있는가?
- 장점은 무엇이고 어떤 문제를 해결하는가?
- '3백 달러 에스프레소 기계' 같은 비교 포인트, 즉 비슷하지만 팔려는 제품을 돋보이게 해 줄 비교 상품이 있는가? 없다면 바로 만들고 기준점을 높게 책정해서 팔려는 제품이 더 나아 보이게 해야 한다.

상대성에 대해 더 알고 싶다면
다음 장에서 상대성에 대한 내용을 더 찾아보라.
22장: 가격에 숨은 진실, 23장: 좋은 상품을 많이 팔려면 어떻게 해야 할까, 24장: 작은 단계로 해체하기, 25장: 주문하시겠습니까?

Chapter 09

손실 회피 성향

누구나 뭔가를 잃는 것은 싫어한다. 아이를 키우거나 어린아이들이 노는 모습을 본 적이 있다면 다음과 같은 장면이 낯익을 것이다.

우리 집 어린아이 둘을 예로 들어 보자. 오빠인 아들이 놀이방에서 재미있게 놀고 있다. 주위에는 한 번에 갖고 놀기에는 무척 많은 장난감이 널려 있다. 동생인 딸이 장난감 하나를 집어든다. 그때 "안 돼!" 하며 아들이 소리친다. 눈에 눈물까지 고여 있다. "내가 방금 그거 갖고 놀려고 했단 말야!" 장난감은 빈 상자일 수도 있고, 트랜스포머일 수도 있고, 바비 인형일 수도 있다. 어찌된 영문인지 딸이 어느 장난감을 집어들든 아들이 제일 좋아하는 물건이 되어 버린다. 물론 다른 것도 여동생에게 양보할 수 없는 소중한 보물이다. 아들은 모든 장난감을 동시에 갖고 놀고 싶어 한다.

부모들은 그런 속내를 아니까 웃어넘긴다. 하지만 성인의 잠재의식도 매일 온종일 똑같은 일을 한다. 게다가 절대 행동을 고칠 수 없다. 단지 절제해서 드러나지 않게 할 뿐이다.

잠재의식은 다른 아이가 자신의 원더우먼 인형을 갖고 놀려고 하면 떼쓰고 난리 치는 2살짜리 아이와 똑같다. 서글프지만 사실이다.

손해인가 이익인가?

우리는 비즈니스와 인간관계에서 어떻게 했던가? 안타깝게도 정반대로 이해했다. 우리는 욕심쟁이 같은 행동을 많이 봐 왔기 때문에 이렇게 생각한다. '사람들은 모든 것을 갖고 싶어 해. 그러니까 더 많이 줘야 해!'

우리 사회는 온통 이익을 추구하는 시스템 속에서 돌아간다. 단골을 만들기 위한 할인 쿠폰과 보상 정책이 시스템을 떠받친다. 하지만 그것들은 서랍 속에서 먼지만 뒤집어쓴 채 잊힌다.

행동을 진정으로 변화시키는 것은 이익이 아니라 손실이다. "하지만 저는 고객의 부정적 감정이나 두려움을 이용하고 싶진 않아요"라고 이의를 제기하고 싶겠지만, 걱정할 것 없다. 앞으로 보겠지만 그럴 필요는 없다.

손해 보는 느낌을 이해하기 위해 다음의 2가지 상황을 상상해 보자. 각 상황에 진심으로 몰입해야 한다. 장담하건대 간단하다.

상황 1: 어느 날 아침, 여러분은 한동안 입지 않았던 재킷을 집어든다. 재킷을 입고 주머니에 손을 넣었더니 20달러 지폐 1장이 들어 있다. 야호!

기분이 어떤가? 꽤 좋을 것이다. 매일 일어나는 일은 아니니 말이다. 지인들에게 이야기할 수도 있고, 안 할 수도 있을 것이다. 내일도 그 일을 자랑할 것 같은가? 다음 주는? 다음에 그 재킷을 집어들 때도 주머니에 20달러가 있었다는 사실을 떠올릴까? 혹은 내년에도 똑같이 짜릿한 느낌을 받을까? 그렇진 않을 것이다.

상황 2: 현금만 받는 어느 할인 행사에 간다고 생각해 보자. 여러분은 1백 달러면 하루 종일 쓰기에 충분할 거라고 판단한다. 가는 길에 현금입출금기에서 돈을 뽑았고, 목적지에 도착해서 주차비를 내려고 한다. 그런데 지갑에 20달러짜리 지폐가 4장뿐이다! 여러분은 시트 사이의 공간을 들여다보고 지갑도 다시 확인해 본다. 2장이 붙어 있나? 아니다. 20달러를 잃어버린 것이다. 자, 기분이 어떤가?

많이 속상할 것이다. 그 일을 지인들에게 얘기할까? 그 주차장을 이용할 때마다 그 일을 떠올릴까? 그 행사 광고를 보거나 그 현금입출금기를 이용할 때마다 떠올릴까? 어쩌면 잘못도 없는 은행이나 신용협동조합이 돈을 '훔쳐 갔다'고 원망할지도 모른다. 훗날 손자, 손녀에게까지 이 경험을 들려줄까?

20달러를 '횡재'했을 때의 기쁨에 비하면 잃었을 때의 속상함이 훨씬 클 것이다. 왜 그럴까? 액수가 같다면 감정의 정도도 똑같아야 정상 아닌가? 전통 경제학은 그렇게 주장한다. 하지만 전통 경제학이 항상 정확했다면 행동경제학은 생겨나지 않았을 것이다.

손실의 경제학

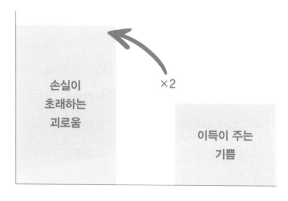

손실의 괴로움을 상쇄하려면 이득이 주는 기쁨의 2배가 필요하다.

행동경제학의 아버지 대니얼 카너먼Daniel Kahneman과 아모스 트버스키 Amos Tversky는 손실에 관한 과학 법칙을 발견했다.

연구에 의하면 손실이 초래하는 괴로움을 보상하려면 이득이 주는 기쁨의 2배가 필요하다.[76] 모든 산업과 적용 방식에서 입증된 원리다. 다음 사례는 이 원리가 부정적 감정을 불러일으키지 않으면서 작동하는 과정을 보여 준다.

발상의 전환과 신용카드

많은 금융회사가 다음과 같은 판촉 행사 메시지를 보낸다. "이번 달에 신용카드로 20회 결제하시면 50달러를 드립니다." 상당히 후한 보너스다. 하지만 기회를 이용하는 사람은 많지 않다. '오호, 50달러라고? 그럼 당연히 써야지!'라고 생각하는 사람도 있다. 그러다 3개월 후에 광고지를 다시 보면 이렇게 생각한다. '에잇. 잊고 있었네. 다음에는 놓치지 말아야지.' 좋은 기회는 이런 식으로 뇌 활동의 저편으로 사라진다.

발상을 바꾸면 어떨까? 이렇게 광고하는 것이다. "귀하의 계좌에 50달러를 넣어 드렸습니다. 이번 달에 신용카드를 20회 쓰시면 그 돈을 가지십시오." 차이가 느껴지는가?[77]

이득에서 손실 쪽으로 바꾼 메시지는 5장에서 이야기한 프레이밍 효과의 일례다.

어느 제안이 더 구미 당기는가?

"이번 달에 신용카드를 20회 쓰시면 50달러를 드립니다."

"귀하의 계좌에 50달러를 넣어 드렸습니다. 이번 달에 신용카드를 20회 쓰시면 그 돈을 가지십시오."

미리 입금하는 인센티브

대부분의 인센티브는 특정 과업을 완수해야 주어진다. 그런데 그 방법이 가장 적절할까? 인도의 건강식품 제조사 지더스 웰니스Zydus Wellness에서 고객 마케팅을 책임지고 있는 비닛 쿠마르가 이런 이야기를 들려주었다. 인도의 어느 시골에서 판매 직원들에게 인센티브를 준 사례다.[78] 기존 인센티브 방식을 활용할 때는 직원들이 목표 판매량의

40~45퍼센트를 달성했다. 마케팅 부서는 변화를 시도했다. 판매 직원들에게 인센티브 최고액을 그들 계좌에 입금했다고 알려 준 다음, 목표를 달성하지 못하면 선지급한 금액을 다음 급료에서 제하겠다고 공지했다.

그랬더니 직원들이 목표 판매량의 70퍼센트를 달성했다.

잠재의식에 호소하는 동기부여

'오늘 할 일' 목록에 너무 많은 목표를 써서 몇 가지를 다음 날로 미룬 적 있을 것이다. 어쩌면 "계획을 모두 실천해서 다음 날로 미루지 않은 적이 있는가?"라고 묻는 게 적절할 것이다. 우리는 낙관주의 편향 때문에 과다하게 약속하여 스스로를 속박하면서도 똑같은 실수를 되풀이한다.

자신에게 동기부여를 하거나 팀원 혹은 고객에게 인센티브를 주고 싶다면 내가 손실 회피 성향loss aversion을 활용하여 개발한 '유리병 방법'을 소개하고 싶다. 의식 영역이 아니라 잠재의식에 호소하는 방법이다.

다음은 고객을 지도하는 코치의 입장에서 설명한 것이다. 먼저 투명한 유리병 여러 개를 준비한다. 이왕이면 사각형 라벨을 붙일 수 있는 것이 좋다. 각 병마다 고객 이름을 적고, 해당 고객을 만나면 이렇게 말한다. "고객님 이름이 적힌 이 유리병 보이죠? 매주 계획을 달성하시면 병 안에 제가 10달러를 넣을 거예요. 만일 실패하면 돈을 꺼내고 처음부터 다시 시작하고요. 연말이 되면 이 안의 돈을 모두 드릴게요." 여러분의 게으른 뇌는 계산도 하기 싫을 테니 대신 계산해 주겠다. 매주 빠

짐없이 목표를 달성하면 총금액은 520달러가 된다.

고객을 만날 때마다 눈에 보이는 곳에 유리병을 두자. 거기에 꼭 주의를 집중시킬 필요는 없다. 병 속의 돈을 보여 주는 것도 점화의 일종이기 때문에, 고객은 목표와 약속을 상기하게 된다. 그러면 실제로 성취할 만한 정도로 계획을 세울 가능성이 많고 선순환이 일어난다. 뿐만 아니라 여러분의 성과도 더 높아질 것이다. 간단한 변화가 가져온 원원 효과다.

자동차 구입과 손실 회피

자동차를 사러 대리점에 갔을 때를 생각해 보라. 직원이 이렇게 말했는가? "이 기본 모델을 기준으로 월 할부액을 계산합니다. 여기에 추가할 옵션은 파워윈도, 가죽 시트, 선루프, 내비게이션입니다. 추가하고 싶은 옵션이 있으면 모두 선택하세요. 그러면 월 할부액이 올라갑니다."

아니면 이런 식으로 말했는가? "추천하는 모델은 이것이고, 월 할부액은 이 정도입니다." 그러다 여러분이 가격을 듣고 난색을 표하면 이렇게 말했는가? "전체 옵션은 이렇지만, 혹시 필요 없는 게 있으면 말씀해 주세요."

당연히 후자처럼 말했을 것이다. 손실 회피 성향을 적절히 이용하면 대부분 옵션이 많은 차를 사기 때문이다.[79] 첫 번째 경우에는 손실 회피 성향이 고객의 은행 계좌에 있는 돈에 적용된다. '후방카메라가 없으면 2백 달러를 아끼니까 쓰지 말자.'

두 번째 상황에서는 손실 회피가 멋진 새 차에 적용된다. 잠재의식이 이미 구입하기로 결정한 차다. '흠, 후방카메라가 있으면 좋을 거야. 그리고 60개월 동안 2백 달러면 월 3.33달러밖에 안 하잖아. 매달 5달러 가치만큼 쓰면 되지!'

자동차를 팔든 초콜릿 바를 팔든 가치 제안value proposition을 할 때 소유욕을 적절하게 자극하는 것은 손실 회피 성향을 활용하는 데 무척 중요하다.

건강한 습관 기르기

많은 사람이 건강을 위해 현재보다 더 많이 걷겠다는 목표를 세우곤 한다. 그래서 스마트워치를 사고 하루에 1만 보쯤 걷기로 계획한다. 그 목표에 바친 에너지가 소진되고 의욕이 사라지기까지는 얼마나 걸릴까? 만일 목표한 걸음 수를 채우지 못하면 소셜미디어, 지도, 게임처럼 필수적이지 않은 앱을 밤 12시까지 사용하지 못하게 설정해 뒀다면 어떨까? 아니면 목표 걸음 수를 제시간에 채우지 못하거나 약을 먹지 않으면 어머니에게 문자 메시지가 가도록 설정했다면 어땠을까?

그러면 목표를 달성하기 위해 더 노력할까?

얼린 홀츠워스Aline Holzwarth에 의하면 효과가 있다. 패턴 헬스Pattern Health 행동과학 연구실장이자, 댄 애리얼리Dan Ariely가 설립한 듀크대학교 고급통찰센터 책임자 얼린은 일련의 실험을 했다. 운동을 더 하고, 건강한 식단을 지키고, 약을 잘 챙겨 먹으려 하는 이들이 의욕을 유지하는 데 손실 회피 성향이 어떤 역할을 하는지 파악하기 위해서였다.

실험 결과에 따르면 설정한 목표를 달성하지 못했을 때 스마트폰 앱을 사용하지 못하게 설정하면 목표에 더 집중하는 경향이 나타났다.[80] 트위터가 막힐지도 모른다는 위기감이 참가자들을 소파에서 일어나 걷게 만들었다.

다른 사람이 불이익을 받게 될 때도 우리는 행동을 바꾸려고 한다. '다른 사람'에는 온라인상의 존재도 포함된다. 혹시 다마고치[81]를 기억하는가? 이 게임은 나의 학창 시절에 몇 달 동안 열풍을 일으켰다. 나와 내 친구들은 픽셀로 된 이 애완동물 1마리 이상을 열쇠고리에 달고 다녔다. 다마고치를 제대로 키우려면 온종일 돌보며 먹이를 줘야 했다. 수업 시간 때문에 오랫동안 방치하면 화를 내거나 병들어 죽었다. 다마고치의 죽음을 막는 것이 무엇보다 중요했기에, 휴대전화가 없던 그 시절 우리는 선생님에게 걸릴 위험을 무릅쓰고 몰래 가방에 손을 넣어 보살피면서 종이 울리기만을 기다렸다.

이 흥미로운 심리에 관심을 둔 패턴 헬스에서는 사용자의 행동에 반응하는 가상의 애완 거북이 버질을 개발했다. 주인이 건강을 위해 매일 과제를 완수하면 버질은 잘 지낸다. 하지만 과제를 완수하지 못하면 고통을 겪는다.[82]

내 학창 시절의 다마고치처럼 보살핌을 받는 존재는 우리에게 동기를 부여한다. 거북이 버질 같은 가상 동물도 그렇다. 패턴 헬스 고객들은 가상 동물에게 대단한 애착을 갖고 행복하게 해 주기 위해 목표에 매달린다. 주인이 약속을 못 지킬 것 같으면, 버질은 겁먹고 머리를 몸속으로 숨긴다. 주인이 과제를 완수하면 함께 기뻐한다! 버질을 잃을지도 모른다는, 혹은 화나게 할 수도 있다는 두려움만으로도 사람들은 약을 제때 먹고 다른 건강 관련 과제를 완수하려는 의지를 불태운다.

극단적으로 몰고 가지 말라

많은 기업이 손실 회피 성향을 이용하여 잠재 고객이 신청서에 서명하게 만든다. 그런데 위험할 정도로 극단적으로 몰고 가는 경우도 있다. 그냥 "구독하시겠습니까? 네/아니요"로 끝내면 되는데, 다음과 같이 물어본다.

"구독하시겠습니까?"

- 네.
- 아니요, 저는 돈을 절약하는 데 관심 없습니다.

위와 같은 방식은 읽는 사람의 신경을 거슬리게 하기 때문에 역효과가 일어난다. 내가 본 것 중 가장 우스웠던 사례는 피트니스 DVD 광고였다. 배송료만 내면 DVD를 보내 주었는데, 대신 구매자들에게 다른 DVD까지 추천하면서 함께 결제할 것을 권했다. 선택 사항은 다음과 같았다.

- 네! 단돈 25달러로 전신 지방 연소 DVD 시리즈를 추가 주문하겠습니다.
- 아니요, 괜찮습니다. 저는 멋진 몸매를 단기간에 만드는 데 관심

없습니다. 유일하고 좋은 정보지만 놓쳐도 상관없습니다. 제안을 거절하면 다시 기회를 얻지 못할지 모르지만 그냥 넘기겠습니다.

너무 극단적이지 않나? 게다가 장황하다. 이런 글을 읽는 사람 대부분은 이렇게 생각할 것이다. '정말 사고 싶다면 나중에라도 살 수 있을 거야. 두고 봐!' 손실 회피 성향을 이용하려면 잠재의식과 경계 의식 사이에서 줄타기를 해야 한다. 극단적으로 가면 소비자는 제안을 거절할 뿐 아니라 브랜드에 나쁜 인상을 받을 수도 있다.

내가 바라는 건 여러분이 이 책의 비결로 소비자들을 속이지 않는 것이다. 모두 유용한 방법이지만 윤리적으로 활용해야 한다. 소비자가 원하는 멋진 제품과 서비스를 개발한 다음 행동경제학을 이용하여 왜 그 제품이 더 큰 이익을 주는지를 이해시키면 된다. 이것만 명심하면 항상 효과가 있을 것이다.

손실 회피 적용하기

| **요점** | 손실의 고통을 보상받기 위해서는 이득이 주는 기쁨의 2배가 필요하다.

| **실천 과제** | 부정적이지 않은 손실 회피 성향을 이용하는 것은 일종의 프레이밍 효과다. 이익에 중심을 둔 다음 홍보 문구를 손실 회피 성향을 적용하여 다시 써 보라. 앞부분에 소개한 사례가 힌트다. "이번 달에 카드를 20회 사용하시면 50달러를 드립니다"처럼 제안하지 말고 다

음과 같이 프레임을 바꾸라는 것이다. "귀하의 계좌에 50달러를 넣어 드렸습니다. 이번 달에 카드를 20회 이상 쓰시면 그 돈을 가지십시오." 자, 이제 여러분 차례다.

- 10개를 사시면 1개를 공짜로 드립니다: _____
- 목표 판매량을 달성하면 보너스 5백 달러를 지급합니다: _____
- 홍보 문구 만들기: _____

손실 회피에 대해 더 알고 싶다면
다음 장에서 손실 회피에 대해 더 찾아보라.
22장: 가격에 숨은 진실, 27장: 새로움과 이야기의 힘.

손실 회피 성향을 이용하여 프레임을 다시 짜려면 약간의 연습이 필요하다. 처음에는 의식 영역이 반발할지도 모른다. 세상에는 이익 중심 광고가 넘쳐서 그런 방식이 최선 같기 때문이다. 하지만 손실이 생길 가능성을 언급하면 효과가 훨씬 강하다는 것은 장담할 수 있다. 광고 메시지를 수정해서 수익을 2배로 올릴 수 있다면 안 할 이유가 없지 않은가?

Chapter 10

희소성

패피 밴 윙클Pappy Van Winkle이라는 버번위스키는 세계에서 가장 구하기 힘든 술 중 하나다. 짐 빔Jim Beam은 1년에 8천4백만 병이 생산되지만 패피는 8만 4천 병만 생산된다고 한다. 다들 갖고 싶어 안달하는 23년짜리의 소매가격은 270달러다. 하지만 만일 발견한다면, 그리고 소유자가 팔겠다고 하면 3천 달러 정도 내야 한다.[83]

전통 경제학에서 희소성scarcity은 특정 물건의 공급량은 유한한데 수요는 높을 때 생긴다. 여기에는 원유나 물 같은 천연자원뿐 아니라 시간처럼 추상적인 것도 포함된다. 시간은 누구나 더 많이 갖고 싶어 하는 매우 희소한 자원이기 때문이다. 영원히 무한한 것은 없으므로 모든 자원은 희소성이 있다. 그런데 뭔가가 희소하다는 것을 우리가 실감하면 어떤 일이 벌어질까?

이때 행동경제학이, 그리고 선반에 모셔져 먼지를 뒤집어쓴 패피 위스키가 나선다.

똑같은 시계를 2가지 버전으로 광고한 실험이 있다. 하나는 "신형 출시. 재고 넉넉함"이라고 홍보했고, 다른 하나는 "한정판 출시. 서두르세요. 재고량이 많지 않습니다"라고 홍보했다.[84]

결과는 어땠을까? 시계가 한정판이어서 물량이 적다는 광고를 본 사람들은 재고가 넉넉할 때에 비해 50퍼센트 비싸게라도 사려고 했다. 두 시계가 똑같은데도 말이다.

우표를 생각해 보라. 시간이 갈수록 가격이 오르지만 실제 가치는 1장당 50센트밖에 안 된다. 인쇄 오류로 잘못 찍힌 게 아니라면 말이다. 세계에서 가장 비싼 우표인 영국령 기아나의 1센트짜리 우표가 1,150만 달러라는 사실 알고 있는가? 왜 그렇게 비쌀까? 한정판인 데다 현재 단 1장만 존재하기 때문이다. 우표 수집가들에게는 미안하지만, 그게 뭐가 중요할까?

미국 정부에서 최초로 발행한 은화 달러는 어떻고? 미국 조폐국이 설립된 후 1794년과 1795년 2년 동안만 은과 구리로 만든 이 주화에는 '휘날리는 머리카락'이라는 별칭이 붙어 있다. 최근 경매에서 무려 1천만 달러에 팔렸다. 그 이듬해에 발행된 것들은 어떨까? '감싼 가슴'이라는 별칭의 1796년산 주화는 794달러다. 1달러짜리 주화임을 감안하면 이것도 너무 비싸지만, '유통된 적 없는' 새 주화는 5만 9,548달러까지 값이 치솟는다.

희소성과 가치의 관계는 무척 밀접하다. 이상하게도 우리 뇌는 희소할수록 비싸다고 생각한다.[85] 희소성은 손실 회피와 밀접한 관련이 있는 건 맞지만 똑같지는 않다.

품절되기 전에 쟁여 두세요

여러분이 코스트코 회원이라면 거기서 온갖 물건을 살 것이다. 좋아하는 제품을 많이 사 두라는 판촉 행사를 자주 하는데, 대량으로 살 수 있어서가 아니라 다음 날엔 그 상품이 없을지도 모르기 때문이다. 이것이 희소성 사고방식scarcity mindset이다.

소매점에서는 이런 방식을 따라 하기 힘들다. 어떻게 코스트코를 따라 하겠는가? 코스트코에서는 손님이 어제 혹은 1시간 전에 본 것을 찾으면 이렇게 대답하는 경우도 있다. "죄송합니다. 다 팔리고 없습니다. 여기서는 뭐든 빨리빨리 바뀌거든요." 그걸로 끝이다. 어차피 상품은 품절됐고 손님도 시스템에 차차 적응하기 때문이다. 물론 고객 서비스는 중요하다. 판매자는 손님의 편의를 봐줘야 하고 친절해야 한다.

희소성은 정말 한정된 물건에서만 효과를 발휘한다. 즉, 아무나 가질 수 없는 상품에만 통한다.

코스트코 방식이 효과를 발휘하는 이유는 최고의 환불 정책이 대량 구매를 받쳐 주기 때문이다. 이 정책 덕분에 소비자는 후회할지도 모른다는 두려움이나 부담 없이 몇 개씩을 더 산다. 불만족스러우면 언제든 환불할 수 있고, 후회하는 것보다 안전한 것이 좋기 때문이다. 소비자가 구입한 상품에 만족하지 않을 때 무조건 환불해 줄 수 있다면 이런 판매

1백 퍼센트 환불 보장 정책은 언제나 효과적이다. 소비자로 하여금 후회할지도 모른다는 두려움을 극복하고 지금 구매하게 만들기 때문이다. 조사에 의하면 '1백 퍼센트 환불 보장'이라는 문구가 눈에 띄면 그렇지 않은 경우에 비해 항상 판매량이 높았다.[86] 실제로 환불하는 사람은 의외로 적었고, 특히 물량이 한정돼 있다고 공지했을 때의 판매량 증가분은 환불로 인한 손해를 훨씬 초과했다.

방식을 시도할 만하다. 환불 정책을 악용하는 소비자는 별로 없으므로, 위험을 감수하고 수익을 노려 보는 것이다.

스타벅스의 가을 공식 음료

스타벅스는 세 글자로 가을을 연상시키는 단어를 만들었다. PSL, 즉 펌킨 스파이스 라테Pumpkin Spice Latte다. 이 음료는 인기가 많은데도 해마다 몇 주 동안만 판매한다.

희소성 있는 상품은 저절로 광고 효과가 나타난다. 트위터 @therealPSL 계정의 팔로어는 11만 명이나 된다. 2018년 8월 28일 기준으로 이 계정의 포스트 "제가 돌아왔다고 알리려고 로그인했어요. 오프라인에서 만나요"라는 내용은 좋아요 2천3백 개, 리트윗 654회, 그리고 댓글 88개를 얻었다.[87]

희소한 상품에는 종교적 추종자들이 생겨난다. 일반 소비자들이 대신 마케팅해 준다는 뜻이다. 그들은 흥분하며 소문을 낸다. 그래서 기업이 직접 홍보할 때보다 브랜드가 훨씬 유명해진다. 입소문이 강력한 힘을 발휘한다면, 희소성은 입소문을 퍼뜨리는 탁월한 연료인 셈이다.

스타벅스가 발명한 또 다른 제품을 보자. 전 세계를 휩쓴 유니콘 프라푸치노가 그것이다. 스타벅스는 수많은 희귀 상품을 1개월 정도 판매하는데, 이 음료는 닷새 동안만 팔았다. 많은 지점이 마케팅을 거의 안 하고 음료가 나온 날 트윗 2회와 보도자료 배포 1회만 했는데도 이틀 만에 판매가 종료됐다. 듣기로는 유니콘 프라푸치노 서비스가 시작되기 일주일쯤 전에 정보가 새나가서 인터넷을 흥분의 도가니에 빠뜨렸다고 한다.

스타벅스는 오래전부터 희소한 제품을 개발해서 고객들이 꼬리에 꼬리를 물고 몰려들게 만들었다. 빨간 컵도 여기에 속한다. 해마다 다들 제일 먼저 셀카를 찍어 포스팅하기 위해 달려가는 그 빨간 컵 말이다. 이처럼 희소성과 소셜미디어가 결합하면 놀라운 결과가 나온다. 군중심리와 사회적 검증에 관한 내용은 다음 두 장에서 자세히 다룬다.

고객을 안달하게 하는 단어들

다음 단어들은 소비자의 뇌에 자동으로 희소성을 각인시킨다.

- 기간 한정
- 보증기간 연장

- 주문 제작
- 수제
- 유일무이
- 재고 처분
- 떨이 판매
- 마지막 기회

판촉 행사나 할인 행사를 하려면 기간을 짧게 하고, 행사가 끝나는 시기를 소비자들에게 상기시켜야 한다. 재화와 서비스 모두에 해당한다. 우리 뇌는 그 조건을 보고 이렇게 생각한다.

- '전 세계에 하나밖에 없다고? 다른 사람이 채 가기 전에 얼른 차지해야지!'
- '시카고행 항공권이 이 가격에는 두 좌석밖에 없는데 지금 8명이 대기 중이라고? 내가 제일 먼저 사야겠다!'
- '이번 달에는 예약이 다 차고 한 타임만 남았다고? 이분이 그렇게 바쁘다면 분명 이 지역에서 최고일 거야. 얼른 예약해야지.'

시간은 가치재라서 할애할 수 있는 양이 정해져 있음을 명심해야 한다.

"정말 바쁘지만 예약을 끼워 넣을 수 있을 것 같아요"라고 말하면 안 된다. 코스트코가 구입 시기에 엄격한 것처럼, 시간에 관해서도 단호한

입장을 취해야 그만한 가치를 낳는다. 병원이나 마사지숍, 치과를 생각해 보라. 예약이 차면 그걸로 끝이다. 때로는 몇 달이 꽉 차 있을 수도 있다. 이때 고객들은 그 의사의 시간을 더 비싸게 느끼므로 예약을 취소할 가능성이 낮다. 의사에게도 이익이다.

여러분이 "다음 주에는 가능한 시간이 한 타임밖에 없는데, 지금 예약하시겠어요?"라고 하면 상대방은 약간 불안해하면서 기회를 잡으려고 한다.

희소성 적용하기

| **요점** | 기회가 적을수록 가치는 높아진다.

| **실천 과제** | 산업 분야나 직무에 상관없이 희소성을 적용하기 가장 좋은 자원은 시간이다. 우리는 지나치게 높은 목표를 설정하고, 고객의 요구라면 무엇이든 들어줘야 한다고 생각한다. 하지만 일정표를 보고 빈 시간이 없으면 거절해야 한다. 누군가가 여러분에게 목요일에 시간 있느냐고 물었을 때 이렇게 대답하는 것은 괜찮다. "목요일은 힘들지만 금요일 오전 11시는 괜찮은데 어떠세요?"

대답할 때 친절하고 협조적인 태도는 유지하되, 무슨 일로 바쁜지 구구절절 해명하려는 충동에 휘둘리면 안 된다.

예를 들어 "어, 제가 목요일에 온종일 고객과 미팅해야 해서 안 되고, 수요일에도 힘든데 그 이유는 ……"이라고 말하는 것은 '당신보다 그 일들이 더 중요합니다'라는 의미를 상대에게 장황하게 설명하는 셈이다. 진행 중인 다른 업무 이야기를 하지 않아야 그것이 화제의 중심에서 벗어나고 우리 시간이 귀하다는 사실만 남는다. 그러면 우리 시간이 비싸진다. 상대가 처음 제안한 시간과 우리 일정이 맞지 않는 것은 미안해할 일이 아니니 사과할 필요도 없다. 우리가 시간이 부족하면 잠재 고객들은 그 시간과 우리를 더 가치 있게 여긴다. 특히 우리의 대답이 친절하면 더욱 그렇다.

희소성에 대해 더 알고 싶다면
다음 장을 참고하라.
22장: 가격에 숨은 진실.

희소성은 누구나 '아는' 개념이지만 활용하는 사람은 극히 드물다. 희소성 있는 자원은 다양하다. 그것들로 프레임을 잘 짜면 소비자는 스스로를 훨씬 가치 있게 느끼고 우리가 원하는 행동을 한다.

군중심리

개미 떼로부터 거리가 똑같은 2곳에 똑같은 음식을 놓아두면[88] 개미들이 한쪽으로만 몰린다. 다른 하나는 건드리지도 않고 모두들 한곳으로만 몰려간다.

논리적으로 이해가 안 되는 행태다. 왜 쉽게 접근할 수 있는 음식을 내버려 둔단 말인가? 사실 인간도 군집 성향이 있어서 비슷하게 행동한다. 우리는 식당을 고를 때 온라인 후기나 붐비는 정도를 보고 판단한다. 한 도시에 처음 가서 식당을 골라야 하는데 이용할 수 있는 정보가 거리에서 보는 풍경뿐이라고 하자. 대부분은 손님이 없는 식당보다는 손님이 가득 찬 식당을 고른다. 뇌가 이렇게 생각하기 때문이다. '저 사람들은 내가 모르는 걸 알고 있을 거야. 텅 빈 저 식당은 맛이 형편없을 거고, 손님이 많은 저 식당은 그만큼 훌륭하니까 45분 동안이나 기다리는 거겠지.' 군중심리herding가 작용한 예다.

다른 동물들과 마찬가지로 인간도 자신에게 유리하기 때문에 군집행동을 한다. 소, 말벌, 구피처럼 말이다.[89] 동물이 군집행동을 하는 이유는 자신을 지키기 위해서다. 바깥쪽에 있는 동물들은 안쪽에 있는 동물들보다 천적에게 잡아먹힐 가능성이 크기 때문에 최대한 중심부 가까이에 있으려고 한다. 개가 양 떼를 모는 동영상을 보면 바깥쪽 양은 안쪽으로 들어가기 위해 빠르게 달리는 반면, 안쪽 양들은 잘 움직이지 않는다. 무리에서 멀리 떨어질 때만 그쪽으로 따라갈 뿐이다.

동물들은 거의 맹목적으로 동료들을 따라간다. '다들 이쪽 방향으로 달리는 것을 보니 분명 내가 모르는 뭔가가 있을 거야'라고 짐작하면서 말이다. 무엇으로부터 도망치는지 둘러보지도 않고 일단 도망치고 본다.

인간도 똑같다. 그것이 우리의 본성이다. 나는 런던에서 차량의 흐름을 따라 운전하던 도중에 이런 성향을 깨달았다. 사람들은 대부분 신호등과 상관없이 자신이 건널 수 있을 때 길을 건넌다. 그런데 한 사람이 건너기 시작하면 인도에서 기다리는 다른 사람들은 눈에 띄게 불안해한다. 어떤 사람은 살펴보지도 않고 따라 건너려다 일행에게 붙잡혀 교통사고를 모면하기도 한다. 신호등이 녹색으로 바뀌기 전에 많은 사람이 길을 건너면 남아 있는 사람들은 더 불안해하면서 자신들도 건너야 하는지 망설인다. 어디서든 이런 현상을 볼 수 있다.

국가를 막론하고 10대들이 "엄마! 내 친구들 모두 그렇게 한다고요"라고 말하는 것도 이런 성향 때문이다. 엄마들은 이렇게 대꾸한다.

"네 친구들이 다리에서 뛰어내리면 너도 그럴래?" 다른 사람들처럼 콘서트에 가거나 졸업파티 후에 호텔에 묵지 않고, 심지어 신호등 앞에서 남들을 따라 하지 않을 때 불편한 감정이 드는 이유는 군중심리 때문이다.

거울뉴런이 있는 우리는 남들을 보며 배운다. 관찰을 통한 학습은 인류의 생존과 성장에 반드시 필요하다. 아기는 어른의 행동을 관찰한다. 어린이들은 거의 즉시 어른들을 따라 한다. 이런 식으로 우리는 말하고 걷는 법을 배우고 위험을 피하고 먹을 것을 찾는다. 모두 생존에 필수적인 능력이다.

또한 남을 따라 하는 성향 때문에 우리는 남들이 많이 가는 식당에 간다. 카페 주인은 다른 손님들이 이미 많은 팁을 지불한 것처럼 보이려고 병 속에 돈을 넣어 둔다. 다른 사람들이 팁을 남기면 우리도 팁을 남길 가능성이 높기 때문이다. 투명한 기부금함도 비슷한 효과가 있다.

슈퍼마켓에서 계산할 때 화면에 특정 캠페인에 기부할 의향을 묻는 질문이 나온 적 있는가? 우리는 '아니요'를 클릭할 때 양심의 가책을 느끼곤 한다. 어떤 슈퍼마켓에서는 기부할 의향이 있는지 계산원이 직접 묻기도 해서, 부담스럽지만 "아니요"라고 말해야 한다.

어떤 사람은 대답하고 나서 해명을 덧붙인다. 얼마 전 슈퍼마켓에서 목격한 일이다. 계산하려고 줄 서 있는데, 내 앞에 있던 여성에게 계산원이 "군인들을 위해 1달러를 기부하시겠습니까?"라고 물었다. 그녀는 "아니요. 저는 개인적으로 봉사 활동을 많이 하고 군대에 기부도 많이 하거든요. 그러니까 여기서는 안 할게요"라고 말했다.

계산대 직원이 그 말을 신경이나 쓸까? 어차피 그 직원이 벌이는 캠페인이 아니다. 아마 모든 손님에게 물어보는 것이 슈퍼마켓의 정책이고, 직원은 질문하기도 귀찮을 것이다. 하지만 질문에 대답한 여성은 다른 사람들이 자신을 비판할 거라 여기고, 자신이 기부하지 않는 이유를 설명했다. 아무도 신경 쓰지 않더라도 그래야 마음이 편하기 때문이다.

군중심리는 자신이 약하다고 느끼거나 자신감이 없을 때 생긴다. 내 앞에 있던 그 여성은 실제로는 자원봉사를 하지 않거나 군대에 기부하지도 않았을 가능성이 높다. 그럼 왜 그렇게 말했을까? 공동체와 행동을 함께해야 한다는 본능을 억누르고 죄책감을 외면하기 위해서다. 사람들 대부분은 기부하겠느냐는 질문을 받으면 안절부절못한다. 신호등 앞에서 망설이는 사람들처럼 말이다. 집단을 따르고 싶어 하는 뇌의 성향 때문이다.

물론 군중심리에 좌우되는 경우는 그 외에도 많다. 최선의 선택이 무엇인지 확신하지 못하거나, 자신감이 없거나, 실수하면 큰 위험이 닥칠 것 같을 때는 군중심리에 더 의존한다. 이런 이유로 남들 따라 하다 실패한 투자자가 그렇게나 많다.[90]

여러분의 동료 모두가 어떤 일에 대해 '확실'하다며 자신한다고 하자. 여러분은 그들에 맞서 반대가 맞다고 주장할 수 있는가? 대부분은 못 한다. 우리 뇌는 특이하게 옳은 것보다 통상적으로 틀린 것을 선호한다. 다른 사람들과 반대로 점쳤다가 여러분만 틀렸을 때보다, 여러분이 틀렸지만 다른 사람들도 틀렸을 경우 창피당할 확률이 훨씬 낮기 때문이다.

여러분이 또래들과 대기업에 면접을 보러 갔다고 가정해 보자. 지원자들은 앉아 있고 면접관은 "2 더하기 2는 얼마입니까?"라는 아주 간단한 질문이 적힌 슬라이드를 보여 준다. 여러분 자리는 여덟 번째고, 앞에 있는 사람들은 모두 "4입니다"라고 대답한다. 여러분도 그렇게 말한다. 쉽다.

이런 질문이 몇 차례 나온 다음, 비슷하게 단순한 실문이 이어진다. "빨간색과 노란색을 섞으면 무슨 색이 되나요?" 여러분은 정확한 답을 떠올린다. 그런데 첫 번째 사람이 자신 있게 "보라색입니다"라고 말한다. 여러분은 '보라색이라고? 바보 아냐?'라고 생각한다. 그런데 다음 사람도 "보라색입니다"라고 말한다. 그다음 사람도, 다음 사람도 마찬가지다. 이제 여러분은 불안해지기 시작한다. 답은 오렌지색인 것 같은데, 저 사람들은 다른 뭔가를 알고 있는 듯하다. 이제 여러분 차례가 됐다. 뭐라고 대답하겠는가? 보라색인가, 오렌지색인가?

연구에 의하면 참가자 중 75퍼센트가 앞사람들을 따라 말했다. 즉, 자신이 틀렸다고 생각한 대답을 했다.[91] 여러분은 절대 그러지 않으리라고 장담할지 모르지만, 실제로는 숨어 있던 군중심리가 나타나 자신이 믿지 않는 대답을 할 가능성이 높다.

집단의 의견에 맞서기 위해서는 강한 의지와 의식적인 집중력이 필요하다. 좋은 인상을 남기고 싶은 사람들, 혹은 우리와 비슷한 사람들에 맞서야 할 때 우리는 직감을 믿기보다 그들에게 동조할 가능성이 더 높다. 자신감이 떨어져 있으면 더욱 그렇다.

호텔 방에서 수건을 재사용해 달라는 문구를 본 적 있는가? 아마 호텔 측은 환경보호를 내세우며 그렇게 요청했을 것이다. 좋은 취지다. 이 전략을 사용하면 35퍼센트의 투숙객이 수건을 재사용했다.[92] 나쁘지 않다.

그런데 군중심리를 이용해서 "75퍼센트의 손님이 수건을 재사용하셨습니다. 고객님도 그렇게 해 주시겠습니까?"라고 표기했더니 재사용률이 26퍼센트나 올라갔다.

한 발 더 나아가 "이 방에 묵은 손님의 75퍼센트가 수건을 재사용하셨습니다"라고 했다. 어떤 결과가 나왔을까? 메시지를 약간만 바꿨는데도 가장 효과적이었다. 수건 재사용률이 33퍼센트나 올라갔다.

이런 방식은 에너지 절약이나 투표 참여를 호소할 때, 친환경 자동차를 타라고 독려할 때 등의 다른 상황에도 효과를 발휘한다.[93] 집단을 따르려는 욕구는 태생적이고, 의식하든 안 하든 항상 우리의 선택에 개입한다.

텔레비전 프로그램에서 하던 몰래카메라를 기억하는가? 그중 하나는 엘리베이터 실험이었다.[94] 몰래카메라의 대상이 된 사람들이 엘리베이터에 탄다. 먼저 타고 있던 사람들은 정상적으로 문 쪽을 향하지 않고 뒤쪽이나 옆쪽을 향해 서 있다. 그러자 실험 대상자는 당황해서 평소처럼 출입문 쪽이 아니라 왼쪽, 오른쪽 또는 뒤쪽을 보면서 그들을 따라 했다. 거리를 걷던 한 사람이나 한 집단이 하늘을 쳐다보면 십중팔구 우리도 걸음을 멈추고 하늘을 올려다볼 것이다.[95]

집단과 군중심리

사람은 집단의 일원이 되고 싶어 한다. 이런 성향은 집단 구성원들이 친구나 이웃, 같은 공간에서 지내는 사람들처럼 자신과 비슷할 때, 또는 투자 전략에 확신이 없을 때 더욱 두드러진다.

우리가 행동하는 이유는 문제를 해결하기 위해서다. 소비자가 뭔가를 사는 유일한 이유도 문제를 해결하기 위해서다. 허기를 해결해야 한다거나, 제품을 팔아야 한다거나. 해결해야 할 문제가 있는 사람은 걱정스럽고 불안하다. 그래서 뭔가를 살 때 군중심리를 따르고, 비슷한 사람들이 이전에 무슨 선택을 했는지 알아보려 한다. 이에 관해서는 다음 장에서 자세히 살펴보겠다.

군중심리 적용하기

| **요점** | 인간은 군중심리에 따라 행동하는 종이다. 우리는 늘 집단이 선호하는 것을 추구하고 타인의 행동을 보고 행동한다.

| **실천 과제** | 이메일, 웹사이트, 판매 관련 대화, 조직 내 커뮤니케이션 등 메시지에 군중심리를 자극하는 요소를 흩뿌릴 기회는 무수히 많다. 잠재 고객들로부터 특정 행동을 이끌어 내기 위해 군중심리를 적용할 만한 사안 5가지를 뽑아 보라.

1. _____

2. _____

3. _____

4. _____

5. _____

| **보너스 연습!** | 군중심리를 가장 확실히 배울 수 있는 기회는 여러분이 특별한 이유 없이 다른 사람을 따라 하고 있음을 깨달았을 때다. 앞으로 광고 문구를 작성할 때 활용할 수 있도록 여러분의 군중심리 성향을 찾아보는 것도 좋다. 몇 가지 예를 보며 군중심리가 어떻게 스멀스멀 자리 잡는지 생각해 보자.

- 여러분은 왜 틱톡에서 회사 제품을 홍보해야 한다고 생각하는가? 여러분의 목표와 표적 시장이 있기 때문인가, 아니면 거기서 홍보하지 않으면 비판받을까 봐 그러는가?
- 승진에 지원하기, 팟캐스트 시작하기, 책 쓰기, 잠재 고객에게 이메일 보내기 등의 새로운 일을 시도하려다 포기하는 이유는 무엇인가? 아이디어가 안 좋아서인가, 아니면 실패할 경우 창피당할까 봐 두려워서인가?
- 투자하기 전에, 혹은 새로운 유행을 따르기 전에 관련 정보를 충분히 살펴봤는가? 군중심리에 저항하지 못하는 상황은 여러분의 실천 욕구에 어떤 영향을 미치는가?

군중심리에 대해 더 알고 싶다면

다음 장에서 군중심리에 대해 더 알아보라.

21장: 행동경제학과 빵 만드는 기술, 22장: 가격에 숨은 진실.

사회적 검증에 관한 다음 장에서 군중심리를 더 깊이 살펴보자.

사회적 검증

사회적 검증social proof 개념을 처음 제시한 사람은 로버트 치알디니 Robert Cialdini다. 그는 1984년 출간한 《설득의 심리학Influence: The Psychology of Persuasion》에서 설득의 6가지 원칙 중 하나로 사회적 검증을 소개했다. 나머지는 호혜성, 희소성, 권위, 지속성, 선호다.[96]

사회적 검증과 군중심리는 닭과 계란의 관계와 비슷하다. 군집하는 종인 인간은 자신의 결정을 확고히 하기 위해, 그리고 집단에 받아들여 지기 위해 사회적 검증을 원한다. 한편 사회적으로 검증되면 우리는 더 군집하는 경향을 보인다. 어느 것이 먼저일까? 답이 있는지는 모르겠 다. 사실 답이 중요한지도 잘 모르겠다. 중요한 것은 이 개념들이 비즈 니스에 어떻게 영향을 주느냐다.

11장에서 이야기했듯이 인간은 양이나 구피, 다른 수많은 종처럼 서로 모이려는 성향이 있다. 이 때문에 자신 없는 결정을 내려야 할 때나 불확실한 상황에 처하면 최선의 선택에 도움이 될 단서를 찾는다.

옳고 그름은 차치하고, 우리는 과거에 많은 사람이 똑같이 선택했다는 사실을 사회적 검증으로 여기며 같은 선택을 한다. 사회적 검증의 종류는 6가지다.

- 전문가의 추천
- 유명인의 추천
- 사용자의 추천
- 대중의 지혜
- 지인들의 지혜
- 자격증

전문가의 추천

특정 분야의 전문가가 관련 제품이나 서비스를 추천하거나 장점을 얘기하면 소비자의 뇌는 강렬한 인상을 받는다. 전문가가 추천하는 방식은 여러 가지다. "치과 의사 5명 중 4명이 저희 치약을 추천합니다", "저는 최고경영자일 뿐 아니라 한 사람의 소비자이기도 합니다"라고 할 수도 있고, 팟캐스트에 초대 손님으로 출연하거나 학술회의나 기업 교육에서 행동경제학을 강의할 수도 있다.

전문가들은 후광효과를 부여한다. 사실 전문가뿐 아니라 모든 사회적 검증이 그렇다. 의사처럼 가운 입은 사람을 활용하는 것은 권위 편향_{authority bias}을 이용하는 전략이다. 우리는 원래 제복 입은 사람을 신뢰하는 경향이 있다. 그 사람이 해당 분야의 전문가가 아니라도 말이다.

예를 들어 실험실 가운을 입은 사람이 주식에 관해 조언하면 찢어진 청바지를 입은 사람의 조언보다 더 믿음이 갈 것이다. 청바지를 입은 사람이 주식에 더 박식하더라도 마찬가지다. 실험실 가운을 입은 사람은 전문 지식을 갖추었을 거라는 우리의 고정관념 때문이다.

나는 코로나 때문에 원격 진료하는 수의사 고객들에게, 영상으로 예약받을 때도 흰 가운에 청진기를 걸고 있으라고 권한다. 논리적으로 따지면 소용없는 일이다. 예약받을 때는 청진기를 사용하지도 않고, 수의사의 조언은 가운을 입든 말든, 주방에 있든 검사실에 있든 똑같이 전달되니 말이다. 하지만 앞에서 언급한 점화 효과와 권위 편향 때문에 고객들은 '가운'을 착용한 수의사를 더 깊이 신뢰하고 조언을 더 진지하게 받아들인다.

이처럼 광고 모델이 전문가라는 것을 암시하면 사회적 검증 역할을 하므로 소비자들이 신뢰하고 여러분 회사의 제품을 구입할 가능성이 높다. 하지만 도가 지나치면 안 된다. 손실 회피 성향을 과도하게 이용해서 우스워진 피트니스 DVD 사례처럼 소방용 호스 같은 평범한 장비에까지 전문가의 주장을 끌어들이면 역효과만 날 것이다. 여러분 브랜드에 어떤 식으로 전문가들을 영입하여 잠재 고객과 교류할지 곰곰이 생각해 보자. 온라인 세미나나 페이스북 라이브, 트위터 대화도 좋고 추천사도 괜찮다.

유명인의 추천

전문가의 추천과 마찬가지로, 유명인이 제품이나 서비스를 추천하면 큰 효과를 낼 수 있다.

다행히도 유명인에는 오프라 윈프리나 킴 카다시안 가족만 있는 것이 아니다. 오늘날에는 소셜미디어에서 활약하는 마이크로 인플루언서들*도 브랜드에 강력한 영향을 미칠 수 있다. 어떤 틈새시장에서든 그들의 판단과 추천을 믿어 주는 구독자들을 거느리고 있기 때문이다.

나는 뇌가 휴식을 원할 때 인스타그램에서 케이크나 쿠키에 설탕 입히는 영상을 즐겨 본다. 이 분야의 인플루언서들은 항상 특정 브랜드의 파이핑 팁, 스프링클 믹스, 쿠키 커터 또는 식용 색소를 선보인다. 아마 소개할 수 있는 품목이 그 밖에도 많을 것이다. 이 분야 동영상 제작자들은 구독자들의 연예인이나 마찬가지다.

마케팅 업계 사람들은 무조건 많은 소비자에게 가 닿으려고 안달하지만, 현명한 전략이 아니다. 제품에 맞는 소비자를 선별하여 접근하고 행동을 변화시키는 방법을 고민하는 것이 낫다.

여러분 회사가 올해 목표를 달성하기 위해 무엇을 해야 하는지를 생각해 보자. 서비스업 회사라면 고객을 10명 늘리는 것이 될 수도 있고, 제품을 판매한다면 판매량을 2만 개에서 2만 5천 개로 늘리는 것일 수도 있다. 나는 1년에 제품 수천만 개를 판매하는 나의 고객사들

---

* 소셜미디어 팔로어 수가 일반인보다 많지만 유명인보다는 적은 사람. 일반적으로 특정 분야에 대한 지식이 해박해서 팔로어에게 미치는 영향력이 크다.

에도 불특정 다수에게 광고하여 사람들을 성가시게 할 필요가 없다고 조언한다.

마이크로 인플루언서를 믿는 구독자 5만 명이 그 제품을 살 가능성이 더 높은데, 왜 5천 명의 마음을 얻기 위해 굳이 5백만 명을 상대로 돈을 낭비한단 말인가?

나는 마이크로 인플루언서를 활용하는 아이디어를 좋아한다. 그들에 대한 투자는 보통 사람을 돕는 일이고 효과도 좋기 때문이다.

이때 중요한 것은 안목이다. 해당 유명인이나 마이크로 인플루언서가 여러분 브랜드와 확실한 연관이 있어야 한다. 연락하기 쉽고 광고비가 싸다는 이유만으로 아무나 쓰면 안 된다. 연구에 의하면[97] 유명인의 인지도는 브랜드의 인지도로 계속 이어지므로, 가장 큰 효과를 얻기 위해서는 두 인지도가 연관되어야 한다.

일반적으로 브랜드와 어울리지 않는 유명 스타가 추천할 때보다는 브랜드와 어울리는 마이크로 인플루언서가 추천할 때 효과가 더 좋다.

사용자의 추천

해당 제품을 사용한 사람들의 후기는 강력한 힘을 발휘한다. 아무 대가를 받지 않은 사람, 또는 잠재 고객과 비슷한 사람이 이야기하면 효과가 더 크다. 이들이 여러분 제품을 추천한다면 승기를 잡았다고 할 수 있다.

다음은 이런 유형의 사회적 검증을 선보이는 방법이다.

- 프리젠테이션할 때는 "작년에 저와 함께 일한 고객은"이나 "저희 회원 중 한 분도 비슷한 질문을 했어요" 같은 말을 자주 하라.
- 목표로 삼은 소비자층을 잘 알아야 한다. 그들과 비슷한 유형의 소비자들과 겪은 일이 있다면 구체적인 사례를 이야기하는 것이 좋다. 예를 들어 나는 금융 서비스 학술회의에서 강연할 때는 은행 고객들과 경험한 사례를 이야기하고, 수의학 학술회의에서 강연할 때는 수의사 고객들과 경험한 사례를 이야기한다.
- 잠재 고객에게 여러 추천사를 보여 주는 것이 좋다. 추천사 전체를 인용할 필요는 없고, 추천한 사람의 이름을 밝힐 필요도 없다. 나의 강사 소개란과 웹사이트에는 "대단하다", "멋지다", "환상적이다" 같은 찬사가 많다. 대부분은 긴 후기에서 한두 마디만 따온 찬사지만, 이렇게 핵심어만 보여 주면 인상이 훨씬 강한 법이다.

대중의 지혜

트위터에서 어떤 사람이 여러분을 팔로우한다고 하자. 여러분도 그 사람을 팔로우할지 판단하려면 무엇을 해야 할까? 어떤 사람인지 알아보기 위해 프로필을 확인할 것이다. 팔로어 수도 분명 판단에 큰 영향을 미칠 것이다. '흠, 팔로어가 5백 명뿐이라고? 난 팔로우 안 할래.' 또는 '와! 팔로어가 5만 명이네? 나도 팔로우해서 이 사람이 어떻게 사는지 지켜봐야지!'

그 5만 명은 어쩌면 4만 9,999명의 봇bots과 그 사람의 엄마일 수도 있지만, 여러분의 뇌는 사실을 모른다. 그 사람이 팔로어 수가 적은 사람보다 대단할 거라고 추측할 뿐이다.

비슷하게, 아마존 후기가 10만 개나 되는 제품이나 소비자 리뷰 플랫폼 옐프Yelp 후기가 많은 레스토랑은 평이 적은 제품이나 레스토랑보다 훌륭할 거라는 인상을 준다. 후기를 쓴 구매자가 우리와 별반 다를 바 없는 사람일 수 있지만, 우리는 많은 후기를 보고 '이 사람들은 내가 모르는 걸 알 거야'라고 생각하며 한배에 타고 싶어 한다.

여러분이 예전에 수많은 소비자나 고객, 유튜브 구독자를 거느렸다면, 혹은 진행했던 팟캐스트가 인기 있었다면 그 점을 자랑하는 것도 좋다. 지나가는 말로 슬쩍 흘리더라도 주의를 끌기 마련이다.

그 외에 '대중의 지혜' 효과를 기대할 만한 표현은 다음과 같다.

- "이 오스트레일리아행 항공편을 현재 25명이 보고 있습니다."
- "이 가격으로 살 수 있는 재고가 2개밖에 남지 않았습니다."
- "990억 개 이상이 팔렸어요."(맥도널드)
- 거리 곳곳에 있는 스타벅스

무척 많은 사람이 이용하고 있다면, 거기에 '대중의 지혜'가 작용한다고 볼 수 있다.

지인들의 지혜

여러분이 알고 지내고, 좋아하고, 믿는 누군가가 알려 주는 제품이나 서비스나 브랜드는, 모르는 사람이 알려 줄 때보다 훨씬 신뢰가 간다.

이 현상을 비즈니스에 쉽게 이용하는 방법은 여러분의 페이지를 좋아하는 사람의 친구들에게 페이스북 광고를 하는 것이다. "멜리나 파머 외 42명의 친구가 이 페이지에 '좋아요'를 눌렀습니다"라고 쓰인 광고를 보면 잠재 고객도 '좋아요'를 누를 가능성이 커진다.

여러분 회사의 제품을 사용하는 사진을 올려 달라고 부탁할 수도 있다. 콘테스트처럼 진행하면 좋다. 태그하기 쉽고 재밌게 만들어야 여러분 회사 제품을 쓰고 싶어 하는 친구들의 마음도 커진다.

이 방식은 효과적인 사회적 검증인데도 업계에서는 충분히 활용하지 않고 있다. 여러분 회사 제품이나 서비스를 지인이나 가족에게 추천해 달라고 고객에게 부탁한 적이 있는가? 인센티브를 줄 필요도 없다. 그저 이렇게 말하면 된다. "혹시 척추 교정 전문의를 찾는 친구 있나요? 저희가 다음 주에 척추 전문 의원을 열어요."

나의 고객사 니쉬 스킨케어Niche Skincare에서는 고급 재생 세럼을 생산한다. 이 브랜드를 론칭할 때 나는 사회적 검증 방식을 활용하고 싶었다. 그래서 상자마다 작은 샘플과 카드를 넣어 제품을 구입한 사람들이 지인이나 가족에게 선물하게 했다. 카드에는 해시태그와 니쉬의 인스타그램 아이디를 넣어서 구매자가 샘플 선물을 포스팅하도록 독려했다.[98] 이것이 입소문을 자극하고 호혜성을 도모하는 방식이다(호혜성에 대해서는 20장에서 다룬다).

자격증

때로는 자격증이 말 그대로 승인의 증거로 통한다. 트위터의 하늘색 마크나 유기농 제품의 '유기농 인증' 마크처럼 말이다. 자격증의 형태는 여러 가지다. 예전에 받은 상일 수도 있고, 유명 인사의 후광효과일 수도 있고, 여러분의 강연일 수도 있고, 아니면 현재 글을 기고하고 있는 매체일 수도 있다. 또는 교육에 투자했음을 보여 주는 석·박사 학위일 수도 있고, 제휴 업체나 인증서 목록일 수도 있다.

사회적 검증은 소비자들이 결정할 때 안심하게 해 준다. 다른 사람들이 시간을 들여 따져 보고 골랐으리라 짐작하기 때문이다.

획득 미디어earned media라는 것도 있다. 이것을 하나의 범주로 볼 것인가에 대해서는 논란이 있지만, 여러분이나 여러분 회사 제품이 현지 뉴스에 나오거나, 잡지에 인용되거나, 돈으로 환산할 수 없는 관심을 받는 경우를 말한다.

어떤 제품이 방송 프로그램 〈굿 모닝 아메리카Good Morning America〉나 시사 주간지 〈타임TIME〉에 등장하면 소비자는 돈을 주고 만드는 광고에 나올 때보다 더 높은 점수를 준다.

네, 굳이 말해야 합니다

우리 뇌의 의식 영역은 흔히 이렇게 생각한다. '우리에게도 고객이 있다는 것을 다들 알 거야. 그러니까 굳이 말할 필요 없어.' 하지만 수많은 연구 결과에 의하면 소비자들의 잠재의식에게 그 사실을 꼭 알려 줘야 한다. 무척 중요하다. 다른 사람이 여러분 회사의 제품을 써 봤고 만족한다는 사실을 알려 주는 것은 더 많은 고객을 끌어들이는 데 의외로 큰 역할을 한다.

사회적 검증은 심지어 오스트레일리아에서 항생제 처방 비율까지 떨어뜨렸다. 항생제를 많이 처방한 상위 30퍼센트의 의사들이 다음과 같은 편지를 받은 후 일어난 현상이다. "귀하의 항생제 처방률은 이 지역 의사들의 91퍼센트보다 높습니다." 이 간단한 정보 전달만으로도 3개월 후 항생제 처방이 13.6퍼센트나 감소했다. 결국 그해의 항생제 처방이 19만 건이나 줄어들었다.[99]

사회적 검증 적용하기

| **요점** | 인간은 군집 성향이 있기 때문에 다른 사람이 해당 제품이나 서비스를 구입하거나 이용하면 더 확신을 갖고 따라 한다.

| **실천 과제** | 앞 장에서 배운, 군중심리를 활용하는 5가지 경우를 기억하는가? 그것으로 어떤 사회적 검증 방식을 적용할 수 있는지, 그리고 어떤 문장으로 표현할지를 생각해 보자.

1. _____

2. _____

3. _____

4. _____

5. _____

사회적 검증에 대해 더 알고 싶다면

다음 장에서 사회적 검증에 대해 더 알아보자.

21장: 행동경제학과 빵 만드는 기술, 22장: 가격에 숨은 진실, 23장: 좋은 상품을 많이 팔려면 어떻게 해야 할까, 24장: 작은 단계로 해체하기, 26장: 진짜 문제를 찾아라.

사회적 검증은 마케팅이나 세일즈뿐 아니라 다른 분야에도 중요한 개념이다. 기업의 변화 관리에 꼭 필요하고, 고객에게 영향을 미치는 만큼 업무지원팀의 결정에도 영향을 미치기 때문이다.

넛지와 선택 설계

행동경제학의 넛지nudge라는 개념이 무슨 뜻인지는 짐작할 것이다. 주의를 끌거나 뭔가를 제자리로 돌려놓기 위해 가볍게 밀거나 두드리는 것이다. 이 용어는 리처드 탈러Richard Thaler의 논문을 통해 널리 알려졌다. 2017년에 노벨경제학상을 받은 그는 하버드대학교 교수 캐스 선스타인Cass Sunstein과 함께 《넛지Nudge》라는 책을 썼다.[100] 내가 가장 좋아하는 넛지의 사례는 그 책의 앞부분에 나오는데, 내용은 다음과 같다.

초등학교에서 모든 어린이에게 돈을 나눠 주고, 카페에서 무엇이든 주문할 수 있도록 해 줬다고 하자. 돈을 어디에 썼는지는 어른들이 절대 모른다. 그러면 아이들이 무엇을 할 것 같은가? 쿠키와 아이스크림을 사려고 길게 줄을 설까?

현실적으로 환경은 선택에 영향을 미친다. 예를 들어 어떤 상품을 진열하든 맨 앞에 있는 제품은 선택될 확률이 25퍼센트 높아진다. 그것을 맨 뒷줄로 옮기면 확률이 25퍼센트 낮아진다. 손님들이 감자튀김이 아니라 당근 스틱을 고르게 하고 싶은가? 당근 스틱을 눈높이에 진열하고 감자튀김은 눈에 안 띄는 곳에 두면 된다. 점화 효과에 대한 내용에서 배웠듯이, 냄새가 안 나는 곳에 두어야 한다.

이제 여러분이라면 카페를 어떤 식으로 설계할지 궁리해 보라. 여러분은 학생들에게 '최고의 선택 환경'을 만들어 주고 싶을 것이다. 하지만 최고의 선택을 누가 규정하는가? 무작위로 진열하면 좋을 수도 있지만, 어떤 아이들이 '디저트를 먼저 먹는' 부류라면 무작위 진열이 그 아이들을 비만아로 만드는 결과를 낳을 수도 있다. 일단 아이들이 마음대로 고르는 것을 보고 그 방식대로 진열할 수도 있다. 하지만 우리는 그것이 불가능하다는 사실을 안다. 사례를 통해 알 수 있듯이 사람의 마음은 선택지가 어떻게 제시되느냐에 따라 달라지기 때문이다.

무엇을 고르고 어떻게 선택하는지는 선택 설계choice architecture에 따라 달라진다. 그리고 외면하고 싶을지도 모르지만, 선택 설계를 미리 계획하지 않는다고 해서 소비자의 행동에 영향을 미치지 않는 것은 아니다. 영향을 미친다는 사실은 변치 않는다. 단지 의도하지 않았을 뿐, 자신도 모르게 상황을 더 좋게 또는 더 안 좋게 만들 수도 있다.

- 상점에서 상품을 진열하는 방식이 선택 설계다.
- 검색할 때 보이는 기본 설정도 사람들이 특정 선택을 하도록 유도한다.

• 선거 후보자의 이름을 알파벳순, 알파벳 역순, 나이순으로 표기하면 결과가 모두 달라진다.

중요하지 않은 것은 없다. 매번 하는 말이지만, 사소해 보이는 것들도 행동과 선택에 중대한 영향을 미칠 수 있다. 탈러와 선스타인은 이렇게 설명한다. "사람들에게 특정 선택을 강요하거나 경제적 인센티브를 크게 바꾸지 않으면서 예상 가능한 방향으로 행동하도록 바꿀 수 있다면 무엇이든 넛지가 될 수 있다. 넛지라고 할 수 있으려면 개입을 쉽고 간단하게 피할 수 있어야 한다. 넛지는 명령이 아니다. 과일을 눈높이에 진열하는 것은 넛지지만, 정크푸드를 금지하는 것은 넛지가 아니다."

요약하면 다음과 같다.

1. 중요하지 않은 건 없다.
2. 중립적 선택지는 없다.
3. 우리가 선택 설계를 하지 않을 방법은 없다. 어떻게 구성하더라도 소비자들의 선택에 영향을 미칠 것이다. 그러므로 이를 염두에 두고 선택지를 세심하게 구성하는 것이 최선이다.
4. 넛지는 복잡한 선택을 간단하게 만들 수 있고, 비논리적인 인간이 합리적으로 선택하도록 도울 수도 있다.
5. 넛지는 명령이 아니다. 선택의 자유가 있어야 넛지라고 할 수 있다.

선택 설계

선택 설계와 넛지는 밀접하지만 동일하지는 않다.

선택 설계자는 다른 사람들의 선택에 간접적으로 영향을 미칠 뿐이다. 설계자가 구성한 메커니즘 안에서 다른 사람들이 스스로 선택한다는 뜻이다.

넛지는 선택 설계를 할 때 사람들의 결정에 영향을 미치기 위해 사용하는 방법이다. 누군가가 최선의 결과를 위해 당장 무언가를 결정해야 할 때 도와주는 것이다.

다음 예를 보자.

여러분이 인사부에서 일하는데, 퇴직연금에 가입하지 않은 직원들은 가입하게 하고 이미 가입한 사람들은 불입액을 10퍼센트까지 올리게 하고 싶다. 이 경우 직원들로서는 현상 유지 편향이 작동할 것이다. 한 조사에 의하면 몇 달 안에 월 불입액을 올리겠다고 말한 사람 중 86퍼센트가 이후 4달 동안 아무것도 하지 않았다고 한다.[101] 본인에게 최선이 되는 일을 실천하고 싶은 사람을 도우려면 어떻게 해야 할까?

선택 설계자가 되어 약간의 넛지를 활용하면 된다. 모든 직원이 작성해야 하는 양식을 만드는 것도 좋은 방법이다. 명심할 것은 양식을 작성하는 것은 의무지만, 퇴직연금 불입은 의무가 아니라는 것이다.

선택지 제시하기

무엇을 제일 먼저 제시해야 할까? 뇌는 맨 처음 항목을 가장 중요하게 받아들이므로 권장하고 싶은 항목을 맨 앞에 제시하는 것이 좋다. 기본 구성 양식이 있는가? 그 양식에서 할 질문은 무엇인가?

항목 모두가 중요하다는 사실을 잊지 말아야 한다. 여기에는 질문의 프레임을 짜는 방식도 포함된다. 여러분이라면 다음 질문에 어느 정도나 답변할 의무를 느낄지 생각해 보라.

- 저는 퇴직연금 불입금으로 _____ 을 불입하고 싶습니다.
- 귀하는 퇴직연금으로 얼마를 불입하고 싶습니까? _____
- 전문가들은 401(K)* 에 연봉의 15퍼센트를 불입할 것을 권장합니다. 귀하는 얼마를 불입하시겠습니까? _____

어떻게 다른지 알겠는가?

선택 설계와 넛지는 그리 간단하지 않다. 위 사례에 포함된 개념을 몇 가지만 꼽아도 프레이밍과 점화 효과, 기준점 제시, 사회적 검증, 그리고 군중심리가 있다. 질문 하나에 이렇게 많은 전략이 적용되었다.

여러분의 선택 설계에는 어떤 질문들이 포함됐는가? 어떤 용어를 썼는가? 그저 '네', '아니요'에 체크하고 원하는 불입액을 적을 빈칸만 두었는가?

직원들이 아무 결정도 하지 않을 때의 기본값은 무엇인가? 매월 불입하지 않는 현재 상태를 유지하는 것인가, 아니면 전문가의 의견을 받

---

* 미국의 퇴직연금 플랜으로, 직장인들의 대표적인 노후 보장 수단이다.

아들여 연봉의 15퍼센트를 불입하는 것인가? 15퍼센트는 너무 많을 수도 있지만 선택지 중 하나로 고려할 수도 있다. 군중심리에 익숙한 뇌가 겁먹을 수는 있겠지만 말이다.

질문에 대한 답변 선택지를 다음과 같이 구성할 수도 있다.

- 네, 전문가의 권장대로 15퍼센트를 불입하겠습니다.
- 네, 불입하겠습니다. 하지만 일단 10퍼센트로 시작하겠습니다.
- 네, 5퍼센트 불입하겠습니다.
- 네, 불입은 하지만 _____퍼센트로 하겠습니다.
- 아니요, 아직은 불입하고 싶지 않습니다.

보다시피 불입액을 높이기 위한 표현법은 여러 가지다. 다시 말하지만 여기서도 '아니요'에 체크함으로써 권고를 간단히 거부할 수 있다.

직원들에게는 자유로운 선택권이 있고, 정보도 충분하다. 전문가들이 15퍼센트를 권장한다는 내용을 포함한 유용한 정보를 직원들에게 안내했다.

설문지에 적절한 선택 설계와 넛지를 활용하면 수익을 높이거나, 병원에서 감염률과 사망률을 낮추거나, 장기 기증 비율을 높이거나, 공원 건립을 위한 기금을 늘릴 수도 있다. 또한 에너지를 더 절약하게 만들거나, 자동차를 더 안전하게 만들거나, 현금입출금기에서 카드를 잊지 않고 가져가게 해 줄 수도 있다. 활용 범위는 무궁무진하다.[102]

넛지

넛지는 탈러와 선스타인이 다음 단어들을 조합하여 만든 두문자어다.[103]

- 인센티브 iNcentives
- 매핑 이해하기 Understand mappings
- 기본값 Defaults
- 피드백하기 Give Feedback
- 실수 예상하기 Expect Error
- 다양한 선택지 구성하기 Structure Complex Choices

다음은 각 항목에 대한 간단한 설명이다. 뇌가 기억하기 쉽도록 순서를 바꿨다.

인센티브

인센티브에는 연말 보너스만 있는 것이 아니다. 다음 요소에 따라 인센티브 형태도 달라질 수 있다.

- 누가 사용하는가?
- 누가 선택하는가?
- 누가 비용을 지불하는가?

예상하겠지만 이 질문에 관련된 사람들은 동일인이 아닐 가능성이 크고, 선택지가 복잡해지면 답이 여러 개가 될 수도 있다. 우리 뇌는 게으르기 때문에 우리 말고 다른 사람이 인센티브를 받는다면 깊이 생각하지 않는다. 하지만 인센티브는 '이것을 원하십니까? 네/아니요'처럼 간단하지 않다.

훌륭한 선택 설계자는 넛지를 인센티브와 결합하고, 회사와 직원, 고객, 지역사회 전체에 최선의 결과를 이끌어 낼 줄 안다. 내가 팟캐스트 〈브레이니 비즈니스〉에서 넛지를 시리즈로 다룰 무렵 마침 우리 집 냉난방 공조 시스템을 교체하고 있었다. 그래서 구매 과정을 사례로 다루기로 했다. 설치 기사는 견적을 내면서 지나가는 말처럼 와이파이형으로 하겠느냐고 물었다. 그러면서 "가격은 같은데 주문하는 사람은 별로 없더라고요……. 그래서 여쭤본 거고…… 일반형을 원하시면 그렇게 해 드리겠습니다. 원하시는 걸 알려 주시면 됩니다"라고 덧붙였다.

나는 이렇게 물었다. "와이파이형은 뭐가 다른데요?"

알고 보니 와이파이형으로 주문하면 언제 어디서든 휴대전화 앱으로 온도를 바꿀 수 있었다. 한밤중에 추워졌는데 포근한 이불에서 나와 히터를 켜러 가기 싫다면? 해결책이 있다! 휴대전화를 몇 번 클릭하면 히터가 켜진다. 누가 봐도 마다하지 않을 선택이었다. 특히 가격이 다르지 않다면 말이다.

이런 상황을 접하자 공조 시스템 회사의 인센티브가 어떻게 적용되는지 궁금해졌다. 앞에서 말한 4가지 질문을 떠올려 보자. 누가 사용하고, 누가 선택하고, 누가 비용을 지불하는지는 명확하다. 우리 부부다. 하지만 누구에게 이익인가에 대한 답은 간단하지 않다. 간단히 말하면 '그 업체'지만 거기에도 여러 층의 인센티브가 있을 가능성이 높다. 혹시 와이파이형은 설치 기사에게 가는 수수료가 적은 것 아닐까?

쉽게 설명하기 위해, 그 업체가 모든 상품을 동일가에 제공하기 위해 좀 더 비싼 제품에 드는 비용을 설치 기사의 수수료에서 제한다고 해 보자. 아마 1백 달러 이하일 것이다. 그러면 설치 기사는 내가 일반형을 선택하도록 '넛지'할 가능성이 크다. 그쪽이 자신에게 유리하기 때문이다.

여러분은 잘 모르는 설치 기사가 손해 볼 1백 달러 때문에 앞으로 10년에서 20년 동안 한밤중에 일어나 얼음처럼 차가운 바닥을 걸어 히터 조절 장치까지 수백 번 오가고 싶은가? 나도 싫다. 만약 그 업체의 인센티브가 제대로 설계되었다면 고객들은 대부분 와이파이형을 골랐을 것이다. 그것을 선택하도록 직원이 홍보했을 테니 말이다. 윈-윈이 아니라 윈-윈-윈이다.

항상 돈이 중요한가?

모든 인센티브가 돈으로만 환산되는 건 아니다. 사실 돈과 관련 없는 인센티브가 더 효과적인 경우가 많다. 내가 팟캐스트에 초청한 디재스터 어보이던스 엑스퍼츠Disaster Avoidance Experts 최고경영자 글렙 치퍼스키Gleb Tsipursky는 애디슨웰딩 연구소의 의뢰로 진행한 프로젝트 경험을 들려줬다. 이 이야기는 그의 책《직감을 믿지 말라 Never Go with Your Gut》에도 나온다. 프로젝트를 의뢰한 연구소는 엔지니어들이 마케팅에 더 신경 써 주기를 원했다. 네트워킹, 컨퍼런스, 백서, 보고서, 블로그 등을 통해 말이다. 그래서 마케팅이 중요한 이유를 교육하고 다양한 경제적 인센티브도 제공했다. 하지만 별 소용이 없었다. 글렙은 그 무렵 영입되었다. 그가 조사해 보니 기술자들에게 동기부여를 하는 것은 사회적 지위였다. 그래서 인센티브를 정서적 요소와 연관시키는 것이 좋다고 경영진에게 조언했다. 그의 조언에 따라 경영진은 마케팅에서 성과를 올린 엔지니어들에게 '이달의 직원' 선정처럼 지위와 연관된 인센티브를 제공했다. 그러자 엔지니어들의 행동이 변했다.

나의 팟캐스트에 출연한 비헤이비어 알케미 Behavior Alchemy 설립자 팀 홀리헌 Tim Houlihan도 댄 애리얼리와 함께 콜센터 직원들을 상대로 인센티브를 연구한 경험을 들려줬다. 그들은 콜센터 직원들 중 절반에게는 60~250달러 정도의 현금 인센티브를 줬고, 나머지에게는 쌍안경, 전기 찜솥, 자전거 등 금액이 비슷하지만 다른 인센티브를 줬다. 처음에는 다들 현금이 상품보다 강하게 동기를 부여할 거라고 예상했다. 하지만 상품을 받은 그룹이 현금을 받은 그룹보다 32퍼센트나 높은 성과를 냈다.

현금 외 인센티브라는 관점에서 앞의 냉난방 공조 시스템 사례를 다시 보자. 어쩌면 우리 집에 온 설치 기사는 정보가 부족해서 내 질문에 자신 있게 대답하지 못했는지도 모른다. 아니면 와이파이형은 설치 후 지루한 서류 작업을 많이 해야 해서 피하고 싶었는지도 모른다.

우리가 궁리해야 할 문제는 동기를 부여하는 정서적 요소가 무엇이고, 회사와 고객을 위해 어떻게 올바른 인센티브와 연결할 것인가다.

기본값

보통 사람들은 분야와 상관없이 기본값을 따르는 경향이 있다. 워싱턴 주는 모든 자동차 등록 갱신 때 5달러 기부란을 기본으로 포함하는 방식을 도입했다. 물론 등록 비용을 낼 때 이 항목을 쉽게 삭제할 수 있다.

그러자 변경 후 첫해에 주립공원 건립 모금액이 140만 달러나 늘어났다. 작은 변화 치고는 놀라운 성과 아닌가?[104] 이것이 바로 잘 설계한 기본값의 힘이다.

실수를 예상하고 피드백한다

우리 뇌는 분주해서 늘 실수한다. 열쇠를 잃고, 현금입출금기에 카드를 꽂아 놓고 나오고, 자동차 주유구 뚜껑을 연 채 주유소를 출발한다. 안전벨트 매는 것을 잊어버리기도 한다. 운전할 때뿐 아니라 한 번 외출하는 동안에만도 우리는 많은 실수를 한다.

안전벨트를 매지 않으면 차에서 경고음이 울린다. 이 장치는 운전자가 실수하리라는 것을 자동차 제조사가 예상하고 제대로 장착한 피드백 넛지다.

여러분도 고객이 실수할 만한 지점들을 목록으로 정리해 보자. 적절하게 끼워 넣을 넛지는 무엇일까? 고객의 실수를 해결하기 위해 어떤 보완 제품과 서비스를 만들 수 있는가? 어떤 실수를 예측해야 소비자가 선택에 안심하게 만들 수 있는가?

생각해 보면 정말 간단한 일이다. 하지만 피드백은 신중해야 한다. 사소한 실수에도 차가 매번 경고음을 울리고 삑 소리를 내고 불빛을 번쩍거린다면 도가 지나친 일이다. 운전자들은 경고들을 무시하기 시작할 것이고, 그러면 경보 장치가 무용지물이 된다.

피드백하는 방법은 삑 소리와 불빛 외에도 많다. 다음은 내가 가장 좋아하는 사례다.

- 글리든의 천장용 특수 페인트는 처음에는 밝은 분홍색이지만 마르면 하얗게 된다. 그래서 빈틈없이 칠해졌는지를 확실히 알 수 있다.[105]

- 시카고의 한 위험한 커브길은 가까이 다가가면 선들의 간격이 좁아진다. 운전자가 실제보다 더 빨리 달리고 있는 것처럼 착각하도록 그렇게 그렸다. 이 간단한 넛지만으로도 자동차 사고가 36퍼센트나 감소했다.[106]

- 휴대전화로 사진을 찍으면 찰칵 소리가 난다. 이 소리는 작동하면서 나는 것이 아니라 "찍은 거 맞나?" 하고 미심쩍어하는 사용자에게 제대로 찍었다는 신호를 보내기 위한 것이다.

- 웹사이트 링크를 클릭하면 연결되는 동안 색깔이 변하면서 작은 바퀴가 돌아간다. 그 이유도 비슷하다. 제대로 클릭했는지 몰라서 여러 번 클릭하면 오히려 작업 속도가 느려지기 때문에 미연에 방지하려는 것이다.

- 닛산 자동차의 에코 페달은 필요 이상으로 페달을 밟으면 더 뻑뻑해진다. 그래야 운전자가 연료를 효율적으로 사용하기 때문이다.[107]

사용자가 제대로 하고 있음을 가벼운 피드백 넛지로 알려 주는 것은 전반적인 체험에서 중요한 역할을 한다.

다양한 선택지를 위한 매핑 이해하기

아이스크림을 고르는 것은 쉽지만, 이사할 지역 찾기 같은 일은 상당히 복합적이다. 하지만 핵심은 모두 매핑mapping을 바탕으로 한다. 탈러와 선스타인은 매핑을 '선택에서 결과에 이르는 경로'라고 설명한다.

아이스크림을 고르는 사람 대부분은 자신이 무엇을 고를지 알고 있다. 특히 딸기, 초콜릿, 바닐라 3가지 맛만 있다면 말이다. 만약 레몬 라벤더나 메이플 베이컨처럼 먹어 본 적 없는 이색적인 맛이 있다면 무엇이 입맛에 맞을지 시식해 보면 된다. 커다란 컵에 가득한 아이스크림의 맛이 비누 같으면 난감하니 말이다.

그런데 아파트 찾기 같은 복잡한 일은 어떻게 할까? 선택에서 결과에 이르는 매핑(탈러와 선스타인은 '복지welfare'라고 명명했다)은 훨씬 어렵다. 선택지가 3개뿐이라고 해도 고려할 변수가 가격, 위치, 교통, 면적, 동네, 가구 배치 등 무척 많기 때문이다.

선택 설계자의 임무는 사용하기 쉽고 명료한 시스템을 구축하는 것이다. 그래야 사용자가 최선의 선택을 할 수 있기 때문이다. 나는 이 과정을 비즈니스에 도입하기 위해 다음 5단계를 만들었다.

1. 세심한 검토와 열린 자세를 독려한다.
2. 해체한다.
3. 연관성을 찾는다.
4. 결정에 이르도록 돕는다.
5. 구매 행동을 유도한다.

1. 세심한 검토와 열린 자세를 독려한다

중요한 결정을 하기 위해서는 선택 설계를 할 때 여러분의 편향과 고객의 편향을 잘 알고 있어야 한다. 여러분과 고객 모두가 세심하게 검토하고 열린 마음을 갖게 하려면 어떻게 해야 할까?

사소한 결정에는 이 단계가 그다지 중요하지 않지만, 그래도 도움이 된다. 아이스크림 고르기를 생각해 보자. 죽고 사는 문제는 아니지만, 만일 75가지 맛 중 하나를 고르는 상황이라면, 게다가 '피시 푸드 phish food' 또는 '땅딸이 원숭이chunky monkey' 같은 희한한 이름까지 붙어 있다면 어떻게 해야 잠재 고객이 열린 마음으로 새로운 맛을 시도할까? 고객에게 무엇을 알려 주고, 그들의 기존 맵과는 어떻게 연결할까?

2. 해체한다

맵을 만들고 싶다면 고를 수 있는 선택지 전체를 잘 파악해야 한다. 고객은 무엇을 고려하고 있는가, 어떤 태도를 보이는가, 그리고 그들이 최선의 선택을 하려면 우선 무엇을 알아야 하는가? 맵을 구축할 때 이 작업에 가장 많은 시간을 투입해야 한다. 탈러와 선스타인, 그리고 존 발츠John Balz[108]는 이 단계를 카메라를 예로 들어 설명한다. 정말이지 적절한 비유여서 감탄스럽다. 내용을 보자.

우리가 니콘에서 일한다고 하자. 고객들이 할 결정은 쿨픽스 모델과 DSLR 모델 중 하나만 선택하면 끝나는 것이 아니다. 휴대전화 외에도 카메라가 필요한가? 올림푸스 제품을 원하는가, 캐논을 원하는가? 동영상 촬영도 해야 하는가? 픽셀은 어느 정도가 필요한가? 필요할 때만 카메라를 대여하고 싶은가? 여행할 때 쓸 일회용 카메라가 필요한가? 이런 상황에서는 선택이 금세 부담스러운 과제가 된다.

하지만 당면한 문제를 구성 요소로 해체하면 맵을 만들기가 수월해지고, 질문을 예측해서 적절한 제품을 소개할 수 있다. 우리는 전문가고, 고객은 자신이 제대로 선택해서 나중에 흡족해할지 궁금한 초보자다. 이때 문제를 해체하면 고객을 목표에 가깝게 데려가 줄 것이다.

3. 연관성을 찾는다

앞 단계에서 구성한 요소들을 전문 용어를 모르는 고객의 지식과 어떻게 연관시킬지 생각해 본다. 카메라 업계에는 1백만 화소라는 문제가 있다. 고객들은 보통 숫자가 클수록 더 좋다고 생각하는 경향이 있다. 당연한 일이다. 하지만 7백만 화소에서 8백만 화소로 올리면 무엇이 좋아질까? 1천만 화소는? 아니면 10억 화소는 어떤가? 대부분의 비전문가는 그 차이를 모르고 파일 용량이 커진다는 것만 안다. 파일 용량이 커지는 것은 큰 단점이다.

이 문제를 어떻게 고객이 알아듣게 설명할지 궁리해야 한다.

이렇게 하면 어떨까? '1백만 화소'라는 용어를 버리고 '인터넷 게시용, 4×6 인화지용, 포스터용, 옥외 간판용'으로 나누고 정리하는 것이다. 어떤 고객은 옥외 간판용 해상도는 필요없고, 방에 걸 수 있는 정도의 해상도만 원할 수 있다. 그러면 포스터 크기에 적당한 화소로 촬영하는 제품을 사면 된다. 쉽다. 새로 정립한 개념과 연관성을 도입한 매핑 덕분에 결정하기가 쉬워졌다. 만족도도 높아진다.

우리에게는 기본적인 정보지만 고객이 판단하도록 반드시 알려 줘야 할 사항은 무엇인가? 한 걸음 물러서서 볼 때 고객의 잠재의식은 무엇을 알고 싶어 하는가? 우리의 어떤 경험 법칙이 고객의 선택을 수월하게 해주는가?

이 문제를 해결했다면 4단계로 넘어갈 차례다.

4. 결정에 이르도록 돕는다

일단 고객이 판단하는 데 무엇이 필요한지를 파악했다면, 그리고 연관성을 찾아 선택을 용이하게 해줬다면, 마지막 문턱을 넘기 위해 고객에게 샘플이 필요할 수 있다. 카메라를 예로 들면 사진을 몇 장 찍고 프린트해서 보여 주는 간단한 일이다. 피시 푸드 아이스크림이라면 시식 기회를 주면 된다. 앞 장에서 언급한 사회적 검증을 토대로 다른 고객들의 적절한 후기를 더하면 '목표에 이르게' 도울 수 있다.

5. 구매 행동을 유도한다

언제 살 준비가 되었는지는 당연히 고객 본인이 알 것 같지만, 그렇지 않은 경우가 많다. 따져 봐야 할 변수가 많으면 헷갈릴 수 있기 때문이다. 이런 이유로 간간이 고객에게 구매하겠느냐고 묻거나, 온라인이라면 '구매하기' 버튼을 누르도록 돕는 것이 좋다.

'흠…… 이제 필요한 정보는 다 얻은 건가?'라며 망설이는 고객에게 완료 지점을 알려 주는 것이다. 점화 효과와 군중심리를 이용하여 다른 고객들은 보통 이 단계에 구매한다고 알려 주면 고객은 편안한 마음으로 구매를 결정한다.

최선의 선택에 필요한 것

인간은 하루 평균 3만 5천 가지를 판단한다.[109] 앞에서 이야기했듯이 대부분은 뇌의 잠재의식이 담당한다. 이 규칙들을 알고 이용하면 고객은 우리와 협업하고 싶어 하고, 가장 적절한 선택을 하고, 선택을 뿌듯해한다.

고객은 우리와 교류하면서 수많은 선택을 한다. 명심할 것은, 선택 설계에 관해 알았든 몰랐든 우리는 정보를 제시하는 방식으로 선택에 영향을 미친다는 사실이다. 그러므로 고객이 최선의 선택을 하도록 해주려면 인센티브, 기본값, 실수, 피드백, 맵 그리고 복잡한 선택지에 대해 심사숙고해야 한다.

넛지와 선택 설계 적용하기

| **요점** | 인식하든 안 하든 우리는 선택 설계자다. 회사와 고객을 위해 윈-윈이 되도록 넛지를 활용하자.

| **실천 과제** | 넛지를 연습할 때는 간단한 것이 좋다. 물론 복잡한 경우에도 쓸 수 있지만, 훌륭한 넛지는 냉장고 필터 교체 시기를 알려 주는 불빛처럼 사소해 보이는 것들이다. 우선 '실수 예상하기/피드백하기' 넛지로 시작하는 것을 추천한다. 고객이 실수할 만한 지점과 제자리로 돌아가게 만들 수 있는 넛지를 목록으로 정리해 보자. 감각은 잠재의식과 바로 연결되므로 모든 감각을 활용하는 것이 좋다.

- 어떤 실수가 예상되는가? _____
- 어떤 넛지를 사용할 수 있는가? _____
- 시각을 이용할 수 있는 다른 넛지는 무엇일까? _____
- 소리를 이용한 넛지로는 무엇이 좋을까? _____
- 냄새를 이용한 넛지로는 무엇이 좋을까? _____
- 다른 넛지로는 무엇이 있을까? _____

넛지에 대해 더 알고 싶다면

다음 장에서 넛지와 선택 설계에 대해 더 알아보라.

23장: 좋은 상품을 더 많이 팔려면 어떻게 해야 할까, 24장: 작은 단계로 해체하기, 25장 주문하시겠습니까?, 26장: 진짜 문제를 찾아라.

넛지와 선택 설계는 적용 범위가 무척 넓고 인상적인 사례도 많다. 더 알고 싶다면 이 장에서 언급한 책《넛지》를 강력하게 추천한다.

선택의 역설

오늘은 토요일이고 여러분은 친구와 아침을 함께 먹기로 약속했다. 자리에 앉아 토스트를 주문했는데 종업원이 이렇게 말한다. "스프레드는 포도, 딸기, 오렌지 마멀레이드 3가지가 있는데 무엇으로 하시겠어요?"

여러분은 곧바로 선택할 것이다. 어떤 것은 이름을 듣자마자 머릿속에서 '윽' 하는 비명을 질렀을 수도 있고, 딸기가 가장 맛있다는 사실을 떠올렸을 수도 있다. 어쨌든 간단히 결정할 수 있다. 앞에서 배운 용어를 쓰자면 쉬운 매핑이다.

그런데 종업원이 이렇게 말하면 어떨까? "알겠습니다! 그런데 저희는 스프레드를 다양하게 구비하고 있거든요. 다음 중 어떤 걸로 드실지 골라 보세요. 라즈베리, 무가당 라즈베리, 라즈베리 바닐라, 오렌지

건포도, 딸기, 트리플베리, 씨 없는 딸기, 딸기 발사믹, 포도, 포도 라벤더, 레몬 라벤더, 초콜릿, 초콜릿 헤이즐넛, 매리언베리, 블랙베리 브리즈, 시나몬 슈거, 땅콩버터, 아몬드버터, 메이플 망고, 파인애플이 있습니다."

여러분은 머리가 어질어질해질 것이다. 이제 스프레드 선택이 어려운 문제가 되어 버렸다. 짭짤한 맛이 좋은가, 달콤한 맛이 좋은가? 씨 없는 게 좋은가, 무가당이 좋은가? 도대체 메이플 망고는 어떤 맛일까? 아까 포도 라벤더라고 했던가? 시나몬 슈거에는 설탕이 얼마나 들었을까? 발라 먹는 걸까, 뿌려 먹는 걸까? 땅콩버터는 덩어리가 있는 걸까, 매끄럽게 발리는 걸까?

질려 버린 나머지 이렇게 말할지도 모른다. "아니에요. 그냥 커피 마실게요." 이제 식당에서의 경험은 절망으로 얼룩진다. 쉽게 지치는 뇌를 위해 스프레드 종류를 몇 가지로 정리했다면(과일, 초콜릿, 짭짤한 맛) 선택하기 쉬워서 식당에 대한 인상이 달라졌을 수도 있었는데 말이다. 이것이 선택의 역설paradox of choice이다.

정보처리가 벅찬 뇌

우리 뇌는 얼마나 쉽게 지칠까? 생각보다 훨씬 금방 지친다.

〈소비자 연구 저널Journal of Consumer Research〉[110]에 실린 한 연구에 의하면 숫자 몇 개만 추가로 기억하는 것도 결정에 악영향을 미친다. 실험 내용을 소개하면 다음과 같다. A 그룹에는 두 자리 숫자를, B 그룹에는 일곱 자리 숫자를 주고, 일련의 과제를 수행하는 동안 숫자를 기억하라고 했다. 그랬더니 과제가 끝난 후 두 자리 숫자를 기억해야 했던 A 그룹은 건강에 좋은 과일 샐러드를 선택한 비율이 높은 반면, 일곱 자리 숫자를 기억해야 했던 B 그룹은 초콜릿 케이크를 선택한 비율이 높았다.

여러분은 혹시 선택을 도와준다는 명분으로 결정 사항, 객관적 사실, 숫자 등을 상대의 머릿속에 밀어 넣지는 않는가? 다섯 자리 숫자 이상을 기억하라고 요구하지는 않는가? 또는 한 번에 여러 가지 사항을 따져 보라고 요구하지는 않는가? 그렇다면 고객의 뇌가 과부하될 가능성이 크고, 따라서 전반적인 경험이 불만족스러워질 가능성도 커진다.

시간 압박의 영향

우리 뇌는 행동할 시간을 제한받아도 금세 지친다.

시간 압박을 받으면 뇌는 일종의 화학물질을 분비한다. 이 물질은 지금 당장 행동하지 않으면 실수하거나 뭔가를 잃을 것 같은 불안감을 느끼게 한다. 이 심리를 포모Fear of Missing Out, FOMO* 증후군이라고 한다.[111] 손해가 어느 정도든, 정해진 시간 안에 행동해야 손해 보지 않는 상황이 부담을 주기 때문에 나타난다.

시간 제한이 없으면 우리는 의식 영역에서 더 차분하게 생각하고 따

---

* 기회를 놓칠까 봐, 혹은 혼자만 고립될까 봐 두려워하는 마음.

저 본 후 결정할 것이다. 하지만 시간이 없으면 어떻게 될까? '생각하지 말고 빨리 넘어가! 왜 이렇게 느려. 이거 가져야 한단 말야.' 이런 상태가 된다.

시간 압박이 효율적일 수는 있지만 항상 좋은 효과를 낳는 것은 아니다. 스트레스의 유형 중 하나이기 때문이다. 다들 경험해 보지 않았는가. 콘서트 티켓을 사려고 신용카드를 주섬주섬 꺼내는 동안 티켓마스터 웹사이트의 조그마한 시계가 재깍재깍 돌아갈 때 느끼는 초조함 말이다.

그럴 때 우리는 불안하고 걱정스럽고 초조해진다. 떨리는 손으로 카드를 들고, 자기도 모르게 카드 번호를 네댓 번이나 확인한 다음에야 '구매' 버튼을 누른다. 그러고 나서도 로딩되는 동안 숨죽여 "제발……제발……" 하고 중얼거린다. 재깍재깍 돌아가는 작은 시계가 없다면 어떨까? 마음이 훨씬 편했을 것이다.

연말 쇼핑

일반적인 소비자는 구매를 결정하기까지 쇼핑몰 사이트를 2회 이상 방문하고, 평균 1.2개의 제품을 구입한다. 연말 휴가 때는 어떨까? 쇼핑몰 사이트는 1회만 방문하면서 상품은 평균 3.5개를 산다![112] 연말에 선물을 더 많이 사기 때문일 수도 있지만, 시간 압박 때문이기도 하다.

연말 쇼핑을 서두르게 하는 요인은 당일 특가와 한정 수량과 장바구니의 시계다. 게다가 연휴 때는 할 일이 많아서 압박감이 배가된다.

연말 파티도 준비하고 가족끼리 방문할 곳도 계획해야 한다. 선물도 사서 포장해서 갖다 주거나 우편으로 보내야 한다. 당연히 뇌에 과부하가 걸리고, 지친 뇌는 잘못된 결정을 내릴 가능성이 크다. 시간 압박은 우리가 선택을 평가하는 방식을 뒤집는다.

충분한 시간 = 위험 회피

시간 압박 = 손실 회피

시간이 충분하면 우리는 위험을 회피하는 경향을 드러낸다.[113] 나중에 후회할 선택을 하고 싶지 않기 때문에 이모저모 따져 본다. 하지만 시간 압박이 가해지면 손실 회피 성향이 극도로 강해져서 포모 증후군에 장악된다.

시간의 압박을 받으면 똑같은 물건을 하나 더 사거나 '만약의 경우에 대비해' 뭔가를 더 산다. 특히 할인하는 묶음 상품이나 조건 없이 환불해 주는 상품이거나 다른 혜택이 있는 상품이라면 꼭 사려고 한다.

마감일이 있는 작업

많은 사람은 마감일이 정해져 있으면 일을 더 잘한다고 생각한다. 과연 그럴까? 관련 연구에 의하면 시간 압박은 창의력을 떨어뜨린다.[114] 생각해 보면 당연한 일이다. 코앞에서 시계가 재깍재깍 움직이면 그 순간에는 더 집중하고 눈앞의 업무를 어떻게든 끝마칠지 모르지만, 시간 여유를 갖고 차분히 일할 때보다 더 잘했다고 확신할 수는 없다.

브랜드와 전략에 대해 고민할 때 창의력을 최대한 발휘하는 것이 얼마나 중요한지 생각해 보라. 특히 회사의 목표를 정하고 전반적인 계획을 세우려면 시간 압박에서 자유로워야 한다.

잠에 빠져들다가, 샤워하다가, 혹은 조깅하다가 아이디어가 떠오른 적이 있는가? 그 이유는 뇌가 압박에서 벗어나 느슨해지면서 창의성이 발현하기 때문이다. 그 상태를 의도적으로 만들 수도 있다. 뇌가 빈둥거릴 시간을 하루 일과에 넣으면 된다.[115]

전화 상담 시간을 줄이는 의외의 방법

리처드 채터웨이Richard Chataway는 BVA 넛지 유닛 UK 최고경영자이자 《처음 읽는 행동경영학The Behaviour Business》 지은이다. 그는 가입자가 2천만 명이 넘는 대형 저축은행과 함께 프로젝트를 진행한 적이 있다.[116]

그 은행은 고객서비스팀에 걸려 오는 전화를 줄여서 비용을 절감하고 효율성과 만족도도 높일 방도를 찾고 있었다. 리처드의 팀이 예비 조사에서 알게 된 사실은 보안을 위해 정확한 답변을 요구하는 질문 방식이 문제를 야기한다는 것이었다. 넘어야 할 첫 번째 장벽이었다. 상담 직원은 무심코 고객의 뇌를 지치게 함으로써 질문에 틀리게 답하도록 만들었고, 그로 인해 통화 시간이 길어지고 업무도 순조롭게 진행되지 못했다.

뇌에 부담을 준 첫 번째 지점은 "이 질문에 대한 대답이 틀리면 저희가 도와 드릴 수 없습니다"라고 말하는 것이었다. 그 말에 고객들은 심한 압박감을 받았다. 그래서 표현을 다음과 같이 바꿨다. "이 질문에 정확히 대답해 주시면 고객님의 문제를 해결하기 위해 다음 단계로 넘어갈 수 있습니다." 그랬더니 압박감이 해소되어 문제가 훨씬 수월하게 해결되었다.

리처드의 팀은 한 걸음 더 나아갔다. 보안 관련 질문을 하고 "천천히 생각하세요"라는 말을 덧붙이라고 권했다. 이 제안에 은행 측은 난색을 표했다. 그렇지 않아도 통화 시간이 긴데, 천천히 생각하라는 권유는 해결책과 거리가 멀었기 때문이다. 하지만 결국 리처드의 제안에 따라 콜센터 직원들이 "천천히 생각하세요"라고 덧붙이자 고객들이 정확한 답을 떠올리는 경우가 많았다. 시간 압박과 뇌의 부담을 덜어 줬기 때문이다. 첫 번째 질문의 답을 위해 시간을 좀 더 썼더니 고객의 좌절감이 예방되고, 전체 해결 과정에 소요되는 시간까지 줄어들었다. 고객과 직원의 만족도가 높아졌고 평균 통화 시간도 11퍼센트나 짧아졌다. 연간 수백만 달러를 절감할 수 있는 수치다. 뇌에 가해지는 압박과 피로감을 줄인 것만으로 거둔 성과였다.

행동경제학 개념을 적용할 때 명심해야 할 점은 그 과정의 핵심에 부담감과 스트레스가 있다는 사실이다. 로저 둘리Roger Dooley는 그 문제를 해결한 멋진 사례를 《프릭션Friction》에 소개했다. 〈브레이니 비즈니스〉 72회에서도 관련 내용을 다뤘다.[117] 비즈니스에 악영향을 미치는 장애물이 비용 보고서에서 웹사이트에 이르기까지 얼마나 많은지를 알면 깜짝 놀랄 것이다. 이 책에 등장하는 행동학적 넛지와 유용한 수단을 이용하면 대화나 만족도에서 마법 같은 성과를 얻을 것이다.

구매 과정을 작은 단계로 나누기

나의 고객사들이 소비자의 구매 과정을 수월하게 만드는 방법을 문의하면 나는 단계들을 확실히 구분하라고 조언한다. 흔히 우리는 '기업이 이메일이나 우편물로 홍보하거나 온라인 광고를 올리면 고객들은 구입한다'라고 간단히 생각하지만 그 과정에는 작은 단계들이 포함되어 있다. 소셜미디어에 올라가는 광고를 생각해 보자.

- 소셜 채널에 들어간다.
- 알고리즘이 잠재 고객들의 피드에 해당 광고를 넣는다.
- 광고가 재밌어서 흥미를 느낀 잠재 고객이 하던 일을 멈춘다.
- 제목을 읽고 흥미가 유지되면 요약된 텍스트를 훑어본다.
- 관심이 유지되면 '더 보기'를 클릭해서 읽는다.
- 소비자에게 요구하는 것이 무엇인지 이해할 만큼 충분히 본다.
- 행동하기 위해 기대에 차서 소셜 채널을 나간다.
- 해당 페이지에 들어가서 자신이 할 일(예컨대 양식을 작성하는 것)을 찾아볼 정도로 관심을 유지한 상태다.
- 금세 작성할 수 있을 만큼 양식이 간단하다. 각 항목이 하나의 단계다.
- '보내기'나 '제출하기'를 클릭한다.

잠재의식은 초당 1천1백만 비트의 속도로 정보를 처리하느라 쉽게 집중력을 잃는다는 사실을 항상 고려해야 한다. 페이스북 광고처럼 간단한 것도 마찬가지다. 24장에서 '작은 단계로 해체하기'라고 불리는 내용을 주로 언급했지만, 이후의 장들을 읽는 동안 이 개념에 익숙해지기를 바란다.

선택의 역설 줄이기

| **요점** | 인간의 뇌는 쉽게 지친다. 결정의 어려움, 시간 압박, 불필요한 선택지, 그리고 스트레스를 줄여야 고객과 직원의 경험을 개선하고 만족도를 높일 수 있다.

| **실천 과제** | 여러분의 구매 과정을 생각해 보자.

- 얼마나 많은 선택과 세부 결정을 해야 하는가?
- 구성이 잘되어 있고 선택하기 쉬운가, 아니면 수십 가지 질문으로 자꾸 막히게 만드는가?
- 고객이 각 단계마다 무엇을 알고 있어야 하는가?
- 답변자는 나중에 무엇을 알게 되는가?
- 기업 측에는 도움이 되지만 고객에게는 힘든 과업이 몇 가지인가?
- 매끄럽고 장애가 없는 경험을 제공하려면 어떻게 수정해야 할까?

| **전문가의 조언** | 기존 과정을 줄이기보다는 아예 처음으로 돌아가 최대한 간결한 버전을 생각해 보자. 예를 들어 고객을 위한 웹사이트를

새로 구축할 때 나는 현재의 웹사이트를 참고하지 않는다. 새로운 웹사이트가 현상 유지 편향과 손실 회피 성향 때문에 현재와 비슷해질 위험이 있기 때문이다.

선택의 역설에 대해 더 알고 싶다면

다음 장에서 선택의 역설에 대한 내용을 찾아보라.

24장: 작은 단계로 해체하기, 25장: 주문하시겠습니까?, 26장: 진짜 문제를 찾아라.

구매로 이어지는 과정에서 잠재 고객이 직면하는 장애를 줄이면 분명 기업에 이득이 된다. 고객은 선택지가 많을수록 좋다고 말하지만, 사실 과도한 선택지는 결정을 방해하는 경우가 많다. 그러므로 선택지를 너무 세분화해서 다양하게 제시하지 않는 것이 좋다.

분할

금요일 저녁. 여러분은 넷플릭스에서 좋아하는 드라마를 몰아서 보려고 자리 잡고 앉았다. 이제 간식을 고를 때다. 싱크대 찬장에 파티용으로 나온 대형 포장 치토스가 한 봉지 있고, 작은 봉지에 든 것도 10개 정도 있다. 무엇을 선택하겠는가?

큰 봉지 하나를 택하면 작은 봉지를 택했을 때보다 많이 먹을 것이다. 작은 봉지 10개를 모두 가져왔더라도 말이다.

작은 단위로 나뉘어 있는 물건을 더 얻으려면 다른 봉지나 상자를 집어 들고 여는 등의 추가 행동을 해야 한다. 즉, 또 한 번 결정해야 한다. 그런 행동도 일종의 거래 비용이기 때문에 또 하나의 봉지를 뜯어서 먹는 사람은 무척 적다.[118]

뜯어 놓은 치토스에 손을 뻗어 계속 먹는 것은 무척 쉽다. 이미 봉지

2부 행동경제학이란 무엇인가   171</body>

를 열어서 먹기로 결정한 터여서 그저 손만 움직이면 되기 때문이다. 뇌는 손의 움직임을 '치토스를 먹겠다'라는 결심의 일부로 받아들인다. 그리고 벽을 만나기 전까지, 즉 한 봉지를 다 먹거나 배가 찰 때까지 봉지 크기에는 관심을 두지 않는다.

그런데 '배부르다'는 감각은 어떻게 알 수 있을까?

많은 연구에 따르면 포만감은 정확한 척도가 아니다. 한 실험에서는 마카로니 앤드 치즈를 큰 접시에 받은 사람들이 작은 접시에 받은 사람들보다 27퍼센트나 더 먹었지만 그 양이 포만감에 영향을 주지는 않았다.[119] 또 다른 실험에서는 큰 컵에 용량을 나타내는 가로선을 그었더니[120] 마신 양을 알려 주는 역할을 해서 음주량이 줄었다.

확실히 포만감과 음식의 양은 위장보다는 눈의 영향을 받는 것 같다.

새 봉지를 뜯거나 컵의 눈금을 보거나 리필을 요청하는 것 등 우리가 결정할 기회가 많아지면 그동안 먹은 양을 의식할 기회와 인지 처리의 양도 많아진다. 회사나 소비자 입장에서 여기에는 장단점이 있다.

기업 입장에서는 고객이 결정할 기회를 없애는 것이 나을 수도 있다. 결정에 대해 여러 번 생각하다 마음을 바꿀 수도 있기 때문이다. 넷플릭스가 매달 구독을 유지하겠느냐고 묻고 그때마다 우리는 구독 여부를 다시 결정해야 한다고 생각해 보라. 그러면 구독자가 훨씬 줄어들 것이다. 매달 묻는 방식을 구독자들이 더 좋아한다는 보장도 없다.

계속 이어질 수 있는 과정을 중간에 한 번씩 중단시키는 분할partitioning은 무의식적인 음식 섭취나 돈 낭비를 막아 줄 때도 유용하지만, 기업이 직원들의 창의력을 북돋울 때도 적용할 만하다. 근무 시간에 직원들이 일어나 돌아다니도록 모니터에 팝업창을 띄워 알리는 것도 그중 하나다. 안 풀리는 문제를 걷는 동안 곰곰이 생각할 수 있도록 말이다. 이처럼 분할을 활용하면 직원들이 뇌를 다른 방식으로 쓸 수 있고 회사의 발전을 위한 아이디어를 떠올릴 수도 있으므로 윈-윈 전략이다.

언뜻 보면 중요하지 않은 변화도 분할 역할을 할 수 있다. 잠깐이라도 멈춰서 생각하게 만들면 된다. 단, 효과는 시간이 지나며 약해진다.

보통 쿠키 상자에는 칸막이처럼 흰 종이가 끼워져 있다.[121] 이 종이는 무척 흔해졌기 때문에 먹는 양을 줄이는 데 별 도움이 되지 않는다. 실험에 의하면 흰 종이가 있는 쿠키 상자를 받은 사람들의 94퍼센트는 종이가 없는 쿠키 상자를 받은 사람들보다 시간이 더 걸리긴 했지만 쿠키를 모두 먹었다. 20개들이 쿠키 상자에 색깔이 다채로운 칸막이를 끼웠다면 어떨까? 먹는 속도가 느려졌고, 쿠키를 모두 먹은 사람은 22퍼센트에 불과했다! 노력도 중요하지만, 이처럼 의식 영역의 관심을 끄는 것도 중요하다.[122]

분위기에 휩쓸리는 소비자

분할은 우리 입과 위에만 영향을 주는 것이 아니다. 실험에 따르면 돈의 단위를 의식하는 데도 지대한 영향을 미친다. 이 실험에서 참가자들은 게임 쿠폰 1백 개가 든 봉투를 받았다.[123] 게임을 꼭 해야 하는 것은 아니었고, 쿠폰을 언제든 현금으로 바꿀 수 있었다. 봉투의 유형은 3가지였다.

- A 그룹: 쿠폰 1백 개가 든 봉투 1장

- B 그룹: 쿠폰 25개가 든 봉투 4장

- C 그룹: 쿠폰 10개가 든 봉투 10장

짐작했겠지만, A 그룹의 경우 봉투를 일단 열면 카지노에서 모든 쿠폰을 소진했다. 그렇지만 자세한 결과는 여러분이 생각한 바와 약간 다를 수도 있다.

쿠폰을 전혀 쓰지 않을 가능성이 가장 높은 그룹은 A였지만, 그들 중봉투를 연 사람들은 대부분 쿠폰을 모두 써 버렸다. 봉투 10장을 받은 C 그룹은 열어 본 봉투 수가 가장 많았지만 최대 4장이었다. 봉투 4장을 받은 B 그룹은 3장을 열고 멈춘 경우가 가장 많았다. 결과적으로 봉투 10장을 받은 집단보다 게임을 훨씬 많이 한 셈이었다.

- 봉투 10장 중 4장을 연 경우 = 게임에 쿠폰 40장 사용
- 봉투 4장 중 3장을 연 경우 = 게임에 쿠폰 75장 사용

뇌가 얼마나 쉽게 속을 수 있는지 알겠는가? 봉투 4장을 받은 사람은 '3장밖에 안 열었다'라며 뿌듯해하겠지만 더 여러 개로 나눠 담았다면 쿠폰을 훨씬 적게 썼으리라는 사실은 깨닫지 못한다. 마찬가지로, 쿠폰 1백 개 중 75개를 쓴 사람도 자신이 봉투 10장을 받았다면 5장 정도만 열었을 거라고 생각하며 스스로의 자제력을 자랑스러워할 것이다.

주목할 점은 이 상황에서 봉투를 더 못 열게 하거나 더 열도록 강제한 요인은 전혀 없었다는 것이다. 봉투 1장을 받은 집단은 25개나 50개 또는 72개의 쿠폰만 쓰고 얼마든지 멈출 수 있었지만 그렇게 한 사람은 거의 없었다. 아주 작은 거래 비용, 즉 새 봉투를 열 때 잠시 멈춰 생각할 기회가 없었기 때문이다.

돈을 분할하면 적게 쓰거나 더 저금하게 만드는 데도 도움이 된다. 중국과 인도의 시골 마을에서 실험한 결과에 따르면 봉투 1장으로 임금을 받은 사람들은 봉투 4장에 나눠서 받은 사람들보다 저금을 적게 했다.[124] 이 현상을 쇼핑 관성 효과shopping momentum effect[125]라고 한다. 일단 돈을 쓰기 시작하면 장벽을 만날 때까지 계속 쓰게 되는 현상이다.

이 장벽에는 액수가 큰 지폐를 깨는 것도 포함되지만, 심리적인 두 번째 계좌로 옮겨 가는 것도 포함된다. 입출금 통장에서 예금통장으로, 현금카드에서 신용카드로, 또는 첫 번째 신용카드에서 두 번째 신용카드로 옮겨 가는 것도 하나의 장벽을 넘는 것으로 볼 수 있다.

이것이 상점이 고객을 끌어들이기 위해 미끼 상품을 내거는 이유이

봉투 10장 중 4장 개봉

=

게임에 쿠폰 **40**장 사용

봉투 4장 중 3장 개봉

=

게임에 쿠폰 **75**장 사용

기도 하다. 고객이 '그냥 구경하기'에서 '구매하기'로 전환되기만 하면 새로운 장벽을 만날 때까지 계속 구매 분위기에 휩쓸릴 가능성이 크기 때문이다. 어느 실험에 따르면 구입을 긍정적으로 생각하게 하는 것만으로도 별 관련 없는 물건을 사게 만들 수 있었다.[126]

분할이 미치는 영향

분할은 먹는 것이나 돈 쓰는 것을 중간에 막는 것 외에도 다양한 영향력을 행사한다. 어떤 유형의 인지 중재cognitive intervention든 사용자가 잠시 멈추고 생각하게 만든다면 분할로 볼 수 있다. 소리든, 수사적 질문이든, 잠재 고객이든, 점검 지점이든 모두가 될 수 있다.

소리: 에어컨을 똑같은 온도에 맞추고 하루 종일 켜 놓기보다 몇 시간에 한 번씩 꺼지고 그때 띵 소리가 나게 하면 어떨까. 소리를 듣고 다시 켤지, 켠다면 언제 켤지 결정하도록 말이다. 몸을 일으키고 다시 켜기가 귀찮아서 몇 시간을 보내면 에너지를 절약할 수도 있다.

수사적 질문: 포틀랜드 공항에서 겪은 일이다. 남편과 나는 긴 비행 시간에 대비해 큰 봉지에 담긴 아몬드를 사기로 했다. 아몬드는 동네 슈퍼마켓보다 조금 비쌌지만 공항이라는 것을 감안하면 과하게 비싸진 않았다. 계산대에서 아몬드 봉지를 건네주자 여직원이 이렇게 물었다. "이거 얼마나 비싼지는 알고 계시죠?" 우리는 마주 보고 어깨를 으쓱 하며 말했다. "음…… 그런데요?" 그러자 그녀가 의문이 가득한 표정으로 말했다. "12.99달러예요. 이거 사시는 거 확실하죠?"

그녀의 태도를 보고 아몬드에 너무 큰돈을 쓰는지도 모른다는 생각에 주눅이 든 우리는 사지 않기로 했다. 사고 싶었고, 가격에 불만도 없었는데 말이다. 정말 살지 다시 생각해 보라고 계산원이 말하자 우리는 나중에 후회할지도 모른다는 걱정이 들었고, 덕분에 돈을 절약했다. 계산원인 그녀로서는 별 상관이 없었겠지만 업체 입장에서는 불만스러웠을 것이다.

무엇이 중요한지 잘못 짚어서 비즈니스에 부정적 영향을 미친 사례다.

계산원은 아몬드 큰 봉지를 샀다가 가격에 놀라 환불하는 손님이 많았기 때문에 확인했을 것이다. 어쩌면 고객이 아몬드 가격을 알고 사는지 확인하는 것이 그곳 방침이었는지도 모른다. 그 방침은 분할이 되어 고객이 구매를 재고하고 판매량을 떨어뜨리는 역할을 했다. 심지어 계산원은 이렇게 보고할 수도 있다. "네, 그럴 줄 알았어요! 가격을 들으면 대부분 아몬드를 내려놓거든요. 덕분에 귀찮게 환불해 주는 일이 많이 줄었죠!"

하지만 그들은 아몬드를 구입하고 싶었던 고객을 방해하여 판매량만 떨어뜨렸을 가능성이 크다. 뿐만 아니라 고객은 구매를 포기한 것을 후회할지도 모른다. 이 경우 분할 역할을 한 계산원의 개입은 윈-윈이 아니라 정반대의 결과를 낳았다.

이처럼 선의에서 비롯된 행동도 자칫하면 고객이 구매를 포기하게 만들거나 불안하게 만들 수 있다. 계속해서 "정말 사시겠어요?"라고 물으면 불필요한 장벽이 생성된다. 그 말을 들은 사람들은 결국 "아뇨, 안 살래요"라며 물러선다. 고객이 구입을 결정했다면 더 이상 개입하지 않아야 한다. 그것으로 끝난 사안이고, 판매자가 할 일은 없다. 구매를 후회한다면 환불하러 올 수 있지만, 그것은 그들이 할 일이지 판매자가 할 일이 아니다.

잠재 고객과 점검 지점: 나중에 분할 역할을 할 시기를 고려하고 미리 준비하는 방법도 있다. 예를 들어 잠재 고객이 현재로선 여러분을 고용할 여력이 없다고 하면, 이렇게 말한다. "네, 괜찮습니다. 저희 고객은 8월에 예산을 잡아 두시는 경우가 많거든요. 그럼 내년에 우선 연락 드릴까요?"

이때 잠재 고객과의 거래를 나중에 생각해 보기로 하고 미룬 단계 하나하나가 일종의 분할이다. 분할에 따라 잠재 고객은 거래를 다시 고려하거나 잊는다. 판매 과정에서 이렇게 약속을 잡는 경우가 흔하다. 우리가 할 일은 고객이 최대한 수월하게 우리와 거래하도록 돕는 것이다. 컨퍼런스나 업계 행사에서 만난 사람들을 생각해보자. 그중 정말 함께 일하고 싶었는데 너무 바빠서 연락하지 못한 사람이 있는가? 혹시 6개월이나 지난 후 연락하기가 쑥스러워서 경쟁자에게 빼앗긴 사람이 있는가?

그들은 명함을 줄 때 아마 "준비되면 전화해 주세요"라든가 "저희 웹사이트를 보시고 궁금한 점 있으면 연락 주세요"라고 했을 것이다. 그렇게 다는 조건은 그들과 일하는 것을 더 힘들게 하는 불필요한 분할이다.

세일즈 메이븐Sales Maven 최고경영자 니키 라우시Nikki Rausch가 말했듯이 명함을 주며 "나중에 연락 주세요"라고 말하기보다는 "전화로 얘기할 시간을 지금 정하면 어때요? 수요일은 괜찮으세요?"라고 하며 시간을 예약하면, 불시에 전화할 때보다 업무 얘기를 하게 될 확률이 훨씬 높다.

배송료: 최근 나는 한 중소기업 웹사이트에서 면도기 거치대를 사려고 했다. 가격이 6.99달러로 저렴했고 욕실에도 알맞을 것 같았다. 그래서 구매 버튼을 클릭했는데 배송료 3.99달러가 따로 있었다. 거치대는 아주 작아서 1백 그램도 안 되었고, 스탬프 몇 번만 찍어서 일반 우편봉투로 배송하면 될 것 같았는데 말이다. 나는 약 3주 동안 구입 여부를 고민했다. 웹사이트 장바구니를 확인하고, 혹시 아마존에 같은 물건이 있나 찾아보고, 구입하는 게 좋을지 남편에게 묻기도 하면서 말이다.

중요한 점은 이것이다. 가격이 9.99달러고 배송료가 무료였다면 바로 샀으리라는 것이다. 기대에 가득 차서 도착을 기다렸을 것이다. 그런데 배송료라는 분할이 등장하니 그 브랜드와 구매 경험이 불쾌한 인상만 남기고 말았다.

가능하면 배송료는 전체 가격에 포함하는 것이 좋다. 무거운 제품도 마찬가지다. 나의 고객 1명은 묵직한 담요를 판매하는데 무료 배송 정책으로 큰 성공을 거뒀다. 대체로 소비자는 제품의 가격 차이보다 무료 배송을 더 좋아한다. 그래서 말인데 1달러 배송은 권하지 않는다. 1달러만 받고 배송할 수 있다면 무료로 배송할 여력도 있을 것이다.

분할 적용하기

| **요점** | 고객이 여러분과 거래하는 과정을 수월하게 만들어야 한다. 구매 과정의 불필요한 장벽을 모두 제거하자. 모두가 기뻐할 것이다.

| **실천 과제** | 여러분 회사 제품의 구매 과정을 하나하나 살펴보자. 정말로 필요한 것은 몇 단계인가? 제거할 수 있는 분할이나 단계가 있는가? 고객이 상담 전화를 하기 위해 작성해야 할 양식이 있는가? 거기에 빈칸이 얼마나 있는가? 필수 사항이 얼마나 많은가? 당면한 문제를 해결하려면 몇 단계를 거쳐야 하는가?

반드시 필요하진 않다면 모두 삭제해야 한다. 이 조치가 얼마나 많은 고객을 이끄는지 알면 감탄이 나올 것이다. 물론 이 원칙은 공산품에도 적용된다. 앞에서 말한 단계를 똑같이 따르며 배송료나 불필요한 빈칸 같은 장벽이 있는지 점검해 보자.

분할에 대해 더 알고 싶다면

다음 장에서 분할에 대해 찾아보라.

24장: 작은 단계로 해체하기.

결제의 고통

킴 카다시안이 인터넷을 '열광의 도가니'에 빠뜨리기 18년 전에 이미 AOL$^{America\ Online*}$은 인터넷을 분노로 끓어오르게 만들었다. 1996년에 도입한 새로운 가격 정책이 발단이었다.[127] 그전까지 AOL 가입자는 2가지 옵션으로 인터넷을 이용했다.

- 월 20시간: 19.95달러
- 월 5시간: 9.95달러

대부분의 가입자는 20시간형을 선택하고 월 평균 10~15시간을 이

---

* 미국 버지니아에 본사가 있는 세계 최대의 온라인 서비스 제공 업체.

용했다. 그런 상황에서 AOL 직원 중 누군가가 이런 아이디어를 냈을 것이다. "무제한 요금 어때요? 광고에 '무제한'이란 문구만 넣으면 되고, 우리도 사용 시간 추적 비용을 낮출 수 있으니 윈-윈이잖아요!" 가입자 대부분이 20시간 이하로 쓰고 있으니 큰 문제는 아닐 거라고 생각했던 것 같다.

10시간씩 이용하는 사람은 20시간을 채울 때까지 여유가 많으니 계속 10~15시간에 맞는 요금을 쓰리라 생각한 것이다. 너무나 합리적이다. 그러면서도 완전히 틀린 추론이었다.

무제한 요금제가 생기자 하룻밤 사이에 사용자가 4배로 폭증했기 때문에 AOL은 도저히 대처할 수 없었다. 서비스에 차질이 생겼고 온갖 문제가 터졌다. 어떻게든 무제한으로 인터넷을 쓰려던 몇몇 사용자로부터 소송까지 당했다. 왜 무제한 요금제가 생기자마자 모두가 미친듯 몰려들었을까?

당시에는 인터넷에 로그인하면 모니터 한구석에서 작은 시계가 돌았다. 25년 전 AOL을 이용한 이들이라면 알겠지만, 이 시계는 사용자가 인터넷에 접속한 시간을 측정했다. 이용 한도 시간을 곧 초과할지도 모른다는 것을 시시각각 상기시키면서 말이다.

시간 제한이 없어진다는 것은 시계가 사라진다는 의미였다.

다들 알겠지만, 인터넷이라는 토끼굴에 들어가면 이 사이트 저 사이트 돌아다니다가 시간 가는 줄 모르게 된다. 그러므로 제한 시간을 경고하는 무서운 시계가 없으면 누구든 싫증 날 때까지 이용할 것이다. AOL은 이런 교훈을 힘들게 배웠다.

똑같은 이유로 많은 승객이 일반 택시보다 우버를 선호하는데, 그 이유는 택시에 타면 길이 막힐 때마다 미터기 금액이 올라가는 것을 지켜봐야 하기 때문이다. 다음과 같은 조건을 구매자나 이용자가 어떻게 느낄지 생각해 보라.

- 헬스클럽이 운동기구를 사용하는 시간을 분 단위로 계산하거나, 걸음 수를 기준으로 이용료를 계산한다.
- 레스토랑이 메뉴로 계산하지 않고 몇 입 먹었는지 측정하여 청구한다.
- 넷플릭스가 15분 단위로 시청료를 청구하거나 시청한 작품 수를 기준으로 청구한다.

고객에게 끊임없이 가격과 비용을 상기시키는 것은 좋지 않은 수익 모델이다. 결제의 고통pain of paying을 느끼게 하기 때문이다. 여러 연구에 의하면 뇌섬엽insula이라는 통증 센터는 우리가 돈을 낼 때도 활성화한다.[128] 인간은 이런 정서적 고통도 신체적 고통과 비슷하게 느낀다. 다행히 우버와 AOL이 발견했듯이 돈을 낼 때 소비자가 느끼는 고통을 줄이는 방도가 있다.

재미있게도 돈이 아니라 시간을 지불할 때는, 예를 들어 대기하는 시간이 길 때는 시계가 정반대 역할을 한다. 진행 단계는 물론, 안 보이는 데서 어떤 일이 일어나는지 알려 주면 기다리는 시간이 참을 만해진다. 그래서 도미노피자는 배달원의 위치 정보를 알려 주고, 페덱스FedEx, UPS, 아마존은 현재의 배송 단계를 알려 준다. 단계가 많고 대기 시간이 긴 우버 익스프레스 풀은 예상 대기 시간이나 처리 단계를 실시간으로 보여 준다. 현재 상황을 알면 기다리는 시간이 덜 고통스럽기 때문이다.[129]

돈을 낼 때 느끼는 고통은 배경이 의외로 중요하다. 다음 두 상황을 보자.

- 여러분이 현재의 집에서 10년 동안 살아서 거실 카페트가 약간 추레해졌다. 그래서 견적을 받았더니 똑같은 카페트로 교체하는 데 2천5백 달러가 든다고 한다.
- 여러분이 몇 달 동안 눈독을 들인 러그가 있다. 결국 손으로 짠 이 아름다운 러그를 사서 거실 분위기를 산뜻하게 바꾸기로 했다. 가격은 2천5백 달러로 사치스럽다고 할 수도 있지만 여러분은 너무 마음에 든다.

왜 두 경우가 다르게 느껴질까? 수제 러그가 아드레날린을 분출시키고 흥분을 불러일으키는 반면 카페트를 똑같은 것으로 교체하기 위해 신용카드를 쓰는 것은 가슴이 쓰리지 않을까?

둘 다 바닥에 까는 상품이고 사람들이 밟고 다닌다. 하지만 구입하면서 느끼는 기분은 구매 행위에 영향을 준다. 이런 맥락을 알아야 한다. 구매 행위에 관해 고려해야 할 중요한 요소는 다음과 같다.[130]

- 가치가 점점 오르는 투자 상품인가, 점점 떨어지는 소모 상품인가?
- 상품의 장점을 얼마나 오래 누릴 것 같은가?
- 수명이 어느 정도인가?
- 장점이 얼마나 눈에 띄는가?
- 비용이 합리적이라는 것을 얼마나 쉽게 설명할 수 있는가?
- 생활 필수품인가, 사치품인가?
- 본인이 쓸 것인가, 선물할 것인가?
- 상품을 소비하기 전에 값을 치렀는가, 소비한 후에 값을 치렀는가?
- 문제를 해결하기 위해 필요한 결제가 한 번뿐인가, 아니면 나중에 더 내야 하는가?
- 판매자가 그것을 판매하는 이유와 사연은 무엇인가?

손으로 짠 러그는 사치스러운 투자 상품이다. 즉, 시간이 지나면 가치가 올라가리라 예상되는 상품이다. 이사할 때 가져갈 수도 있고, 수명이 길고 아름다워서 하루하루 장점을 만끽할 수도 있다. 장점이 눈에 보이기 때문에 다른 사람에게 구매를 정당화하기도 쉽다. "약간 비싸다는 건 나도 알지만, 봐, 얼마나 예뻐!" 러그를 손으로 짠 사람에 대해 여러분이 생각하는 이야기도 해 줄 수 있다. 어쩌면 여러분이 자영업자를 도왔는지도 모른다.

반면 카페트는 몇 년 지나면 낡아서 보기 싫어지리라는 것을 모두 안다. 앞으로 점점 가치가 떨어질 것이고, 이사할 때 가져가기도 힘들고,

결제와 소비는 일종의 상호 보완관계다. 결제는 소비의 즐거움을 갉아먹지만, 소비는 결제의 고통을 무디게 해 주기 때문이다. 결제의 고통이 소비의 기쁨과 완전히 분리되면 한쪽을 다른 한쪽보다 훨씬 강하게 느끼거나 양쪽을 확실하게 경험한다.

예를 들어 신용카드로 결제할 때는 고통이 제거되고, 새로운 상품을 손에 넣었다는 즐거움만 있다. 하지만 청구서가 도착할 때까지만 그렇다. 청구서를 보면 고통만 남는다.

집에 온 손님들은 카페트를 새로 깔았다는 사실도 알아채지 못할 것이다. 대기업 제품을 샀다면 그 회사에 친근함을 느끼지도 못할 것이고 가격도 의문스러웠을지 모른다. "뭐라고? 똑같은 카페트인데 2천5백 달러나 달라고? 어이없는 도둑질이네! 분명 가격을 뻥튀기했을 거야."

먼저 결제할 것인가, 나중에 결제할 것인가?

휴가를 떠나는 즐거운 상상을 해 보자. 단, 이때 하나를 선택해야 한다.

- 시나리오 1: 모든 것을 갖춘 호텔과 거기에 딸린 해변에서 마가리타를 즐기기 전에 전체 여행 경비를 결제한다. 당일 투어와 호텔, 항공권의 요금을 미리 결제했으므로, 여행지에 가서는 아무 걱정 없이 쉬면서 재충전하면 된다.
- 시나리오 2: 시나리오 1과 똑같은 당일 투어, 호텔, 항공권을 이용

하고 마가리타도 똑같이 즐기지만, 전체 경비는 여행이 끝난 후 결제한다. 그래서 집에 돌아오고 2달 후에 청구서를 받는다. 여행의 즐거움은 모두 사라지고 재충전한 에너지도 소진돼서 여러분은 스트레스를 받는다. 그래서 비싼 여행을 한 과거의 자신을 원망한다.

일반적으로 사치품이나 호화로운 여행, 이벤트는 미리 결제하는 것이 훨씬 기분 좋다. 결제의 고통을 먼저 겪고 잊어야 즐거움을 온전히 누릴 수 있기 때문이다. 또한 여행에 대한 기대 때문에 미리 결제할 때 느끼는 고통도 덜하다. 하지만 여행이 끝난 후 결제하면 이미 누린 즐거움보다 지금 결제하는 금액이 더 크게 와닿는다.

반면 시간이 지나도 큰 혜택을 누리는 주택이나 자동차, 세탁기 등 고가 상품들은 사용하면서 결제해도 괜찮다. 주택 융자금을 매달 내더라도 그 집에 살고 있기 때문에 그다지 후회스럽지 않다. 만일 집값을 모두 치러야 들어가 살 수 있다면 집을 소유할 사람은 별로 없을 것이다.

안 쓰는 사람과 헤프게 쓰는 사람

인구 중 60퍼센트는 돈을 균형 있게 쓰는 편이지만, 그렇지 못한 두 집단이 있다. 구두쇠와 헤프게 쓰는 사람들이다.[131] 구두쇠는 인구의 25퍼센트를 차지한다. 돈 쓰는 고통이 너무 심해서 필요한 것도 안 사

구두쇠로 사는 것과 검소하게 사는 것은 다르다. 동기가 다르기 때문이다. 검소한 사람은 절약에서 즐거움을 찾고, 나중에 비싼 것을 사는 것이 목적일 수도 있다. 하지만 구두쇠는 돈 내는 고통을 회피한다. 검소하면서 구두쇠인 사람도 있을 수 있지만, 둘이 똑같지는 않다.

고 사고 싶은 것도 안 산다. 돈을 포기하기가 너무 어렵기 때문이다.

구두쇠의 반대쪽에는 돈을 너무 쉽게 많이 쓰고, 결제하기 전이나 하는 도중에 고통을 느끼지 않는 사람들이 있다. 이렇게 돈을 헤프게 쓰는 사람은 인구의 15퍼센트를 차지한다.

구두쇠를 상대할 때 간단히 프레임을 전환하는 방법이 몇 가지 있다. 예를 들면 "수수료 5달러가 있습니다"라고 하지 않고 "소액의 수수료 5달러가 있습니다"라고 하면 대부분은 구매를 더 편안하게 느낀다. 또한 상품 구입이 투자의 일환이라고 언급하면 구두쇠의 고통을 약간 누그러뜨릴 수 있다. 프레임을 이렇게 전환하면 구두쇠가 구매에 스트레스를 덜 느끼고 장기적으로도 선택에 만족한다.

모든 사람에게 효과가 좋은 또 다른 방법은 계산할 때 현금을 의식하지 않게 다른 단위를 쓰는 것이다.

토큰과 칩과 선물

우리 뇌는 자국의 화폐 단위에 익숙하다. 미국인은 1달러, 25센트,

10센트, 5센트, 1센트의 가치가 어느 정도인지 알기 때문에 돈을 낼 때 느끼는 고통도 본능적이다. 그런데 외국 여행을 하는 도중 유로나 엔, 파운드를 쓸 때면 돈으로 놀이하는 것처럼 느껴진다. 그래서 큰 고통을 느끼지 않는다.[132]

카지노에서처럼 현금을 칩이나 토큰으로 바꾸면 같은 액수의 돈보다 더 많이 쓰게 된다.

달러 표시와 콤마를 없애면 숫자가 더 작게 보여서 돈을 쓸 때의 쓰라림이 줄어든다.[133] 프레이밍 효과의 일종으로, 구매를 유도하는 효과가 있다. 다음 표기를 보고 느낌이 어떻게 다른지 살펴보자.

- $4,272.00
- $4,272
- $4272
- 4272

또한 제품이나 서비스를 선물처럼 제시해도 소비자가 흔쾌히 돈을 쓰는 경향이 있다. 선물은 기분 좋은 일이기 때문이다.[134] 예를 들어 내가 값비싼 케이트 스페이드 핸드백을 마음에 두고 있다고 하자. 좀 사치스러워 보여서 내가 직접 사면 죄책감을 느낄지도 모른다. 하지만 남편이 선물로 사 주면 너무 기분이 좋다. 우리 부부의 공동 입출금 계좌의 돈으로 사기 때문에 내가 사는 것과 다를 바 없는데도 말이다. 남편은 내가 좋아하는 뭔가를 사 준다는 즐거움 덕분에 결제의 고통을 나만큼 느끼지 않는다. 나도 직접 핸드백을 사지 않았기 때문에 결제의 고통을 느끼지 않는다. 원-윈-윈이다.

여러분이 할 일은 구매자에게 필요한 것이 무엇인지, 무엇이 그들에게 가장 이익이 되는지를 알아내서 돈을 쓰면서도 고통은 최소한으로 느끼게 도와주는 것이다.

결제의 고통 적용하기

| **요점** | 우리는 사치품이나 즐거운 경험에 대한 비용을 미리 결제하는 쪽을 선호한다. 단, 고가 소비재는 나중에 결제하는 것도 나쁘지 않다. 또한 선물 형식의 구매는 누구나 기분 좋아한다.

| **실천 과제** | 소비자가 여러분 회사의 제품을 무척 좋아하는가, 아니면 그저 그렇게 생각하는가? 솔직하게 말해 보자. 제품이 대량생산하는 카페트인지 손으로 짠 러그인지 판단해야 잠재 고객의 부담을 줄이는 적절한 결제 방식을 정할 수 있다.

| **보너스 조언** | "소액의 수수료 5달러" 같은 말을 할 만한 지점을 찾아서, 구두쇠를 포함한 모든 고객이 제품이나 서비스를 살 때 편안함을 느끼게 하라.

결제의 고통에 대해 더 알고 싶다면
다음 장에서 결제의 고통에 대해 찾아보라.
25장: 주문하시겠습니까?

놀람과 희열

HuchtaHvIS ʼuyʼmoH. 마이크로소프트사의 빙 번역기^{Bing Translator}를 사용하지 않는 사람을 위해 알려 주자면, 이 클링온어^{Klingon} 문장은 '기쁨을 느끼려면 기대가 없어야 한다'라는 뜻이다.

영화 〈스타트렉^{Star Trek}〉에 나오는 가상 종족의 언어인 클링온어가 대체 왜 빙 번역기에 들어왔을까? 그럴 만한 가치가 있을까? 여러분이 빙 번역기 개발팀에서 일한다고 가정해 보자. 구글 번역과 경쟁하며 끊임없이 기능 업데이트 전쟁을 치르는 곳 말이다. 비즈니스에 관한 기존 시각으로 보면 고객에게 놀람^{surprise}이나 희열^{delight}을 줄 여지가 없는 것 같다. 클링온어를 번역할 일이 없는데 누가 뭐 하러 번역기를 이용한단 말인가.

마이크로소프트사가 번역기에 클링온어를 포함한 데는 생각보다 복잡한 사정이 있다. 《기획에서 마케팅까지 끝에서 시작하라Start at the End》 지은이이자 마이크로소프트사 행동과학부 책임자를 지낸 맷 월러트 Matt Wallaert는 이렇게 설명한다. "지금껏 〈스타트렉〉 등장인물들이 한 말은 모두 영화나 텔레비전에 번역되어 나왔기 때문에, 질문으로 올라오는 문장 대부분이 클링온어로 말한 적 없는 것들이거든요."[135]

지구 상의 모든 언어 규칙을 깨기 위해 만들어진 클링온어는 채워야 할 공백이 많다. 월러트는 이렇게 예를 든다. "클링온족은 '안녕하세요 Hello'라고 인사하지 않아요. '원하는 게 뭡니까What do you want?'라고 인사하죠. 다른 언어들과 상응하는 텍스트가 너무 적기 때문에 기계 번역 모델을 구축하기가 무척 어려워요."

하지만 그런 상황이 놀람과 희열의 불꽃을 일으켰다는 것을 부인할 수는 없다. 그래서 빙 번역기는 다른 번역기들과 차별화되었다. 당시는 〈스타트렉 다크니스Star Trek: Into Darkness〉가 곧 개봉할 예정이었고, 새로운 시리즈에 클링온어를 말하는 최초의 캐릭터들이 나올 터였다. 맷은 놀람과 희열을 만들어 낼 완벽한 기회라고 생각했다. 그는 이유를 다음과 같이 분석했다.

> 1. 새로움 자체를 기쁨으로 여기는 헌신적 집단이 있다. 당시에는 클링온어를 할 수 있는 이들이 극히 적었다. 이들은 이 언어에 굉장한 애정을 품고 있었다. 새 〈스타트렉〉 시리즈가 나오기 전에 클링온어 번역에 참여해 달라는 요청을 받은 일은 그들에게는 꿈이 이루어진 것과 마찬가지다. 그들로서는 계획을 세울 엄

두도 못 냈던 일이다.

2. 입소문이 선순환을 일으킨다. 번역에 참여한 번역가들은 빙 번역기가 얼마나 멋진지를 주위 사람들에게 이야기하고 계속 화제로 삼을 것이다. 그러면 다른 〈스타트렉〉 팬들도 신나서 빙 번역기를 써 보고 특정 문장을 클링온어로 어떻게 표현하는지 알아보려 할 것이다. 클링온어를 쓰는 사람이라면 대단히 적극적인 팬이기 때문이다.

3. 희열을 제공할 기회가 많아진다. 할리우드에서 이 영화의 시사회를 열 때 휴대전화 벨소리를 꺼 달라는 안내 방송이 클링온어로 나왔다. 또한 극장 여기저기에 쓰인 클링온어 문장을 사진으로 찍으면 바로 번역되는 특수 휴대전화도 있었다. 세계에서 클링온어를 가장 잘하는 사람이 마침 마이크로소프트사에서 일하고 있었는데, 그는 뒤풀이 파티에서 빙 번역팀 부스에 붙박여 있었다. 이 에피소드들은 기쁨과 흥분을 널리 퍼뜨렸고, 클링온어 사용자를 더 만들고 싶다는 팬들의 욕구를 부채질했다.

만족은 희열과 다르다

많은 사람이 불만족, 만족, 희열을 정도의 차이로 생각하지만, 감정은 그렇게 작동하지 않는다.[136] 만족스러운 일을 늘린다고 해서 희열로 변하지는 않는다. '매우 만족스러운 것'은 만족의 범주에 들어간다. 고객의 경험 저울은 이런 식으로 작동한다.

격분 → 불만족 → 만족 → 희열

부정적 감정 2가지(불만족과 격분)와 긍정적 감정 2가지(만족과 희열)의 진정한 차이는 놀라움의 여부에 있다. 긍정적 감정에 놀라움이 결합하면 희열이 된다. 클링온어를 완벽하게 번역하는 번역기를 만난 팬들이 느낀 감정이다. 부정적 감정에 놀라움이 결합하면 무엇이 될까? 격분이다.

예상한 것은 무엇이든 만족 아니면 불만족 영역에 포함된다. 고객이 특정 제품이나 서비스에 대해 뭔가를 예상했다면 만족하거나 불만족하거나 둘 중 하나다. 한 번역기가 이탈리아어를 정확히 번역하리라 예상했는데 그렇지 못했다면 나쁜 쪽으로 놀라게 된다. 만일 완벽하게 번역한다면 희열을 느끼기보다 그냥 만족할 것이다.

이상적인 상황은, 평소에는 대부분 만족의 영역에서 살고 가끔 희열을 선사하는 일이 터지는 것이다. 고객에게 희열을 주는 데는 각별한

만족, 희열, 예상의 실제 관계[137]

노력이 필요하고, 언제나 그렇지는 않지만 비용이 많이 들 수도 있다. 문제는 투자할 가치가 있느냐다.

짧은 답: 그렇다.

긴 답은 다음과 같다.

희열은 그냥 만족할 때보다 브랜드 충성도를 이끌어 낼 가능성이 훨씬 높다. 그리고 브랜드 충성도는 수익과 주식 가격을 높이는 데 지대하게 공헌한다.[138] 고객에게 희열을 선사하면 충성도 곡선이 평평해진다.[139] 고객이 약간 만족하든, 만족하든, 극도로 만족하든 기존의 충성도를 유지한다.

고객에게 희열을 선사한 다음에는 어떻게 될까? 자동차에 관해 생각해 보자. 자동차처럼 비싸고 오래 쓰는 소비재를 재구매한다는 것은 제조사에 굉장히 큰 의미가 있다. 희열은 브랜드 충성도를 얼마나 바꿔 놓을까? 벤츠의 조사에 의하면[140] 고객 그룹의 재구매 확률은 다음과 같다.

- 불만족한 그룹: 10퍼센트
- 만족한 그룹: 29퍼센트
- 희열을 느낀 그룹: 86퍼센트(투자할 만하지 않은가!)

만족의 덫에서 탈출하라

만족한 고객들의 충성도는 그리 높지 않다. 충성도가 높아 보일지 모르지만, 특히 현재의 브랜드가 특별 행사를 많이 한다거나 다른 브랜드로 바꾸는 과정에 비용이 많이 들 때는 그렇게 보일지 모르지만 진짜 충성과는 다르다. 진짜 충성의 뿌리는 희열이다.

기쁨이 넘치는 경험을 하면 뇌의 감정 센터가 울려서 경험이 훨씬 또렷이 각인되고 지인들에게도 이야기하게 된다.[141] 하지만 희열의 거울인 격분도 마찬가지다. 부정적 놀람은 고객의 기억 창고에 언제까지나 남을 수 있다. 그러니 고객을 놀라게 하려면 긍정적 느낌을 유발하리라는 확신이 있어야 한다.

'이렇게까지 노력해야 하나?'라는 의문이 가시지 않는다면 다음 조사 결과를 보자.

- 충성도가 5퍼센트 올라가면 수익은 25~85퍼센트 올라간다.[142]
- 희열을 느낀 충성 고객 1명은 평생 11명의 보통 고객 몫을 한다.[143]

생각해 보자. 프로젝트에 참여한 클링온어 사용자들은 당연히 마이크로소프트사의 충성 고객이 되고, 모임이나 소셜미디어에서 무의식적으로 친구들에게 마이크로소프트사의 프로그램을 소개하지 않겠는가?

감정을 어떻게 측정할까

고객은 자신들이 무엇에 희열을 느낄지 미리 알려 줄 수 없다. 희열은 예상치 못한 일을 접할 때 유발되는 감정이기 때문이다. 고객 만족도 조사로 충성도를 측정해왔다면, 이제는 바꿔야 한다. 여러분이 고객으로서 질문에 답변하는 입장이라면 다음 두 질문이 어떻게 들릴지 생각해 보라.

- 지난 주 은행을 방문하셨을 때 업무 과정에 만족하셨나요?
- 지난 주 은행을 방문하셨을 때 업무 과정에서 희열을 느끼셨나요?

첫 번째 질문에는 "네, 그렇습니다"라고 하거나 "대체로 그렇습니다"라고 대답하고 10점 중 8점을 주거나 하면 끝이다. 그런데 희열을 느꼈느냐고? 생뚱맞은 질문 같다. 우리 의식의 표준 규칙에 들어맞지 않기 때문이다. 그래서 약간 골똘히 생각하게 된다. "희열이라고 했나요? 희열까지 느꼈는지는 잘 모르겠네요." 사실상 느끼지 못했다는 뜻이다.

여기서 말하는 희열, 즉 충성과 입소문으로 이어질 감정을 고객이 느꼈다면 바로 떠올렸을 것이다. 우리도 그의 표정이나 목소리에서 알아차렸을 것이다. 만족은 인지 과정에 가깝다. 뭔가를 예상하고, 나중에 예상을 충족시켰는지 그렇지 못했는지를 판단할 뿐이다. 하지만 희열과, 희열의 거울인 격분은 감정에 가깝다. 경험하고 나면 다른 사람들에게 이야기하고 싶은 충동을 이기기 힘들다. 화가 나서든 기쁨에 차서든 말이다. 놀라서 생긴 욕구이기 때문이다

하인즈 케첩에 대한 애정

하인즈 케첩 마케팅팀이 고객들에게 놀라움과 기쁨을 제공하는 방법을 수없이 물었더라도 에드첩Edchup을 제안한 고객은 없었을 것이다.[144] 에드첩이 대체 뭐냐고?

영국 뮤지션 에드 시런Ed Sheeran은 하인즈 케첩의 열렬한 팬이다. 팔에 하인즈 브랜드를 문신으로 새겼을 정도다. 하인즈의 인스타그램을 보면 태그든 멘션이든 3분의 1이 에드 시런을 언급한다. 에드의 팬들은 그가 얼마나 하인즈를 좋아하는지 안다.

에드가 올린 한 포스트에는 1백만 개의 좋아요, 1만 개의 댓글이 달렸고, 심지어 하인즈 창립 150주년 때는 한정판 에드첩까지 출시됐다. 케첩 용기에는 잎사귀 머리에 에드 얼굴을 한 토마토 인형이 그려져 있었다.

이런 행사를 제안할 고객이 있었을까? 아마 없었을 것이다. 하지만 에드첩에 열광하고 사고 싶어 하는 팬은 분명히 있었다. 또한 하인즈에 대한 애착을 생각하면 에드도 광고에 출연하며 벅찬 기쁨을 느꼈을 것이다. 유치해 보일지 모르지만 에드는 하인즈 케첩을 너무나 좋아한다. 하인즈도 혜택을 받았지만, 에드에게도 꿈이 이루어진 것처럼 대단한 일이다.

이 경험에 대한 그의 포스트에는 #믿어요, #꿈은이루어진다, #성취, 그리고 #계속이어지는꿈 등의 해시태그가 포함되었다. 에드첩은 빙 번역기의 클링온어 사례와 성격이 같다. 이미 기쁨을 느낀 소규모 집단

(에드와 그의 팬들), 다양한 작은 기쁨, 그리고 계속 입소문을 퍼뜨리게
해 줄 무수한 옵션 등이다.

다행인 것은 어느 브랜드든 에드 시런의 스타 파워 없이도 이런 성
취를 할 수 있다는 것이다.

예상치 못한 친절로 놀라게 하기

조사에 의하면 고객을 놀라거나 기쁘게 하기 위해 기업이 할 수 있
는 가장 중요한 노력은 예의를 차리는 것이다. 사실 당연해서 좀 맥빠
지는 조언이다.[145] 그나마 다행인 점은 쉽고 비용도 많이 들지 않는다
는 것이다. 직원들에게 권한을 줘서 진심을 담아 고객에게 친절을 베풀
고, 고객의 예상을 뛰어넘는 감동을 줄 수 있게 해 보자. 큰 성과를 낼
수 있다. 여러분도 고객을 깜짝 놀라게 할 요소를 찾아보라. 예를 들면
다음과 같다.

- 예상할 만한 시기에 연말 선물을 보내기보다는 예상치 못할 3월
  이나 8월에 선물을 보낸다.
- 무미건조한 생일 축하 이메일이나 카드 대신 생일 6개월 전에 반
  생일half-birthday을 축하하는 이메일이나 카드를 보낸다.
- 소셜미디어에 글을 남긴다. 진심 어린 대화를 나누고, 댓글을 남
  기고, 이메일에 사려 깊은 답장을 보낸다. 내가 그렇게 노력하면
  청취자들은 대부분 너무 고마웠다며 댓글을 남긴다.

군중심리에 휘말려 다른 업체처럼 선물을 보내거나 뻔한 행사를 여는 것은 바람직하지 않다. 브랜드를 차별화하려면 뻔하지 않은 시기에 뭔가를 해야 한다. 그것이 놀람과 희열을 가져온다.

놀람과 희열 적용하기

| **요점** | 만족과 희열은 다르다. 예상치 못한 긍정적 경험만이 희열과 충성 고객을 낳는다.

| **실천 과제** | 여러분만의 에드첩과 클링온어 번역기는 무엇인가? 큰 그림을 그리고 고객을 기쁘게 할 놀랍고 감탄스러운 아이디어를 최대한 생각해서 적어 보자. 희열 일지를 쓰면 고객과 동료에게 스릴을 제공할 일이 떠오르기도 하고 여러분에게도 즐거운 경험이 될 것이다. 물론 그다음에는 하나를 골라서 실행하면 된다.

놀람과 희열에 대해 더 알고 싶다면

다음 장에서 놀람과 희열에 관한 내용을 찾아보라.

21장: 행동경제학과 빵 만드는 기술, 24장: 작은 단계로 해체하기, 27장: 새로움과 이야기의 힘.

정점-종점 규칙

멋진 레스토랑에서 맛있는 저녁을 먹는다고 상상해 보자. 디저트를 먹고 있는데 매니저가 다가와 묻는다. "오늘 식사 어떠셨습니까?"

여러분은 생각할 것도 없이 대답한다. "좋아요." 또는 "맛있었어요. 감사합니다!" 하지만 식사를 멈추고 신중하게 대답해야 한다면, 예를 들어 고객 만족도 조사에 응하고 대가를 받는다면 얼마나 곰곰이 생각하겠는가? 건성으로 대답하지 않고 진실하게 대답할까? 음식에 대한 만족감을 제대로 평가하려면 여러 요소를 고려해야 한다.[146] 코스에 나온 음식의 맛과 온도, 질감뿐 아니라 직원과의 대화, 기다린 시간, 분위기, 가격 등도 따져야 할 것이다. 또한 각 항목을 여러 번 평가해야 한다. 그럼 평가 간격은 얼마나 될까? 1분? 1초? 0.1초?

게다가 이 모든 요소는 변환 점수를 고려하지 않은 것이다. 예를 들어 분위기 점수가 낮았다면 맛 점수가 얼마나 높아야 보완될까?

뇌는 이 정도의 계산만으로도 지친다. 그래서 정점-종점 규칙peak-end rule이 작동한다.

고객이 복잡하게 계산하고 모든 점수를 합산하여 평균치를 내는 것이 아니라, 정점-종점 규칙에 따라 경험이 "꽤 괜찮았다"라고 대답하는 것이다.

본질적으로 뇌는 다른 내용은 모두 잊고, 좋든 나쁘든 최고 시점과 마지막 시점만 기억한다. 나머지는 배경 속으로 흐릿하게 사라져 버린다.

설문조사에 응하는 대가를 받고 답변하더라도 그렇다. 최근 온라인에서 물건을 산 경험, 최근 호텔에 머문 경험, 최근의 휴가, 최근의 서비스센터 통화 등을 생각해 보자. 모두 정점과 종점만 머릿속에 남아 있을 것이다.

어느 쪽이 덜 고통스러운가요?

카너먼의 연구팀[147]이 결장경 검사 이론을 실험한 사례는 잘 알려져 있다. 그들은 이 검사가 환자를 가장 힘들게 하는 방식으로 설계됐다고 판단했다. 정점이자 마지막 순간을 가장 고통스럽게 만들었기 때문이다. 그래서 연구팀은 의외의 방안을 생각해 냈다. 검사 시간을 늘리는 것이었다.

먼저 A와 B 두 집단으로 나누고, 시작 과정은 똑같이 하되 B 집단은 마지막 단계에 고통의 강도를 조금 줄이고 검사 시간을 연장했다. 엄밀히 말해 B 집단은 원래 방식보다 통증을 견디는 시간이 더 길어졌지만, 이들은 검사 시간이 더 짧은 A 집단보다 약한 통증을 느꼈다. 재검받겠다고 답변한 비율도 A 집단보다 높았다.

고통의 정점에서 강도를 낮추어 어느 정도 시간을 끌었더니, 즉 정점이 최종점이 되지 않게 했더니 전반적인 검사 경험을 더 낫다고 느낀 것이다. 이유가 뭘까? '과정을 잊어 버리는 성향' 때문이다. 사람들이 시간의 길이가 아니라 최고 시점과 마지막 시점에 집중했다는 의미다.

카너먼은 또 다른 실험을 했다. 처음에는 참가자들에게 무척 차가운 물에 60초 동안 손을 담그게 했다. 참가자들은 고통스러워했다. 두 번째에는 똑같은 물에서 시작했지만, 60초가 지나면 30초 동안 물 온도를 2도 올렸다. 겨우 2도 높은 온도에 50퍼센트 더 긴 시간을 물에 담그게 한 셈이다. 짐작하겠지만, 참가자들은 두 번째가 더 낫다고 말했다.[148]

참가자들이 전체 과정을 무시하고 냉수에서 90초를 견디는 게 낫다고 한 이유는 후반 30초가 더 견디기 쉬웠고, 그 시간을 앞에 겪은 정점과 분리해서 생각했기 때문이다. 말도 안 되지만 사실이다. 하지만 이런 원리가 어디에나 통하는 건 아니다. 중요한 점은 힘든 시간을 연장하는 것이 아니라 맥락이다. 일반적으로 정점에 부정적 경험을 한다면 끝나는 시점과 맞추지 않아야 한다.

반대로 정점에 긍정적 경험을 한다면 끝나는 시점으로 옮기는 것이 효과적이다. 콘서트가 클라이맥스로 끝나는 것, 행사의 대미를 불꽃놀이 쇼로 장식하는 것도 이런 효과를 위해서다. 롤러코스터에서도 마지막 구간이 가장 스릴 넘친다. 이처럼 마지막 대목이 가장 멋지면 경험 전체가 특별히 멋진 기억으로 남는다.

진정한 최종 시점은 언제인가

제니퍼 클라인헨즈Jennifer Clinehens가 팟캐스트 〈브레이니 비즈니스〉에 출연해 얘기했듯, 많은 기업이 정점-종점 규칙을 적용하려 하지만 문제는 진정한 최종 시점을 모른다는 것이다. 그녀는 자신의 책《선택 해킹Choice Hacking》에 실린 디즈니월드의 사례 연구를 들려줬다.

대부분의 기업은 고객이 디즈니랜드를 떠날 때 그 경험이 끝난다고 생각할 것이다. 하지만 디즈니는 고객의 추억에 남는 것이 경험의 진정한 마지막이라는 점을 안다. 그렇다면 마지막 시간과 추억을 어떻게 연결해야 할까? 수십 년 전 디즈니는 코닥과 제휴하여 사진이 가장 잘 나오는 색깔을 찾아 모든 보도를 생동감 넘치는 색깔로 칠했다. 이 간단한 변화 덕분에 고객들은 디즈니랜드에서의 진짜 마지막을 앨범에 남겼고, 추억 속에서 마법 같은 시간을 되새길 수 있었다.

비즈니스에서는 고객이 경험하는 여정을 모두 고려해야 한다. 상품을 구매하는 모든 단계, 웹사이트 검색, 동영상 재생, 회사에서 보내는 이메일, 서비스센터와의 통화 등에 고객이 나름대로 평가하는 지점이 있다. 최고 시점과 최종 시점이다. 평가들은 시간이 지날수록 쌓여 브랜드에 대한 인상을 만든다.

아이고, 이제 어떡하죠?

계획을 잘 세우더라도 부정적인 일이 일어날 수 있다. 심한 정도에 따라 해결책이 없다고 느낄 수도 있지만, 그것이 경험의 최종 시점이 아니면 희망이 있다. 우리 뇌는 과정을 금세 망각한다는 점은 앞에서 언급했다. 약간 덜 차갑다는 이유로 냉수에 손을 담그는 시간을 30초나 더 견디겠다는 게 인간의 성향인 것이다.

최고 시점이 긍정적이지 않았더라도, 마지막 순간을 최악으로 만들지만 않으면 브랜드에 대한 인식이 좋아질 수 있다. 고객은 화가 나서 브랜드를 버리고 싶을 수도 있지만, 현상 유지 편향 때문에 쉽게 버리지 못할 수도 있다. 브랜드와 긍정적인 관계를 오래 유지한 경우에는 특히 그렇다.

이렇게 한순간만 보는 근시안적 시각을 걷어 내고 고객의 구매 여정을 들여다보면 상황을 약간이라도 개선할 기회, 나아가 놀람과 희열을 개입시킬 기회를 찾아 전반적 경험을 호전시킬 수 있다.

정점─종점 규칙 적용하기

| **요점** | 고객이 부정적인 경험을 했다면 최악의 지점 이후 그보다 약한 강도로 시간을 연장하여 조금이라도 더 나은 기분을 느끼게 하자. 좋은 경험의 정점은 되도록 마지막에 배치하는 게 좋다.
| **실천 과제** | 매 경험을 당장 해결하려 하다가는 힘에 부쳐 이도 저도

못 할 수 있다.

내가 하고 싶은 조언은 1시간을 내라는 것이다. 전반 30분 동안은 개선할 가능성이 있는 모든 경험을 목록으로 적는다. 여러분 뇌는 몇 분 만에 포기하고 싶어 할 것이다. 하지만 그 장벽을 뚫어야 한다. 거기에 황금이 있다. 그다음 나머지 30분은 순위를 매긴다. 나는 보통 레벨 1, 2, 3으로 나눈다. 그리고 레벨 1부터 시작해서 가장 중요한 과정을 뽑는다.

고객에게 정말 중요한 깃은 최고 시점과 최종 시점이라는 것을 알았으니, 이제 당황하지 않고 특정 경험의 초점을 두 지점에 맞출 수 있을 것이다.

- 고객이 여러분의 브랜드와 함께할 수 있는 가장 중요한 경험이 현재 어떻게 진행되는가?
- 어디가 경험의 정점이고 어디가 진정한 종점인가?
- 더 개선할 수 있는 지점은 어디인가?
- 고객의 경험을 개선하기 위해 여러분이 할 수 있는 일은 무엇인가?

정점-종점 규칙에 대해 더 알고 싶다면
다음 장에서 정점-종점 규칙에 대해 찾아보라.
24장: 작은 단계로 해체하기, 25장: 주문하시겠습니까?

정점-종점 규칙을 이해하면 고객의 구매 여정에 대한 압박이 상당

히 줄어든다. 또한 매 순간에 집중할 필요가 없으므로 중요한 지점에
에너지를 쏟아 고객을 훨씬 만족시킬 수 있다.

습관

이제 우리는 대부분의 결정을 잠재의식이 내린다는 것을 알았다. 그런데 쇼핑 등을 할 때도 그럴까? 우리가 상점에 가면 대부분 의식 영역을 사용해 물건을 고르지 않을까? 다음을 보자.

- 슈퍼마켓에서 콜라를 사려고 한다. 이때 빨간색을 찾는가, 파란색을 찾는가? 탄산음료를 마시지 않는 사람도 빨간색과 파란색의 브랜드 이름은 알 것이다.
- 휴대전화를 바꿀 때가 됐다. 그럼 다른 휴대전화 브랜드도 선택지에 포함했는가? 그렇지 않을 것이다. 자주 사는 상품이 아니더라도 우리는 습관적으로 현재의 브랜드를 찾는다.

이 사례들의 의미를 알겠는가? 모두 겉으로 두드러지는 행동은 아니다. 뇌의 어떤 연상작용이 특정 행동을 촉발한 결과다. 본질적으로는 이것이 습관habits의 전부다. 습관은 신호cue, 욕구craving, 반응response, 보상reward이라는 4단계의 흐름이다.[149]

도파민이든, 옥시토신이든, 세로토닌이나 엔돌핀이든 우리 뇌는 항상 기분 좋은 화학물질을 찾아내려 한다. 습관 사이클의 네 번째 단계인 보상은 그렇게 중요하다. 습관이 형성되는 이유는 보상을 원하는 뇌가 예측 가능한 길을 찾기 때문이다. 간단하지 않은가?

신호도 중요하다. 신호는 가까운 곳에 보상이 있다는 정보를 뇌에 알려 주는 표시다. 신호는 곧바로 욕구를 불러일으킨다. 우리가 뭔가를 원하는 이유는 그것 자체가 아니라 뇌가 받을 보상 때문이다. 모두 알다시피 욕구는 무시하기 힘들다. 욕구가 생기면 의식 영역은 금세 거기에 집중하고, 우리가 욕구에 반응해서 뭔가를 할 때까지, 그래서 뇌가 원하는 것을 줘서 보상받을 때까지 우리를 계속 들쑤신다.

욕구에 항복하여 뇌가 보상받으면 우리는 이중으로 타격을 받는다. 원래의 신호가 강화될 뿐 아니라 다음에는 더 강력해지기 때문이다. 스스로 이번이 마지막이라고 맹세하더라도 다시 욕구에 항복하게 된다.

우리 행동이 이런 식으로 진행되는 것을 알면 그동안의 행동이 고통스러울 정도로 확연히 이해된다. 그렇지 않은가? 망치로 머리를 얻어맞은 기분일 것이다. 그 기분은 옳은 길에 들어섰다는 징조다. 잠재의식은 자신의 본분을 안다. 우리가 "이거 해"라고 했을 때 잠재의식이 "그래, 할게"라고 하면 대개 좋은 징조다.

의식 영역은 반응을 바꾸려 하겠지만 소용없다. 습관을 바꾸거나 새로운 습관을 만들고 싶다면 신호와 보상 측면을 노려야 한다. 그것이 행동을 좌우하기 때문이다.

습관적 구입

소비자가 뭔가를 산다면 1백 번 중 95회는 습관에 따라 산다.[150] 제품이나 서비스를 판매할 때 행동경제학을 모르면 합리성에 바탕한 5회의 구입에 집중한다. 그러면 뇌의 성향을 활용하여 95퍼센트에 집중할 때보다 훨씬 힘들어진다.

여러분이 치리오스 시리얼을 팔고 있다고 해 보자.

우리의 어떤 활동이 습관인지 아닌지 어떻게 알 수 있을까?
탁월한 전문가 웬디 우드Wendy Wood가 말했듯이, 의도적으로 집중해야 한다면 습관이 아니고, 딴생각하면서 할 수 있다면 습관이다.

- 아침에 이메일에 진지하게 답장하는 동안 커피를 따르는가?
- 화상회의하면서 문자 메시지를 훑어보는가?
- 운전하면서 팟캐스트를 듣는가?
- 슈퍼마켓 통로를 돌아다니며 전화 통화를 하는가?

신경을 집중하지 않고 어떤 일을 처리할 수 있다면 그것은 습관이다.

상황은 좋다. 많은 사람이 치리오스를 산다. 엄마들은 치리오스를 간편하고 건강에도 좋은 아침 식사로 생각하기 때문에 매주 구매한다. 습관이란 "다른 아침거리도 생각해 봐야겠다" 하면서 대체품을 찾는 게 아니라 "시리얼이 거의 바닥났네. 치리오스 더 사야겠다"라고 하는 것이다. 그리고 시리얼이 진열된 통로에 들어서면 다른 브랜드는 쳐다보지도 않고 치리오스 쪽으로 향한다. 습관적으로 사는 것이다. 그렇다면 여러분은 현 상황을 절대 어지럽히지 말고 치리오스에 대한 '욕구'를 자극하는 신호를 찾아야 한다. 예를 들면 바나나우유 옆에 치리오스 상자를 진열하는 것도 좋다.

하지만 '남의 것이 좋아 보이는' 의식 영역이 다른 시리얼에 관심을 갖는 경우를 생각해 보자. 코코아 퍼프, 프로스트 플레이크, 프루트 루프, 시나몬 토스트 크런치 등 다양한 시리얼이 손짓하는 시장에서 여러분은 어떤 식으로 경쟁하겠는가? 설탕으로 범벅된 시리얼과의 경쟁에서 밀려나기 전에 대책을 세워야 한다. 그래서 여러분은 프로스트 치리오스, 초콜릿 치리오스, 프루트 치리오스, 시나몬 치리오스, 애플 시나몬 치리오스 등을 출시한다. 시중에 나와 있는 향 모두를 치리오스에 적용하는 것이다. 짠!

또한 치리오스의 상징인 노란색의 영향력을 흔들지 않기 위해, 향을 가미한 치리오스 모두의 색깔을 경쟁사의 시리얼과 똑같이 만들어 여러분이 밀고 있는 방향을 분명히 한다. 충성 고객에게는 신제품들에 적용되는 쿠폰을 준다. 그들이 다른 브랜드의 달콤한 시리얼을 사지 않도록 말이다. 어떤가, 꽤 합리적이지 않은가?

합리적이지 않다. 가장 큰 문제는 충성 고객의 습관을 흐트러뜨렸다는 것이다. 치리오스만 염두에 두고 다른 제품은 쳐다보지도 않던 이들에게 향이 다양한 시리얼이라는 선택지가 생겼다. 전에는 그런 향이 있는 브랜드에 관심 없었지만 이제 시야가 넓어졌다. 그동안 설탕을 피하려 플레인 치리오스만 먹던 이들은 새로 맛본 것을 더 좋아하게 되었다. 그렇다면 여러분의 브랜드가 본뜨려고 하는 시리얼을 더 좋아할 가능성이 크다. 프로스트 치리오스가 프로스트 플레이크와 비슷해지려고 노력했다면 원래 있던 프로스트 플레이크가 훨씬 맛있으리라 생각할 테니 말이다.

여러분은 치리오스를 습관적으로 사던 구매자를 아침 시리얼을 다양하게 먹어 보려는 사람으로 변화시킴으로써 자기 발등을 찍었다. 고객은 다시 돌아오지 않을지도 모른다.

치오리스가 다양한 향을 출시해서는 안 된다는 의미가 아니다. 마케팅 대상이 누구인지, 그리고 고객의 습관적 구매에 개입하면 시장에서 여러분의 지위에 어떤 영향을 미칠지를 항상 고려해야 한다. 예를 들어 충성 고객에게 쿠폰을 주는 것은 나쁜 영향을 미칠 수 있지만, 다른 브랜드의 시리얼을 사고 있는 소비자에게 주는 쿠폰은 이들의 습관적 구매를 흔들어 여러분의 제품을 만날 기회를 제공하는 좋은 전략이다.

시장에서 1등을 차지하고 있는 브랜드는 상황을 크게 흔들지 않는 것이 좋다. 코카콜라는 펩시콜라와 전략이 다르다. 존스 소다 Jones Soda 는 소비자의 신호와 욕구를 사로잡을 경쟁의 장으로 출전하기 위해 쿠폰뿐 아니라 황당해 보이는 전략까지 쓴다.

존스 소다는 콜라나 레몬라임 같은 기존의 향도 생산하지만 특이한 향도 출시한다. 추수감사절에는 칠면조 육수를 출시했는데 인기가 폭발해서 2시간 만에 매진됐다. 일상적으로 생산하는 음료들도 재밌다. 수박, 사탕수수베리, 파란풍선껌, 핵탄두급 신맛 블랙베리 등이다. 마지막 것은 이름만 들어도 얼굴이 찡그려지는가? 그렇다면 점화 효과가 성공한 것이다.

존스 소다는 열광적인 소비자 덕분에 퀘스트 필드Qwest Field*와 알래스카항공에 특가로 납품했다. 또한 처음으로 사탕수수 음료를 특정 지역 세븐일레븐 편의점에서 팔았다. 코카콜라나 펩시콜라를 넘어설 수는 없겠지만 존스 소다는 입지를 굳히는 데 성공했고, 팬들의 사랑을 받는 탄탄한 브랜드로 자리 잡았다.

현재 고객과 잠재 고객의 습관은 마케팅 전략을 짤 때 반드시 고려해야 할 요소다. 시장의 선두 주자가 아니라면 소비자의 구매 습관을 깨고 들어가기 위해 분투해야 한다. 하지만 치리오스의 사례에서 설명했듯이 선두 주자가 똑같은 방식으로 대응하면 지위가 흔들릴 수 있다.

지속성이 열쇠다

세상은 콘텐츠로 넘친다. 대중이 여러분 회사의 제품에 흥분하고 관심을 유지하며, 행사에 참여하고 다른 데로 떠나지 않게 하려면 그들의

---

* 미국 시애틀의 다목적 경기장. 지금은 루멘 필드Lumen Field로 불린다.

니르 이얄의 훅 모델

촉발 요소　　　　　　　　　　　　행동

내부

외부

투자　　　　　　　　　　　　　　다양한 보상

습관에 스며들도록 지속성을 유지해야 한다. 또한 습관이 이어지도록 간간이 보너스로 놀람과 희열을 선사하여 도파민을 추가로 분비시키고 기대감을 불러일으켜야 한다.

니르 이얄Nir Eyal은 베스트셀러 《훅Hooked》에서 훌륭한 요령을 알려주었다. 실리콘밸리의 수많은 기업과 조직도 그가 제안한 방법을 실천했다.[151]

습관 형성에 관한 실행 모델은 온갖 앱에서 찾아볼 수 있다.

• 듀오링고Duolingo는 3백 일 이상 연속으로 앱을 실행한 사람에게 특권을 부여한다. 10일 연속으로 출석할 때마다 앱에서 쓰는 화

페 링곳을 준다.

- 캔디크러시Candy Crush와 포케몬고Pokémon Go!는 연속으로 며칠간 방문하면 보너스를 준다.
- 소셜미디어 앱들은 기본적으로 로그인을 권유하는 알림(넛지)을 보내도록 설정되어 있다.

다른 업체의 전략을 무작정 따라 하기 전에 고객이 습관을 들이기 바라는 요소를 생각해 보자. 행동과학자 센딜 멀레이너선Sendhil Mullainathan, 마이클 노튼Michael Norton, 벡 위크스Bec Weeks가 만든 피크Pique는 루틴을 깨서 매일 뭔가 다른 일을 시도하고 싶은 이들을 위한 앱이다.[152]

사용자들은 소셜미디어에서 시간 가는 줄 모르고 놀다가 중요한 일을 잊어 버리는 것, 낮에는 일에 집중하지 못하고 몽유병자처럼 지내는 안 좋은 습관을 깨려고 하지만 하나는 계속하려 한다. 피크 습관Pique habit, 즉 새로운 것을 시도하는 습관이다. 그러기 위해서는 매일 그 앱으로 계획을 확인하고 도움을 받아야 한다. 예를 들면 오랫동안 연락하지 못한 친구와의 전화 통화나 명상 등이다.

습관은 나쁜 것이 아니다. 생존을 위해서는 습관을 유지해야 한다. 비즈니스를 위해서는 뇌가 습관을 어떻게 이용하는지, 어떻게 뇌와 협력할 수 있을지를 궁리할 필요가 있다. 마지막으로 답해야 할 질문이 있다. 정말 습관을 깨야 하는가, 아니면 하나의 습관을 다른 습관에 덧붙이는 것이 나은가? 후자를 유혹 묶음temptation bundling이라 한다.

와튼스쿨 경제학 교수 케이티 밀크먼Katy Milkman은 '헝거 게임을 헬스클럽에 인질로 잡아 두기'라는 프로젝트를 이끈 적이 있다. 프로젝트 참가자들은 헬스클럽에서만 아이팟을 쓸 수 있었다. 그래서 《헝거 게임》처럼 정말 재밌는 오디오북을 들으려면 운동을 할 수밖에 없었다. 유혹적 습관을 이용하여 바람직한 습관을 형성한 방식이다.[153]

참가자들의 아이팟은 일종의 '인질'이었다. 이 방법을 활용하자 헬스클럽에 가는 비율이 51퍼센트나 높아졌다. 정말 놀라운 일은 실험이 끝난 후에 일어났다. 참가자 중 약 3분의 2가 헬스클럽에서만 아이팟을 쓰는 방식을 선택하여 등록했다.

여러분의 브랜드는 기존 고객이나 잠재 고객의 습관을 얼마나 창의적으로 이용할 수 있는가?

습관 적용하기

| 요점 | 구매의 95퍼센트는 습관적으로 이루어진다. 브랜드가 현재 시장의 선두 주자인지 뒤쫓는 경쟁자인지에 따라 마케팅을 달리해야 한다. 습관을 만드는 열쇠는 지속성과 예측 가능성이다.

| 실천 과제 | 현재 고객층의 성격에 맞게, 그리고 다른 브랜드의 고객층에 맞게 습관 전략을 다르게 짜야 한다. 최고의 고객부터 시작하는 것이 좋다. 최고의 고객이란 여러분이 더 많이 확보하고 싶어 하는 소비자다. 여러분 고객의 유형이 단 하나라면 이들은 어떻게 행동할 것 같은가?

다른 고객들에게 적용하고 싶을 정도로 이들에게 중요한 습관이 있

는가? 이들의 행동은 다른 고객들과 어떻게 다른가? 최고의 고객은 언제 어떻게 어디서 여러분의 제품을 더 많이 사는가? 이렇게 알아 낸 습관들을 어떻게 하면 다른 집단에 적용할 수 있을까?

습관에 대해 더 알고 싶다면

다음 장에서 습관에 대해 찾아보라.

21장: 행동경제학과 빵 만드는 기술, 26장: 진짜 문제를 찾아라.

호혜성

연말 연휴를 앞둔 12월의 금요일 오후 3시 30분. 여러분은 일주일간의 휴가를 앞두고 프로젝트를 마무리하는 이메일을 쓰고 있다. 그런데 누군가가 어깨를 가볍게 두드린다. 고개를 들어 보니 인사팀의 낸시가 깔끔하게 포장한 상자를 들고 서 있다. "방해해서 미안. 다음 주에는 출근을 안 하니까 오늘 퇴근하기 전에 선물을 주려고." 그녀가 활짝 웃으며 리본을 두른 상자를 건넨다.

여러분은 낸시에게 줄 선물이 없다. 그래서 마음속에서 죄책감이 풍선처럼 부푼다.

순간 여러분은 충동적으로 이렇게 말한다. "진짜 어이없지만, 너한테 줄 선물을 집에 두고 왔지 뭐야! 어쩌지? 휴가 끝나고 줘야 할 것 같은데."

여러분은 왜 그때 낸시에게 선물해야 한다고 느꼈을까. 5분 전만 해도 아무 생각 없이 퇴근하려 했는데 말이다. 휴가 내내 여러분 머릿속에서 이 순간이 잊히지 않을 것 같았기 때문이다. 이유가 뭘까?

호혜성reciprocity 때문이다. 우리는 작은 선물이라도 받으면 답례로 뭔가를 줘야 한다고 느낀다. 그렇지 않으면 왠지 잘못하는 것 같다.

드라마 〈빅뱅이론The Big Bang Theory〉에서 셸던 쿠퍼가 이렇게 말한 것처럼 말이다. "오, 페니, 너는 네가 후하다고 생각하지? 하지만 선물의 기본 정신은 주고받는 거야. 그러니까 너는 나한테 선물을 준 게 아냐. 의무감을 줬지."[154]

페니가 자기에게는 아무것도 줄 필요가 없다고 셸던에게 말하자 그는 이렇게 대꾸한다. "아니야! 당연히 줘야지. 이제 나는 너의 선물과 가격이 비슷하고 그 정도의 우정을 표시하는 선물을 사기 위해 밖으로 나가야 해."

뇌가 선물을 받아들이는 방식을 노골적으로 표현한 말이다. 하지만 셸던이 틀린 곳이 있다. 그는 페니의 선물과 '가격이 비슷하고 그 정도의 우정을 표시하는 선물'을 사겠다고 했지만, 사실 우리 뇌는 받은 선물을 실제보다 가치 있게 받아들이고 그것을 '능가'하는 선물로 갚는 경향이 있다.

식사를 끝내면 대부분의 식당에서 주는 작은 선물을 생각해 보라. 정말 작은 선물 말이다. 박하사탕이나 포춘 쿠키 같은 것. 이런 '선물'이 팁 액수에 영향을 줄 것 같은가? 안 줄 것 같다. 그런데 실험에 따르면 박하사탕 하나만 줘도 팁이 3퍼센트 늘어났다.[155]

소비자의 뇌가 '선물'에 보답해야 한다는 의무감을 느낀다는 것, 그리고 박하사탕 가격을 생각하면 식당 입장에서 굉장히 성공한 투자라는 의미다. 박하사탕 2개를 주면 어떻게 될까? 아마 팁 액수도 2배가 될 거라고 생각할지 모르겠다. 6퍼센트로 말이다. 그럴까?

아니다. 거의 5배, 즉 14퍼센트나 늘어났다!

미국에서는 1인당 20달러 정도의 식사를 하면 보통 18퍼센트인 3.6달러를 팁으로 준다. 그런데 손님에게 몇 센트 정도인 박하사탕 2개를 줬더니 팁의 평균 금액이 50센트나 늘어나 4.1달러가 되었다.

박하사탕을 하나 더 주면서 굳이 선심 쓴다는 것을 강조하면 팁이 또 늘어날까? 다른 데서 이런 말을 들으면 여러분은 이렇게 말할 것이다. "설마요!" 하지만 여기서 배운 게 있으니 어떤 결과가 나올지 짐작할 것이다.

종업원이 영수증과 함께 박하사탕 1개를 건네고 돌아간다. 그러다 걸음을 멈추고 돌아보며 이렇게 말한다. "친절하신 분이라 하나 더 드리고 싶네요." 이러면 팁이 말도 안 되게 올라간다. 무려 23퍼센트나! 정확히 말하면 평균 팁이 4.43달러나 돼서 통제 집단보다 83퍼센트나 많아진다. 박하사탕 2개와 약간의 노력으로 말이다.

다정한 선물과 노력은 확실히 큰 차이를 만든다. 앞에서 놀람과 희열에 대해 배워서 알 것이다.

분명 이렇게 말하는 사람도 있을 것이다. "저한테는 안 통해요." 또는 "저는 그런 술수에 안 넘어가요." 하지만 실험에 참가한 사람들도 그렇게 말했을 것이다. 하찮은 박하사탕 때문에 팁을 더 주지는 않았다고 말이다. 박하사탕은 의식 영역에 영향을 주지 않기 때문에 팁과 무관한 것 같지만 연구 결과는 거짓말하지 않는다. 잠재의식은 호의에 보답해야 한다고 느끼고, 대부분 지나치게 많이 갚는다.

호혜성을 이끌어 내는 3가지 방식

뇌의 다른 규칙들처럼 호혜성도 여러 방식으로 나타난다. 여기서는 3가지를 설명하겠다. 첫 번째는 공짜 선물, 두 번째는 큰 것을 얻기 위해 작은 것을 요청하기, 세 번째는 좀 더 현실적인 것을 얻기 위해 큰 것을 요청하기다.

전략 1: 공짜 선물

기업들이 항상 공짜 선물을 주는 데는 나름의 이유가 있다. 호혜성을 자극하기 위해서다. 박하사탕, 무료 체험, 사은품, 무료 배송, 잠재 고객으로서 첫 통화를 하고 받는 선물, 신규 회원 할인, 연락처나 개인 정보를 알려 주고 받는 선물 등이다. 선물이 무엇이든, 크기가 어느 정도든 공짜로 뭔가를 받은 수혜자는 그 회사를 더 친밀하게 느끼고 신뢰한다.

여러분 회사의 선물을 받은 사람들은 어떻게 답례할까? 이상적인 것은 경쟁사 제품이 아니라 여러분 회사의 제품을 사는 것이다. 그 외에도 지속적인 신뢰를 구축하고 호혜성의 저장고를 채워 줄 보답의 유형은 여러 가지다.

이메일 주소 알려 주기, 받은 이메일 읽기, 받은 콘텐츠 클릭하기, 주변 사람들과 콘텐츠 공유하기, 소셜미디어에 접속하기 등은 모두 고객이 주는 선물이다. 지속적으로 작은 선물을 받은 고객은 감사한 마음 때문에 그 기업에 호감을 갖게 된다.

내가 고객에게 보내는 가장 큰 호혜성 선물은 매주 방송하는 팟캐스트 〈브레이니 비즈니스〉다. 언제나 많은 시간과 관심을 쏟아 제작한다. 적극적인 청취자에게 선사하는 증정품도 50가지 이상이다. 매회 들이는 노력과 콘텐츠는 호혜성 저장고에 있는 또 다른 선물이다.

팟캐스트는 공짜지만, 증정품은 나의 메일 리스트에 합류해야 받을 수 있는 리드 마그넷$^{lead\ magnet\ *}$이다. 호혜성 덕분에 가능하고 돈도 들지 않는 거래다. 다음 혜택도 공짜 선물이라 할 수 있다.

- 할인 행사: 소비자는 할인 제품을 구입함으로써, 그리고 더 많이 구입함으로써 답례한다.
- 1백 퍼센트 환불 보장
- 무료 체험
- 유튜브 영상 시리즈
- 창립자나 전문가와의 질의 응답 시간
- 소셜미디어에 글 남기기
- 이메일에 답장할 때 기대 이상의 정성을 보이기

* 연락처를 제공한 잠재 고객에게 기업이 주는 선물.

• 친절을 베풀고 고객의 구매를 편리하게 해 주기

전략 2: 큰 것을 얻기 위해 작은 것을 요청하기

내가 다닌 고등학교의 합창부는 대회에 참가할 때마다 모금 활동을 했다. 보통 입찰식 경매로 비용을 마련했으므로, 학생들은 현지 기업을 찾아가 경매를 위해 물품을 기증해 달라고 요청했다.

무턱대고 가서 "안녕하세요. 저는 멜리나라고 하는데요. 저희 경매를 위해 어떤 물건이든 기증해 주시기를 부탁드립니다"라고 하면 대부분 실패한다. "우리 부장님한테 물어볼게. 기증할 것이 있으면 전화해 주마"라는 것이 보통의 대답이었다. 수많은 학생이 전화를 기다렸지만 연락이 오는 경우는 없었다.

조금 나은 전략은 경매 안내 전단을 가지고 회사에 가는 것이다. 그리고 이렇게 묻는다. "저희 학교를 응원하시는 의미로 여기 창문에 전단지를 붙여도 될까요?" 훨씬 부담 없는 요청이라서 허락하기가 쉽다. 이때는 아무것도 요청하지 않아야 된다. 참을성은 호혜성의 덕목이다.

이 방식을 몰입 상승escalation of commitment이라고 한다.[156] 작은 상징물을 거부하지 않는다는 것은 어느 정도 우리 편이 되었다는 뜻이다. 매일 전단을 보면서 학생들을 떠올리고 점차 자신을 '이 학교 합창부를 응원하는 주민'으로 생각할 것이다. 그래서 학생들이 일주일 후에 가서 기증을 요청하면 경매를 위해 뭔가를 내놓을 확률이 훨씬 높아진다.

유인 상품—문 안에 발 들여놓기

예전에 홍보 활동을 위해 내 얼굴 사진을 찍은 적이 있다. 사진 작가들은 대부분 촬영하기 전에 종합 패키지 방식으로 계약하기를 원했다. 물론 이들은 잘 찍은 사진들을 보여 줬다. 하지만 정작 내가 마음에 들지 않으면 어떡한단 말인가. 쓰지도 않을 사진에 수천 달러를 낭비할까 봐 나는 쉽게 결정하지 못하고 있었다. 그러다 제니퍼를 만났다.

그녀는 촬영 날짜를 잡기 위한 소정의 기본 요금만 내라고 했다. 그 액수에는 내 머리와 화장을 봐줄 스타일리스트의 보수도 포함되어 있었다. 다른 의무는 전혀 없이 사진을 찍고, 사진이 나오면 사고 싶은 것만 살 수 있는 조건이었다. 그녀는 고객이 자신의 사진을 좋아할 거라는 자신이 있었고, 계약 과정에서 가장 어려운 단계는 고객이 안심하고 스튜디오까지 오게 만드는 것임을 알고 있었다. 다행히 나는 사진이 마음에 들어서 몇 장을 샀다. 다른 사람들도 사진들을 보고 잘 나왔다고 감탄했다.[157]

누군가에게 부담 없는 일을 제안하여 일단 예스라는 대답을 들으면, 그다음 단계에도 예스라는 대답을 들을 가능성이 높다. 이 전략적 '1차 예스'가 중요하다. 하지만 장래의 중요한 일과 무관한 1차 예스는 보상받을 가능성이 적으므로, 기회를 낭비하지 말고 향후 진행할 일을 감안해서 승낙받아야 한다.

전략 3: 작은 것을 얻기 위해 큰 것을 요청하기

전략 2와 정반대 전략이지만 둘 중 하나가 부족하다는 뜻은 아니다.

두 전략은 호혜성이라는 동전의 양면 같다. 전략 3의 바탕은 앞에서 배운 '기준점 제시'와 '상대성'이다.

이 접근법은 대범한, 어떻게 보면 어이없을 정도로 무리한 요청을 먼저 한 다음, 거절당하면 정말 원하는 것을 제시하는 방법이다. 그러면 후자가 훨씬 합리적이어서 상대방이 받아들이기 쉽기 때문이다. 다음 실험을 보자.[158]

- 그룹 1: 처음부터 진짜 원하는 것을 부탁한다.
- 그룹 2: 처음에는 대범하고 극단적인 부탁을 했다가, 상대가 거절하면 진짜 원하는 부탁을 한다.
- 그룹 3: 2가지 선택지를 주고 하나를 고르라고 한다.

다음은 대범하게 시작하는 그룹 2가 대화하는 방식이다

"저희가 지금 카운티 소년원에서 무보수로 봉사 활동할 대학생을 모집하고 있습니다. 그 자리에 지원하면 2년 이상 일주일에 2시간을 내야 합니다. 그리고 그곳 청소년 중 1명의 후견인으로 더 활동하게 될 것입니다. 지원하실 의향이 있나요?"

당연히 대부분은 "아니요"라고 할 것이다. 그러면 이렇게 말하는 것이다. "저희는 카운티 소년원의 청소년들을 인솔해서 동물원에 다녀올 대학생도 모집하고 있습니다. 무보수 봉사 활동이고 하루 중 오후나 저녁에 2시간 정도 소요될 겁니다. 지원하실 의향이 있는지요?" 동의하는 사람이 있으면 나중에 연락할 수 있도록 실험 진행자가 이름과 전화번호를 받아 적는다. 결과가 어땠을까?

그룹 1의 경우, 즉 처음부터 진짜 원하는 것만 부탁한 경우에는 요청받은 사람들의 17퍼센트가 동물원까지 청소년들을 인솔하는 데 동의했다. 이것도 의외로 높은 비율이다. 그냥 부탁만 하는 것도 얼마나 큰 성과를 거두는지를 보여 주는 사례다.

그룹 3은 그보다 조금 나았다. 25퍼센트가 동물원에 다녀오는 자원봉사에 동의했다.

그룹 2는 어땠을까? 처음에 너무 심한 요구, 즉 2년 이상 활동해야 한다는 조건을 듣고 나서는 동물원까지 인솔하겠다는 데 절반이 동의했다. 와! 세 경우 모두 기회는 똑같았다. 사실 동물원 인솔은 굉장히 부담스러운 요청이다.

여러분은 처음 보는 사람에게 다가가 이렇게 말할 수 있겠는가? "안녕하세요. 저는 이 지역 소년원의 여성 재소자들을 인솔해서 동물원에 다녀오는 행사를 준비하고 있는데요, 무료 봉사로 2시간 동안 그들을 데리고 갔다 올 보호자가 필요합니다. 거친 청소년들을 감독하실 의향이 있나요?"

대부분 '단호하게' 거절할 것 같다(그렇기 때문에 프레이밍과 점화 효과가 필요하다). 어려운 부탁을 하기 위해 그전에 훨씬 어려운 부탁을 하면 이상해 보일지 모르지만 효과가 있다. 단, 이런 전략을 쓸 때는 동일한 인물이 바로 이어서 두 번째 부탁을 해야 한다.

이 전략은 특히 협상에서 잘 먹힌다. 의식하지 못할지 모르지만 우리가 직장에서 협상할 때 자주 쓰는 수법이기도 하다. 예산 요청, 직원

요청, 또는 아이디어를 제안할 때 등이다. 협상에 들어갈 때 진짜 요구가 더 합리적으로 보이게 하려면 나중에 포기해도 괜찮은 극단적 요구로 시작해 보자. 하지만 이름에 먹칠할 정도로 지나치지는 않도록 정교한 기술이 필요하다.

협상 과정의 호혜성에 관한 한 나는 크와메 크리스천Kwame Christian의 용어를 좋아한다. 팟캐스트 〈무엇이든 협상하라Negotiate Anything〉의 진행자인 그는 호혜성을 '공감하는 호기심compassionate curiosity'이라는 용어로 부른다. 다른 사람을 더 알고 싶어 하고 역지사지하는 태도는 상대에게 주는 선물이므로 상대가 보답할 가능성이 높다.

선물할 때 명심할 요소

호혜성에 관해 반드시 기억해야 할 사항은 '내 제품을 사 주겠지'라고 계산하여 베풀면 안 된다는 것이다. 사람들은 얇은 베일에 가려진 속내를 쉽게 꿰뚫어보기 때문에, 이기적인 가짜 선물을 주기보다는 아무것도 안 하는 것이 나을 수 있다. 스스로에게 물어보라. "만일 그들이 절대 안 산다고 해도 나는 불만이 없을까?"

〈브레이니 비즈니스〉에서 가장 중요시하는 것은 행동경제학이라는 놀라운 세계를 최대한 많은 사람에게 소개하는 것이다. 청취자에게 새로운 통찰력을 선물하고 나서 판매량이 늘었다거나 고객이나 동료와의 대화가 생산적으로 발전했다는 소식을 들으면 정말 뿌듯하다. 많은 사람이 소셜미디어에서 태그하며 자신의 경험을 알려 준다. 도움을 받은 후 나한테 알리지 않은 사람이 많다는 것은 알고 있다. 그래도 괜찮다. 도움이 되는 것 자체가 행복하고 기쁘다.

선물이 호혜성을 자극한다는 것을 알면서도 보답에 대한 기대 없이 주는 것이 진정한 선물이다.

호혜성 적용하기

| **요점** | 선물을 받은 사람은 보답하려는 욕구가 생긴다. 대부분 받은 것보다 더 좋은 것으로 갚으려 한다.
| **실천 과제** | 개인이나 브랜드가 호혜성을 활용하는 방식 중 가장 권하고 싶은 것은 소셜미디어에서 좀 과하다 싶을 정도로 후하게 베푸는 것이다.

누구나 자신이 올린 포스트에 다른 사람들이 참여하길 바란다. 여러분은 다른 사람의 글에 얼마나 자주 댓글을 달고 콘텐츠를 공유하는가? 언젠가 들은 말인데, 포스트를 읽은 사람이 1백 명이라면 그중 10명이 '좋아요'를 누르고 단 1명이 댓글을 단다고 한다. 그런 이유로 사람들은 다정한 댓글을 남긴 사람을 기억할 가능성이 높다. 그리고 보답하고 싶은 욕구를 느낀다.

제휴하고 싶은 사람들, 브랜드 또는 고객을 목록으로 저장한 뒤 각별한 관심을 갖고 소셜미디어에서 후하게 나누자. 그들의 포스트에 '좋아요'와 댓글을 남긴다. 그들의 콘텐츠도 여러분의 피드에서 공유하고 태그하자. 그들의 피드에 대한 여러분의 댓글에 다른 이들을 태그해서 새로운 잠재 고객을 소개하는 것도 좋다.

잊지 말 것은, 호혜성은 장기적 게임이라는 것이다. 그러므로 일주일에 하나 이상의 호혜적 행동을 하며 6개월을 보내고 그다음에 얼마나 이득이 되었는지를 검토해 보자.

호혜성에 대해 더 알고 싶다면

다음 장에서 호혜성에 대해 찾아보라.

22장: 가격에 숨은 진실, 24장: 작은 단계로 해체하기, 26장: 진짜 문제를 찾아라, 27장: 새로움과 이야기의 힘.

행동경제학을
활용하는 법

What Your Customer Wants and Can't Tell You

행동경제학과 빵 만드는 기술

행동경제학의 핵심 개념들을 어느 정도 이해했을 테니, 이제 결합하여 적용하는 법을 알아보자. 어디부터 시작할까?

제빵 교육에 비유하여 생각해 보자. 기본 재료인 설탕, 버터, 계란, 밀가루를 다양하게 배합하면 온갖 빵을 만들 수 있다. 제빵 요령을 배우기 전에는 각 재료가 어떤 역할을 하는지를 알아야 한다. 어느 정도 배우면 창의력을 발휘하여 자신만의 빵을 만들 수도 있다. 기본적인 제빵 방법에 익숙해지면 차차 새로운 재료나 비율, 양념들을 과감하게 시도할 수 있다.

하지만 얼마나 실력이 늘었든 만들고 싶은 것이 쿠키인지, 케이크인지, 빵인지, 또는 파이인지를 모르면 이도 저도 아닌 엉뚱한 결과가 나온다.

지금까지는 여러분에게 기본 재료(개념)와 작용 원리를 이야기했다. 3부에서는 핵심 개념들을 다양하게 결합하면 어떤 결과가 나오는지 설명할 것이다.[159] 몇 가지 선택지를 보고 실험하며 적용하면 브랜드에 적합한 고유의 레시피를 개발해서 고객으로부터 원하는 행동을 이끌어 낼 수 있다.

가장 흔한 실수

"광고 전단을 만들어야 해요."

마케팅 부서에서 일하는 사람들은 이런 요청을 자주 들을 것이다. 나는 그런 요청을 받으면 이렇게 물었다. "좀 자세히 얘기해 보세요. 언제 전단을 사용하고 싶은데요? 그것으로 어떤 문제를 해결하려고 하세요?"

시간이 지나면서 나는 광고 전단은 마케팅 지원의 다양한 유형을 뭉뚱거려서 표현한 단어라는 사실을 깨달았다. 마케팅 직원에게 광고 전단 제작은 구체적인 일이지만, 요청하는 직원이 정말 원하는 것은 마케팅 부서의 지원이었다. 일을 진행하다가 미흡한 점을 발견하자 나의 관심을 끌고 싶었고, 내가 관심을 보였으니 그들이 할 일은 끝났다. 이제 내가 할 일은 문제가 무엇인지 알아내고 해결책을 찾도록 돕는 것이었다.

알고 보면 광고 전단이 해결책인 경우는 거의 없었다.

이 과정에서 중요한 것은 "왜 광고 전단이 필요하느냐"라는 질문의 프레이밍 효과였다. 직원이 나에게 와서 "광고 전단 필요해요"라고 말할 때마다 내가 "아니에요, 당신은 뭐가 필요한지 모르고 있군요. 광고 전단 말고 이걸 쓰세요"라고 했다면 그들은 쓰지도 않은 수많은 마케팅 자료를 내 얼굴에 내던졌을 것이다.

내가 호기심을 갖고 적절한 질문을 던졌기 때문에 그들은 존중받는다는 기분을 느끼면서 문제의 핵심에 다가갔고, 나는 그들의 잠재의식을 들여다보면서 상황을 파악할 수 있었다. 문제를 이해하기 위해 잠깐 시간을 낸 것이 다음과 같은 큰 효과를 발휘했다.

- 해당 부서는 진짜 문제를 해결할 수 있는 방안을 얻었다.
- 부서 직원 중 누군가는 해결책에 동의했으므로 이제 문제를 해결할 가능성이 높아졌다.
- 우리 팀은 그 직원에게 도움이 되지 않는 것을 만드느라 시간을 허비하지 않았다.

누군가가 필요한 것을 구체적으로 말하거나 여러분이 문제의 뿌리가 무엇인지 확신할 때도 더 심사숙고하는 것이 좋다.

1부에서 배운 것을 떠올려 보자. 우리 뇌는 자신이 옳다고 믿는 경향이 있다. 그뿐 아니라 누군가가 뭔가를 명시적으로 요구하면, 그 사람이 철저히 알아보고 정말 필요하다고 판단했으리라 생각한다. 하지만 반드시 그렇지는 않다.

나의 의뢰인들은 흔히 이렇게 묻는다. "우리의 제안을 체계화하는 가장 좋은 방법은 무엇인가요?" 그러면 광고 전단을 요청받을 때 "더 대부분의 기업이 행동경제학을 적용할 때 저지르는 가장 큰 실수는 첫 단계에 일어난다. 잘못된 질문에 올바른 대답을 찾는 것은 쉽다. 문제를 이해하는 데 시간을 투자하면 적절한 행동을 끌어내기 위해 올바르게 개입할 수 있다.

자세히 얘기해 봐요"라고 대응할 때처럼 이렇게 묻는다. "경우에 따라 다르죠. 상대방에게 원하는 게 뭔데요?"

2부에서 봤듯이, 선택지는 상대적이고 상황에 좌우되기 때문에 정답이 없다. 만사형통으로 들어맞는 단 하나의 완벽한 행동경제학 개념은 없다. 굉장히 많은 기술이 있기 때문에 행동경제학을 비즈니스에 적용할 때 적절한 기술을 선택하지 않으면 실수할 수 있다.

문제 자체만 보거나, 눈에 보이는 문제가 유일한 진짜 문제라고 짐작하면 흔히 질문이 잘못됐는데도 올바른 답을 찾으려 한다. 광고 전단을 아무리 잘 만들더라도 뿌리 깊고 엉뚱한 문제를 해결하지는 못한다.

뇌와 협업하면 비즈니스에서 일어나는 문제를 이해하고 해결하기 쉽다. 나는 고객과 함께 전환율conversion rate[*]을 높일 때, 가격을 올릴 때, 제품 선택을 독려할 때 등 다양한 경우에 뇌와 협업한다. 하지만 해결책을 찾기 전에 당면한 문제의 본질을 이해하지 않으면 수많은 시도만 하며 시간을 낭비할 것이다.

---

[*] 광고 성과를 파악하는 지표 중 하나. 홈페이지를 방문한 고객의 행동을 구매로 전환시키는 비율.

시의적절하게 행동경제학을 적용하면, 다른 사람들이 수많은 시도만 할 때 정확한 목표와 방향을 알고 해결에 돌입할 수 있다.

변화는 힘들다

이 말에 동의하는가? 대부분 동의할 것이다. 누구나 변화를 싫어하고 다른 사람을 변화시키는 것도 힘들다는 믿음은 우리 안에 각인돼 있다. 사실이다. 하지만 항상 그런 것은 아니다.

우리 직업이 지구 상의 모든 사람이 쓰레기를 함부로 버리지 않고 분리수거를 철저히 하게 만드는 일이라고 하자. 이런 상황이 신날까, 두려울까? 수십 년 동안 "줄이고 다시 쓰고 재활용하자"라는 캠페인을 벌였는데도 많은 사람이 무관심한 상황에서 말이다.

문제를 해결할 만한 프로그램을 기획하여 영화관에서 실험해 보면 어떨까? 영화관에 안 가 봤거나 가 본 지 너무 오래된 사람들을 위해 설명하자면, 극장은 아무리 환경 의식이 높은 사람이라도 팝콘 통, 빈 종이컵, 그 밖의 진득한 쓰레기를 좌석 밑에 버리는 곳이다. 자, 이제 우리 임무가 무엇인지 감이 오는가? 성공하기 힘들 것 같은가? 실패할 수밖에 없을 것 같은가?

이 쓰레기 분리수거 프로그램은 리터리The Littery라는 회사가 행동경제학을 도입하여 개발한 후 실행한 내용이다.[160] 놀랍게도 이 프로그램 덕분에 관람객들이 자발적으로 분리수거를 했다. 어떤 식으로 했을까?

답은 회사 이름에 있다. 쓰레기litter를 복권lottery으로 바꾸는 것이다.

우리는 길에서 껌 종이나 빈병을 보면 이렇게 생각한다. "에이, 지저분해. 생각 없는 사람들 같으니라고!" 그리고 가던 길을 간다. 그런데 길에 떨어져 있는 것이 복권이면 어떨까? 당연히 줍지 않을까? 당연하다! 우리 뇌는, 당첨될지도 모르는 복권을 내버려두면 큰일 난다는 두려움이 들도록(손실 회피) 프로그래밍되어 있기 때문이다.[161]

리터리는 이 점에 착안하여 스마트 쓰레기통을 만들었다. 이 쓰레기통은 버린 사람이 쓰레기를 제대로 분류했는지를 감지한다. 제대로 분류하면 복권을 주고, 종이를 재활용통이 아니라 일반 쓰레기통에 넣는 식으로 잘못 분류하면 다음부터는 어디에 넣으라고 알려 준다.

스웨덴의 영화관 4곳이 30일 동안 이 개념 증명proof of concept*을 시행했다. 실험 결과 관람객들의 행동은 1백 퍼센트 계획대로 됐다. 심지어 영화가 끝난 후 쓰레기를 찾으러 복도를 내달리는 사람도 있었고, 어떤 여성은 휴지 조각이라도 있는지 보려고 핸드백을 뒤적거렸다. 1등은 5천 유로를 받았고, 나머지는 영화 무료 티켓을 받았다. 주 전체 또는 국가 전체를 포함하는 복권은 1등이 1백만 달러를 받을 수도 있지 않을까? 프로그램이 정착되면 사람들은 껌 종이나 빈병을 발견하는 즉시 주워서 신나게 버리러 갈 것이다.

이 사례의 교훈은 뭘까? 변화가 반드시 어렵지만은 않다는 것이다. 수많은 세대를 거치며 진화한 잠재의식의 규칙을 바꾸는 것은 어렵다.

---

* 기존에 없던 신기술이나 아이디어를 정식으로 도입하기 전에 검증하는 실험.

하지만 그 규칙을 이해하고 습관들과 협력하면 변화가 한층 쉬워진다. 쓰레기를 자발적으로 주워 분류하는 것처럼 말이다.

내가 리터리의 사례를 좋아하는 이유는 문제가 생겼을 때 무조건 해결책을 찾아 헤매기보다 문제의 핵심을 찬찬히 생각해 봐야 한다는 점을 명쾌하게 보여 주기 때문이다. 어느 회사든 마찬가지다. 첫 단계는 사소해 보일지 모르지만 성공에 가장 중요하다. 그러므로 문제의 성격을 파악할 때는 시간을 들여 깊이 생각해야 한다.

행동경제학을 적용하려면

| **요점** | 당면한 문제에 적용할 행동경제학 개념을 찾으려면 시간을 들여 고민하고 프레임을 다시 짜야 한다. 그래야 변화도 쉬워진다.

| **실천 과제** | 3부를 읽는 동안 염두에 두는 분야를 수직적 시장 vertical market* 서비스 시장, 제품 시장 중에서 정하라. 그것을 적어 보라. 도중에 분야를 바꾸거나 각 단계를 반복해도 된다. 그렇더라도 적어 두면 머릿속에 중요성이 각인되어 이 책을 읽는 동안 의식할 수 있다.

| **관련 개념** | 프레이밍 효과(5장), 군중심리(11장), 습관(19장), 호혜성(20장).

＊ 특정 산업이나 틈새시장의 고객만을 위해 제품이나 서비스를 제공하는 기업군.

가격에 숨은 진실

나의 고객들이 자주 의뢰하는 문제 중 하나는 가격 책정 전략이다. 가격을 정하는 일은 자영업자부터 다국적 기업까지, 신진 기업부터 중견 기업까지 모두가 어려워하는 문제다. 가격 문제는 답답할 정도로 잘 해결되지 않는다.

가장 큰 원인은 불확실성에서 오는 자신감 부족이다. 개는 두려움의 냄새를 맡는다고 하는데,[162] 잠재 고객과 의뢰인은 자신감 부족의 냄새를 맡을 수 있다. 이 상황은 전반적인 구매 경험에 영향을 미친다. 다행히 행동경제학은 가격을 자신감 있게 정해서 매출을 늘리게 할 수 있다. 가상의 사례를 통해 가격 책정에 관한 진실을 살펴보자.

상황 1: 친구와 거리를 걷고 있다고 하자. 우리는 서로 얼굴을 보지 못한 몇 달간의 일들을 이야기하는 데 몰입해 있다. 그런데 문득 달콤한 냄새가 코를 간질인다. 설탕, 버터, 초콜릿, 약간의 소금기…… 기막히게 맛있는 쿠키 냄새다.

우리 코는 이제 기쁨의 진원지를 찾아내려 한다. 다시 말하지만 도파민은 기대감이 생길 때 분비된다. 상대의 이야기는 한 귀로 들어왔다 한 귀로 나간다. 영락없이 콧구멍에 이끌려 걸어가는 만화 속 주인공이다.

드디어 제과점 앞에 오니 손님들이 줄을 서 있다. 우리는 '이 집 쿠키는 진짜 최고인가 보다!'라고 생각하며 홀린 듯 안으로 들어간다. 종업원이 시식용 쿠키를 하나 주며 오늘만 세일한다고 알려 준다. 3개를 사면 1개는 공짜다. 우리는 의식하지도 못하는 사이 쿠키 한 봉지를 든 채 먹으면서 제과점을 나온다.

상황 2: 같은 친구와 거리를 걸으며 똑같이 대화에 몰두하고 있다. 그런데 갑자기 어디선가 튀어나온 사람이 눈앞에 전단지를 흔들며 말한다. "오늘뿐입니다. 쿠키 4개를 사시고 3개 가격만 내세요. 이거 드셔 보세요!" 그러면서 시식용 쿠키를 내민다.

윽. 이 사람 왜 이렇게 예의가 없지? 우리는 기분이 상해서 시식을 거절하고 그동안 겪은 최악의 구매 경험을 경쟁하듯 털어놓기 시작한다. 그 제과점 앞을 지나가면서 쿠키 냄새를 맡을 때쯤엔 너무 짜증이 나서 휴대전화를 꺼내 들고 제과점의 광고 방식이 얼마나 형편없는지를 옐프 리뷰란에 쓰기 시작한다. 절대 여기서 뭘 사지는 않겠다고 맹세하면서 말이다. 그러면서 그 앞에 줄 서 있는 수준 낮은 바보들을 한심하게 여긴다.

제과점이 똑같고 쿠키도 똑같은데 잠재 고객의 경험이 완전히 다르다. 똑같은 개념이 정반대로 작용했다는 점을 눈치 챘는가? 다음의 개념들에서 '쿠키가 문제가 아니다'라는 결론이 나온다.

- 점화 효과: 쿠키 냄새
- 군중심리/사회적 검증: 줄 선 사람들, 이용자 후기
- 손실 회피 성향/소유 의식: 시식, 냄새, 희소성에서 비롯
- 호혜성: 무료 시식
- 프레이밍 효과: "3개 사시면 1개는 무료입니다." vs. "4개 사시고 3개 가격만 내세요."
- 희소성: 오늘만 세일합니다!

저항할 수 없는 미끼

쿠키 냄새는 '뭔가 달콤한 것을 사고 싶어 하는' 뇌의 잠재 영역을 흥분시켰다. 제과점 간판을 발견했을 때 우리는 사실상 쿠키를 팔아 달라고 애원하는 상태였다. 그런데 제과점은 시식용 쿠키까지 줬다. 게다가 할인까지! 얼마나 고마운가! 아무리 봐도 이익인데 오늘만 세일이다. 이제 의식 영역은 합리적으로 따져 보고 잠재의식의 욕구에 따른다.

이것을 보면 가격의 진실을 깨달을 수 있다. 가격 자체는 중요하지 않다는 것이다. 가격 '전'에 일어나는 모든 것, 즉 관련된 상황이 가격보다 훨씬 중요하다. 첫 사례에서 우리는 쿠키 냄새에 점화되어 가격이

얼마든 구입할 준비가 되어 있었다. 이때는 쿠키가 하나에 3달러고 두 번째 사례에서는 50센트일 수도 있었지만 가격은 중요하지 않다.

가격 책정에 관한 진실
중요한 것은 가격이 아니다. 가격 이전의 모든 상황이 가격보다 중요하다!

여러분의 고객은 둘 중 어느 쪽을 경험할까? 여러분은 길거리에서 무턱대고 다가가 코앞에 전단지를 들이미는가, 아니면 저항할 수 없는 부드러운 초콜릿 쿠키 냄새로 유인하는가?

이렇게 푸념하는 사람이 있을지도 모르겠다. "저희는 서비스 회사여서 사람들을 유혹할 맛있는 미끼가 없다고요!" 또는 "우리 고객들은 인터넷에서 검색해서 찾아요! 냄새가 문제가 아니에요. 그러니 이런 건 적용할 수가 없어요."

그것은 현상 유지를 좋아하는 뇌가 하는 말이고, 내가 하고 싶은 말은 핑계는 안 통한다는 것이다. 고객을 이끄는 요소는 냄새뿐만이 아니다. 강렬한 이미지, 훌륭한 말주변, 동영상, 이모티콘 등도 잠재 고객으로부터 원하는 행동을 이끌어 낼 수 있다. 넷플릭스는 광범위한 테스트를 통해, 시의적절한 작품 이미지는 구독자가 작품을 선택해서 시청할 가능성을 30퍼센트까지 올릴 수 있다는 것을 발견했다.[163]

점화 효과에는 힘이 있다. 가격 책정도 잘못 사용하면 고객이 상품을 과소평가해서 지갑을 닫을 수 있다.

고객의 눈앞에서 호소하고 가격이 합리적이라 주장하는 것은 효과가 없다. 쿠키 전단지를 생각해 보라. 짜증 나서 제과점 자체를 싫어하게 된다. 그렇기 때문에 무작정 가격부터 정하는 것은 의미가 없다. 가격부터 말한 다음 왜 그것이 좋은 투자인지, 또는 장점이 무엇이고 얼마나 가치 있는지를 설명하면 사람들은 무시하고 가 버릴 것이다. 그러면 우리는 길거리에서 시식용 쿠키를 나눠 주던 한심한 남자와 다를 바가 없다.

VIP 고객을 얻으려면 도저히 저항할 수 없는 뭔가를 준비해야 한다. 그들은 무엇을 중요시하는가? 우리 제품에 흥미를 느껴 직극적으로 찾게 만들려면, 그리고 푹 빠지게 만들려면 잠재의식을 어떻게 자극해야 할까?

군중심리와 사회적 검증

점화 효과로 잠재 고객의 흥미를 유발했다면, 다른 소비자들도 우리 제품을 선택했음을 보여 줘야 한다. 쿠키 사례에서는 제과점 앞에 줄 선 사람들, 그리고 우리가 분노하며 옐프에 남긴 리뷰다. 소셜미디어의 팔로어 수, 별점, 호의적인 체험 후기도 같은 역할을 한다. 잠재 고객이 우리 제품을 선택하는 것이 좋겠다고 판단하는 데 중요하므로 자주 활용하는 것이 좋다. 구매 경험을 하는 동안 사회적 검증을 결합할 다양한 방안을 찾아야 고객이 확신하고 선택할 수 있다.

호혜성과 손실 회피 성향

뇌는 쉽게 소유 의식을 형성한다. 그러므로 우리 제품을 소유하거나 서비스를 누릴 때의 모습을 소비자에게 보여 주는 것은 손실 회피 성향을 자극하는 데 중요하다. 제과점 사례에서는 무료 시식이 2가지 역할을 해냈다. 소비자가 구매를 고려하는 순간을 포착하여 무료 다운로드, 소개 동영상, 재밌는 이야기 같은 일종의 샘플을 제공하면 구매 확률이 확실히 올라간다.

희소성

잠재 고객의 손실 회피 성향을 자극하고, 해당 제품을 소유했을 때의 기분도 느끼게 해 줬다면 '오늘만 특가' 전략으로 마지막 문턱을 넘게 할 수 있다. 카운트다운하는 시계를 보여 주는 것도 시간 압박을 가하는 비슷한 전략이다. '24명이 보고 있습니다'라든가 '남은 상품이 5개입니다'라는 메시지는 사회적 검증까지 추가함으로써 소비자가 구매를 결정하는 데 힘을 실어 준다.

프레이밍 효과

소비자는 상품을 제시하는 방식에 따라 다르게 듣고 구매 여부를 판단한다. 첫 번째 쿠키 사례의 리듬감 있는 홍보 문구(3개 사면 1개는 공짜예요)는 두 번째 사례의 투박한 광고 문구(4개를 사고 3개 가격만 내세요)와 비교된다. 뇌는 리듬 있는 문구에서 더 진실함을 느끼고,[164] 간결하게 전달하는 사람이 더 해박하다고 여긴다. 고객이 제대로 점화되고 구매할 준비가 되었다면, 광고 문구와 상품 제시 방식을 여러 번 고치며 어느 프레임이 가장 잘 맞을지 조정해 보자.

가격 책정에 대해 더 알고 싶다면

이 장의 앞에서 언급했듯이, 나는 가격 책정에 대한 상담을 많이 한다. 진행하는 팟캐스트에서도 가격 인상 요령, 할인에 대한 관점과 제시 방법, 가격의 마지막 숫자 정하기 등을 다뤘다. 또한 10회로 구성한 '영리한 가격 책정' 자료를 나의 웹사이트에 올렸다. 텍사스A&M대학교에서 온라인 평생학습 과목으로 진행하고 있는 코스다. 여기서는 가격 책정과 관련하여 자주 묻는 질문과 답변을 간략하게 정리했다.

가격 끝자리가 5, 7, 9여야 하나요, 아니면 0이어야 하나요?

앞에서 말했듯이 가격을 둘러싼 여러 요소가 가격보다 중요하다. 하지만 요즘도 같은 질문을 받고 있으니 답변하고 넘어가야 할 것 같다. 일반적으로 가격의 마지막 숫자는 그리 중요하지 않다. 그보다는 팔려는 제품이 사치품이나 선물용(와인, 고급 시계)인지 아닌지를 판단해야 한다. 사치품이나 선물용이라면 90달러처럼 0으로 끝나는 가격에도 소비자가 별로 신경 쓰지 않는다.[165]

카메라를 예로 들어 보자. 고객이 휴가 때 쓰려 한다면, 즉 사치품이라면 회사나 학교에서 쓸 카메라보다 비싸더라도 살 것이다. 이처럼 제품이 동일하더라도 그 가치를 따지는 데는 상황이 중요하다.[166]

만약 무엇이든 소비자가 싸게 산다고 느끼게 하려면 끝자리가 10 이하의 수로 끝나야 한다. 가격은 89달러든, 87달러든, 85달러든 크게 상관이 없다. 좋아하는 숫자로 정하면 된다.

가격에 대해 사과하지 말라

점화 효과는 양방향 도로다. 판매자가 자신감이 없으면 소비자가 구매를 꺼리는 경향이 있다. 판매자가 저지르는 중대한 실수는 상품 가격에 대해 사과하거나 합리화하는 것이다. 그런 태도는 역효과만 낸다.

가격을 인상한 판매자는 보통 이런 말을 해야 한다고 느낀다. "아시겠지만 저희는 5년 동안 가격을 인상하지 않았습니다. 서운하시겠지만 오랫동안 그 부담을 저희가 감당했는데 이제는 도저히……."

그러지 말라. 사과와 합리화는 우리를 위한 것이지 고객을 위한 것이 아니다.

가격은 비즈니스를 하는 우리의 선택이고, 소비자들은 의외로 가격 변화를 흔쾌히 받아들인다. 잊지 말아야 할 것은 상품이 모든 이에게 맞지는 않는다는 것이다. 어떤 사람은 상품을 살 여력이 안 되지만, 그건 괜찮다. 파는 제품에 자신감을 가져야 한다. 고객들이 누릴 가치를 명확하게 보여 준다면 사과할 일이 없다.

할인에 관하여

할인은 전략적으로 잘 사용하여 희소성을 자극하면 효과적인 수단이다. 하지만 제품 가격이 비싸 보일까 봐 걱정돼서 할인을 이용하는 경우가 너무 많다. 할인의 목적이 특별한 기회를 준다기보다 가격을 말할 때의 불편한 마음을 달래기 위한 거라면 다시 생각해 봐야 한다.

가격을 자신 있게 말하려면 평소에 날씨나 시간을 말할 때처럼 거리낌 없이 말하는 연습을 해 두는 게 좋다. 고객이 상품을 살 여력이 되는지, 또는 상품이 그들에게 이익이 될지는 우리가 판단할 일이 아니다. 누구나 살 여력이 된다고 믿고 미소 지으며 가격을 말하면 된다.

예전에 항공사 콜센터에서 일할 때 나는 어떤 상황에서든 이런 식으로 항공권 가격을 말하도록 훈련받았다. "시애틀에서 포틀랜드까지 가는 이 항공권은 2,875달러 42센트입니다. 이 티켓으로 지금 예매하시겠습니까?" 그다음 미소를 짓고 기다린다. 내 모습이 보이지 않더라도 말이다.

그 직전이나 직후에 가는 비행기는 티켓값이 250달러일 수도 있다. 하지만 고객이 왜 그렇게 비싼 항공권을 사야 하는지는 내가 알 바 아니다. 어쩌면 출장 때문에 동료와 같은 비행기에 타야 할 수도 있고, 반드시 만나야 하는 사람이 있는지도 모른다. 믿기 힘들겠지만 많은 사람이 그렇게 비싼 티켓값을 듣고도 아무렇지도 않게 "네, 감사합니다. 카드 번호 부를게요"라고 말한다.

"뭐라고요? 너무 비싼데요? 다른 건 없어요?"라고 말하는 사람은 가격이 자신에게 중요한 사안임을 표명한 것이고, 그렇다면 그 지점에서 다시 진행하면 된다. 처음 제시한 비싼 가격은 하나의 기준점이기 때문에 다음에 제시하는 가격은 상대적으로 저렴하게 느껴진다.

비싼 가격이 눈치 보여서 할인하고 있다면 이제는 바로잡아야 한다. 다음에 가격을 제시할 때는 금액을 말하고 반응을 기다리라. 고객이 묻기 전에는 가격을 재차 말할 필요가 없다. 불길한 예감 때문에 미칠 것 같아도 미소를 유지해야 한다. "좋습니다. 그걸로 할게요!"라고 말하는 사람이 의외로 많다. 관련 연구에 의하면 사람들은 비싸게 산 것을 더 귀하게 여기는 경향이 있으므로 또 하나의 덤이라 할 수 있다.[167]

사고방식의 전환

가격을 인상해야 해서 고민하고 있다면, 간단하지만 큰 도움이 될 사고방식을 알려 주겠다.

우리가 생수를 팔고 있다고 해 보자. 현재 8달러에 팔고 있는데 이제 가격을 12달러로 올려야 한다. 인상 폭이 상당히 커서 고객이 놀랄 수도 있다. 그래서 사과하거나, 고객이 요청하기도 전에 할인해 줘야 할 것 같은 압박감이 든다.

이때 한 걸음 물러서서 질문해 보라. "만약 내일부터 현재 가격의 10배로 판다면 어떻게 될까?" 그러면 80달러라는 높은 기준점이 만들어진다. 그것을 어떻게 정당화하고 가치를 더하겠는가? 탁월한 디자인인가? 유명인이 마시고 있다는 사회적 검증인가? 어떻게든 80달러짜리를 팔 수 있다면, 그것을 12달러에 파는 건 식은 죽 먹기다.

가격 책정 적용하기

| **요점** | 가격 책정에서 중요한 건 가격이 아니다. 가격보다 다른 요소 모두가 중요하다.

| **실천 과제** | 이번 장에서 여러분이 찾아낸 브랜드, 제품 또는 서비스의 가격 책정에 관한 상세한 정보를 모아 보라. 가격 책정 단계 이전까지 고객들이 한 경험은 어떠한가? '선택의 역설'에서 설명한 '작은 단계들'을 먼저 생각해 보고 매 순간을 심사숙고해야 한다. 여기서 가격 책정 경험에 대해 몇 가지를 기록해 보자.

- 고객이 살 준비가 되도록 어떻게 점화할 수 있는가(여러분의 '쿠키 냄새'는 무엇인가)? _____
- 군중심리를 자극하는 사회적 검증을 어느 지점에서 사용할 수 있는가? _____
- 손실 회피 성향을 어느 지점에서 자극할 수 있는가? _____
- 호혜성을 자극하기 위해 무엇을 줄 수 있는가? _____
- 판매 언어selling language에 관한 프레이밍 효과를 어떻게 준비하고 있는가? 바꿔야 하는가? _____
- 희소성을 활용하고 있는가? 언제 어디서 하면 좋겠는가? _____

| **관련 개념** | 프레이밍 효과(5장), 점화 효과(6장), 기준점 제시(7장), 상대성(8장), 손실 회피 성향(9장), 희소성(10장), 군중심리(11장), 사회적

검증(12장), 시간 압박(14장), 놀람과 희열(17장), 호혜성(20장), 현상 유지 편향, 기대.

좋은 상품을 많이 팔려면
어떻게 해야 할까

실력 있는 변호사가 한 사건에서 어느 쪽을 변호하더라도 능력을 발휘하는 것처럼, 행동경제학을 제대로 이해하고 적용하면 무엇이든 더 많이 팔 수 있다. 넛지에 관한 장에서 배웠듯이 선택은 상대적이다. 상황과 프레이밍 효과, 즉 상품을 제시하는 방식에 따라 최선의 선택에 대한 소비자의 판단이 바뀔 수 있다.

고객에게 다음과 같은 문제가 있을 때 나는 더 깊이 파고든다. "저희는 X가 효자 상품이 될 거라고 자신했는데, 팔리질 않아요!", "저희가 Y를 권해도 다들 Z를 사려고 해요!", "저희 고객들은 그런 식으로는 예약하지 않으려고 해요.", "저희 회사와 계약하는 걸 꺼려요."

기업은 의도치 않게 고객이 자사 제품을 외면하게 만들기도 한다. 그런데 몇 가지 사소한 행동과학을 도입하면 안 팔리던 상품이 인기 상품이 되기도 한다.

예를 들어보자. 매리얼이라는 나의 고객은 '어가비 인 블룸'이라는 보석상을 운영한다. 그녀가 나를 찾아온 이유는 고객들이 조금 비싸지만 훨씬 아름다운 제품에는 눈길을 주지 않고 항상 가장 저렴한 제품을 고르기 때문이었다.

둘이서 전략 회의를 하던 중 나는 중요한 문제를 포착했다. 사람들이 전화해서 가격을 물어보면 매리얼은 이런 식으로 대답했다. "금 제품은 70달러부터 시작해요." 그리고 전화한 사람들이 "네, 감사합니다" 하고 끊으면 그들이 가게에 들를 거라고 생각하며 기다렸다. 경매 물건을 기증받기 위해 돌아다녔던 고등학교 합창반 학생들처럼 매리얼의 대응은 하염없는 기다림으로 끝났다. 우리는 해결책을 찾기 시작했다.

가게에는 8백 달러나 되는 제품도 있었지만 그녀는 '가장 저렴한' 제품을 우선 소개했다. 많은 사람이 그렇게 한다. 잠재 고객의 마음을 편하게 해 주고 싶어서 그러겠지만 그런 접근법은 역효과를 낳는다.

귀걸이가 70달러부터 시작한다고 말하면 그 가격이 기준점이 돼 버린다. 그래서 다른 제품들은 70달러 이상이지만, 우리 뇌는 반대로 생각해서 70달러를 예산으로 정한다. 가게에 오는 사람은 당연히 70달러 이상 쓰기를 꺼릴 것이다. 어쩌면 80달러나 1백 달러 정도만 가지고 왔는지도 모른다. 그런 상황에서는 가게로 들어오든지, 70달러 이하의 제품을 사러 다른 가게로 가든지 선택해야 한다. 대부분의 거래가 실패로 이어지는 이유는 이 때문이었다.

고객들은 70달러 이상을 예산으로 세웠을 수도 있고, 어쩌면 더 비싼 제품을 사고 나서 만족도가 높았을지도 모른다. 하지만 매리얼이 본의 아니게 70달러를 기준점으로 정해서 여러 기회가 사라진 셈이었다.

나는 전화 응답 방식을 다음과 같이 바꾸라고 권했다. "제일 비싼 귀걸이는 8백 달러 정도지만, 가격대는 다양해요. 손님들은 평균 250달러 정도 쓰시지만 1백 달러 이하로 고를 수 있는 제품도 많아요. 언제 뵐 수 있을까요?"

그래서 어떻게 됐을까? 고객들은 돈을 더 많이 쓸 준비를 하고 왔고 70달러 가격대의 제품을 보고는 감탄했다. 이거 너무 싼데? 하면서 말이다. 그들은 그 가격대에서 제일 마음에 드는 제품을 찾았을 수도 있고, 99달러나 150달러에서 찾았을 수도 있다. 어쨌든 손님들은 잠재의식의 불합리한 경험 법칙에 끌려다니지 않았고, 매리얼은 수익이 더 많이 나는 제품들을 팔았으니 윈-윈이다. 귀걸이 기준 가격을 8백 달러로 올리자 다른 가격들이 저렴해 보이는 효과까지 나타났다.

유인 상품 패키지를 개발하라

내가 매리얼이나 다양한 고객을 거느린 여러 기업가에게 해 준 또다른 조언은 높은 기준점이 되는 유인 상품 패키지를 기획하라는 것이다. 고급스러운 유인 상품은 나쁜 것이 아니다. 오히려 대부분의 사람들에게 필요하고 그들이 원하기도 한다. 이 상품을 선택한 소비자는 스릴을 느낄 정도로 좋아하는데도 대부분의 비즈니스맨은 이런 방식으로 마케팅하기를 망설인다.

매리얼이 8백 달러짜리 제품부터 시작해서 그 이하의 제품까지 포함한 방식을 수많은 분야에 활용할 수 있다. 레스토랑에서 비싼 스페셜 요리나 와인을 추천하는 것이나, 전자상가에서 맨 앞에 5천 달러짜리 텔레비전을 전시하는 것도 비슷한 방식이다. 물론 고객이 고가 제품을 주문하면 무척 기쁠 것이다. 하지만 그 제품을 전시하는 진짜 목적은 고객이 모든 전시 상품을 살펴보도록 준비시키기 위해서다.

그러면 어떻게 준비해야 할까.

1. 정말 팔고 싶은 제품을 콕 집어라. 이것이 추천 상품이다.
2. 제품군 중 혜택은 비슷하면서 가장 비싼 것을 떠올려 보라.
3. 완전히 성격이 다른 제품도 제안해 본다. 그러면 고객은 충분히 골고루 살폈다고 생각할 것이다.

매리얼이 가장 원한 것은 피어싱하러 들어온 손님이 비싼 귀금속류를 사는 것이었다. 앞에서 우리는 8백 달러짜리 상품을 높은 기준점으로 봤다. 하지만 더 보편적인 시각으로 일반인이 반할 만한 다른 선택지를 생각해 보자.

매리얼의 가게에는 엄마들이 딸을 데리고 와서 처음으로 귀를 뚫어주는 일이 많았다. 그런 경험은 누구나 기억하는 통과의례다. 그날의 심경을 한마디로 표현하면 '기대감'이라 할 수 있다. 흥분과 두려움, 쇼핑몰에 가고 싶은 욕구, 의자에 앉아 있는 동안 아는 사람이 지나가다 자신이 조금 우는 것을 알아볼까 두려우면서도 동시에 들키기를 바라는 마음 말이다. 어쩌면 귀를 뚫고 나서 엄마가 아이스크림을 사 줬을 지도 모르고, 그날부터 부쩍 어른이 된 기분이 들었을지도 모른다. 그 렇다면 매리얼 입장에서는 피어싱 체험을 진짜 인생 체험으로 만드는 일을 기획할 수도 있을 것이다.

예를 들어 프린세스 패키지가 있다고 하자. 이 패키지를 선택하면 엄마가 딸을 데리고 가게에 들어설 때 "축하해, 소피!"라고 쓰인 현수막 이 반겨 주고, 간식과 탄산음료가 마련되어 있다. 피어싱하는 동안 꼭 안고 있다 집에 가져갈 푹신한 동물 인형도 있다. 그뿐 아니라 길 건너 아이스크림 가게에서 쓸 수 있는 무료 쿠폰이 있고, 비교적 고급스러운 귀걸이가 다양하게 구비되어 있다. 딸이 좋아하는 색깔과 모양의 귀걸 이, 또는 탄생석으로 만든 귀걸이도 벨벳 진열대 위에 진열되어 있다.

딸과 함께 멋진 순간을 남기고 싶은 엄마들에게 프린세스 패키지라 는 독특하고도 즐거운 체험이 먹힐까? 분명 그럴 거라고 본다. 게다가 정점-종점 규칙에 따라 이 패키지는 고통스러운 피어싱이 아니라 즐거 웠던 '진짜 마지막' 순간을 기억 속에 남길 것이다. 잊지 말라. 이것이 유인 상품 패키지다.

앞에서 말했듯이 여자아이들이 혹할 만한 낭만적인 전략이고 매리 얼도 적극 찬성할 것이다. 하지만 누구나 선택하지는 않는다. 프린세스 패키지가 399달러라고 해 보자. 그만한 예산이 없는 이들에게는 고급 귀걸이가 포함된 150달러짜리 '일반' 피어싱 체험도 괜찮을 듯하다. 고 객은 영화 같은 추억을 선사하고자 공들여 만든 패키지라는 사실을 느 낄 것이다.

너무 많은 내용을 설명하거나 모든 선택지를 보여 주려는 욕구를 자제해야 한다. 뇌가 얼마나 빨리 피곤해지는지를 보여 주는 '선택의 역설'을 떠올려 보라. 우리가 할 일은 고객들이 최선의 선택을 하도록 도와주는 것이다. 우선 고객의 구매 경험이 어떠해야 하는지에 대해 찬찬히 궁리하고, 그다음에는 선택지를 간결하고 명확하게 줄이는 것이 좋다.

높은 데서 시작하라

상품을 소개할 때는 가장 싼 제품부터 시작하는 것이 자연스러워 보이지만, 그러면 기준점을 높게 잡는 목적에 어긋난다. 예를 들어 "저희의 표준 패키지는 귀걸이를 포함해서 70달러부터 시작하고, 더 큰 귀걸이로 업그레이드하면 150달러 정도 됩니다. 프린세스 패키지도 있는데 이것은 399달러입니다"라고 말하면 별로 마음이 끌리지 않는다.

이렇게 말하는 것이 바람직하다. "소피의 피어싱을 미리 축하드립니다! 두 분에게 이 일이 얼마나 소중한 경험인지 잘 압니다. 그래서 저희가 프린세스 패키지를 준비했답니다. 소피가 여기로 들어올 때 눈에 잘 띄도록 좋아하는 색깔로 현수막을 걸 예정이고요. 특별히 만든 인형도 있습니다. 피어싱하는 동안 안고 있다가 집에 가져가면 됩니다. 탄산음료도 있고요. 그리고 소피가 탄생석 귀걸이를 원할지도 몰라서 루비 귀걸이도 준비해 두었어요. 어떨 것 같으세요?"

전문가로서 선택지를 제시하고 추천도 해서 고객이 가장 좋은 선택을 하도록 끝까지 돕는 것이 우리가 할 일이다. 가장 저렴한 상품을 제시할 필요는 없다. 마음이 편하다는 이유만으로 목표를 낮추지 말자.

속으로 이렇게 생각할지도 모르겠다. '그건 좋아. 하지만 이런 사소한 노력이 얼마나 효과를 내겠어?' 내 조언을 따른 결과 매리얼의 매장은 매출이 2배 이상으로 뛰었다. 이처럼 잠재의식의 규칙을 알면 작은 변화도 의외로 큰 효과를 발휘한다.

고객들이 가장 싼 상품만 택한다면

정보 제공 방식이 적절치 않으면 소비자는 할인을 요청하거나 이용 시간을 줄이는 데만 집중하기 때문에 패키지 판매가 어려워질 수 있다. 우리가 그래픽 디자이너라고 해 보자. 만일 잠재 고객에게 "제 시급은 25달러부터 시작돼요. 그리고 이 정도 프로젝트에는 적어도 5백 시간이 소요될 것 같아요"라고 말했다고 하자. 여기서 5백이라는 숫자는 최저 시급인 25달러에 비해 너무 크게 느껴지기 때문에 잠재 고객이 할인하거나 작업 시간을 줄여 달라고 요청할 가능성이 크다.

이렇게 소개하면 어떨까. "이 프로젝트는 최소한 5백 시간은 듭니다. 고객님이 설명해 주신 것을 감안해서 계산하면 그 정도 될 것 같아요. 그 시간을 초과하면 시간당 25달러가 추가될 거예요." 추가되는 25달러는 5백에 비해 작은 숫자다. 그래서 우리에게 맡기는 것이 더 안전하게 느껴질 것이다. 몇 시간 정도 초과되더라도 시간당 25달러는 그다지 부담스럽지 않기 때문이다. 이처럼 액수가 똑같지만 프레이밍 효과와 상대성을 이용하고 적절한 기준점을 먼저 제시하면 전혀 다른 결과를 낳는다.

홍보 대행 관리 서비스가 월 1천 달러인 경우를 생각해 보자. 제시할 수 있는 선택지가 이것뿐이어서 잠재 고객에게 "저희의 홍보 대행 서비스는 월 1천 달러입니다. 그걸로 하시겠습니까?"라고 물으면 어떻게 될까? 가치를 비교할 대상이 없으므로 판단하기가 힘들다. 그래서 잠재 고객은 불확실함을 제거하기 위해 정보를 더 모은다. 이 말은 우리 경쟁 업체를 찾아보고 다시 돌아오지 않을 수도 있다는 뜻이다.

우리가 원하는 상황은 아니다. 이 경우에는 유인 상품을 개발해서 함께 소개하는 것이 좋다. 다음은 내가 의뢰인들에게 권하는 몇 가지 선택지다.

- 출근일을 기준으로 하는 계약을 먼저 소개한다. 이 조건은 연 6천 달러가 추가되는데, 그렇다면 12개월 계약에 월 1천5백 달러를 내야 한다.
- 72시간의 표준 작업 시간으로 계약하면, 프리미엄 고객에게 24시간이나 48시간의 추가 작업을 제공할 수 있다.
- 매월 2천5백 달러의 관리 서비스에 리브랜딩과 그래픽 작업을 추가한다.

여기서 무엇을 선택하든 상관없다. 고객이 이끌릴 만한 것으로 하면 되고, 무엇을 선택하더라도 신날 것이다. 단, 이동하는 것을 싫어한다면 출근일을 기준으로 하는 옵션은 넣지 않는 것이 좋다.

비교 대상으로 2천5백 달러 유지 관리 서비스를 소개하기로 했다고 하자. 이런 식으로 말하면 된다. "저희는 다양한 패키지를 갖추고 있습니다. 첫 번째 패키지는 완전한 브랜드 평가와 브랜드 업그레이드를 포함하고 페이스북 광고부터 옥외광고까지 모두 작업해 드리는 것으로, 비용은 월 2천5백 달러입니다. 옥외광고나 버스 광고, 리브랜딩이 필요 없다면 월 1천 달러짜리 패키지도 있습니다. 어떤 게 더 좋으시죠?"

이런 방식은 어떤 조직에든 통한다. 옥외광고나 브랜드 업그레이드가 필요하다면 비싸더라도 고급 패키지를 고르겠지만 대부분은 1천 달러 패키지로도 충분하다. 이들은 자기 같은 사람들을 위해 1천 달러 패키지를 만든 우리에게 고마워한다. 또한 우리는 '대부분의 사람들'에게 무엇이 필요한지를 알고 바가지도 씌우지 않는다는 인상을 남김으로써 전문가로서의 입지도 탄탄해진다. 고객에게 필요한 것을 가장 중요시해서 패키지를 구성한 은인이 되었다. 바람직한 결과다.

선택지는 가격대를 모두 제시한 후 불필요한 것을 걸러 내도록 하는 것이 좋다. 옥외광고가 필요한지 필요 없는지, 리브랜딩이 필요한지 필요 없는지를 미리 묻지 말라는 것이다. 처음에 높은 기준점을 제시한 일이 소용없어지기 때문이다.

묶음 상품이라고 해서 할인할 필요는 없다

높은 가격에 대한 미안함을 할인으로 무마하지 말라는 말은 앞에서 했지만 여기서 한 번 더 강조해야겠다. 많은 사람이 묶음 상품은 모두 할인가로 판다고 생각하지만 사실은 그렇지 않다. 아마존에서 파는 많은 묶음 상품이 낱개로 파는 것보다 비싸지만, 소비자들은 알면서도 편의 때문에 묶음 상품을 산다.

우리도 할인 없는 묶음 상품을 이용해 높은 기준점을 만들 수 있다. 장담하건대 분명히 효과가 있다. 우리가 제공하는 강의가 3가지 코스고 결합할 수도 있다고 해 보자. 이렇게 소개할 수 있다. "저희 강의는 3가지 코스입니다. 첫 번째는 A 주제를 다루는 과목으로 5백 달러고, B 주제에 관한 강의는 6백 달러입니다. 그리고 C 주제에 관한 강의는 8백 달러입니다. 어떤 것으로 시작하시겠습니까?"

이 소개는 고객을 5백 달러짜리 코스로 안내한다. 5백 달러가 기준점이 됐기 때문이다. 대신 이렇게 소개할 수도 있다. "저희는 3가지 코스를 제공합니다. 첫 번째는 C 주제에 관한 것으로 8백 달러입니다. B 주제에 관한 6백 달러짜리 코스도 있고, A 주제 코스는 5백 달러입니다. 어떤 것으로 시작하시겠습니까?" 이렇게 말하면 대부분은 중간 가격인 6백 달러짜리 코스를 택한다.[168]

그런데 이렇게 소개한다면 어떨까? "저희는 1천9백 달러짜리 종합 패키지가 있어요. 세 코스를 모두 듣는 거죠. 아니면 C 주제를 다루는 코스로 시작하셔도 되고요. 어떤 게 제일 맞을 것 같아요?"

이 경우는 8백 달러짜리 코스를 추천한 셈이다. 종합 패키지를 선택하는 사람도 있겠지만, 8백 달러짜리 코스를 선택하는 사람이 많을 것이다. 이전의 2가지 방식으로 소개했다면 선택할 사람이 거의 없었을 가장 비싼 코스인데도 말이다. 묶음 상품으로 소개했지만 할인은 없었다. 하지만 묶어서 소개한 가격으로 주의를 돌리는 것, 그것을 기준으로 설명하는 것만으로도 결과가 크게 달라진다.

뇌의 의식 영역은 묶음 가격을 부르는 것이 소용없다고 할지도 모른다. 계산하면 다 나오는데 그렇게 소개하는 건 생색만 내는 짓이라고 말이다. 하지만 실상은 다르다. 결제의 고통에 관해 배운 내용을 떠올려 보라. "수수료 5달러가 있습니다"라고 말하는 것보다 "소정의 수수료 5달러가 있습니다"라고 말하면 고객이 부담을 적게 느낀다. 시시해 보이지만 그런 표현은 효과가 있다. 이처럼 게으른 뇌를 위해 일을 쉽게 만들어야 한다. 그래야 성공 확률이 높아진다.

관련 없는 기준점도 효과가 있다

패키지로 팔고 싶지 않을 때도 이런 전략을 쓰는 것이 이롭다. 기준점 제시에 관한 장에서 점화 효과의 사례로 언급한 사회보장번호를 떠올려 보자.

"저는 전 세계의 많은 사람이 삶과 사업을 바꾸도록 도왔습니다. 제가 제공하는 패키지는 5백 달러부터 시작합니다"라고 말하는 것보다 "저는 전 세계 수천 명의 삶과 사업의 발전을 돕고 있습니다. 그리고 제가 제공하는 패키지는 5백 달러부터 시작합니다"라고 말하는 것이 더 깊은 인상을 준다.

"수천 명"이라는 단어를 듣는 순간 5백이라는 숫자는 작게 느껴진다. 여기서 한 걸음 더 나아가 "전 세계에서 8천 명 이상이 저와 협업하면서 삶과 사업에 변화를 가져왔습니다. 그리고 제가 제공하는 패키지는 5백 달러라는 합리적인 금액으로 시작합니다"라고 하면 어떨까.

더 크고 구체적인 숫자는 맥락상 무관하다 하더라도 더 높은 기준점이 된다. 게다가 사회적 검증의 역할도 하므로 이중으로 효과적이다.

값을 매길 수 없는 0원

오래전 마스터카드 광고의 "값을 매길 수 없습니다priceless"라는 표현은 수많은 브랜드에 그 말의 가치를 깨닫게 해 줬다. 맥락이 왜 중요한지를 보여 주는 훌륭한 사례다. 그런 광고는 이야기를 설정하고 소비자들을 점화 효과와 손실 회피, 사회적 검증, 프레이밍 효과로 끌어들인 다음, 가격이 얼마든 경험 자체가 그만한 가치가 있음을 보여 준다.

기준점과 상대성을 활용하여 패키지를 제시하는 경우에는 '값을 매길 수 없다'라는 메시지가 그만한 영향을 주지 않는다.

스니커즈의 사례에서 '여러 개'를 사라는 말은 '0'개를 사라는 말과 마찬가지인 것처럼, '값을 매길 수 없다'라는 말은 추천 패키지를 돋보이게 하지 못한다.

뭔가에 '값을 매길 수 없다'라고 하지 말고, 경험담을 통해 체험하게 해야 한다. "멜리나와 협력하는 일은 가격을 매길 수가 없습니다"라고 말하는 것보다 "멜리나와 협력한 결과 작년에 1백만 달러의 수익이 늘어났습니다. 여러분과 함께하면 얼마나 많은 수익을 낼까요!"라고 말하면 훨씬 효과가 크다. 가격대를 소개하기 전에 뇌를 기준점과 사회적 검증으로 점화하기 때문이다.

상품을 소개하는 방식은 많다. 상품의 가치를 이해하고 제대로 전달할 수만 있다면 그것을 원하는 고객을 찾을 수 있다. 공산품이든 서비스 상품이든, 대기업을 운영하든 자영업을 하든, 표백제를 팔든 명품

백을 팔든 뇌에서는 똑같은 개념이 작용한다. 우리가 할 일은 결국 쓰레기가 될 번지르르한 상품에 고객의 관심이 쏠리지 않게 하고, 정확한 레버를 올바른 순서로 당겨서 최선의 선택으로 안내하는 것이다.

높은 기준점 적용하기

| **요점** | 여러분의 추천 상품이 최고의 선택지임을 강조하기 위해 기준섬이 높은 유인 상품을 구성하라.

| **실천 과제** | 둘 이상의 제품이나 서비스가 있다면 가장 좋은 선택지 하나로 좁혀야 한다. 여러 상품을 똑같은 방식으로 소개하고 똑같은 구매 여정을 기획하면 안 된다. 여러분의 가격 책정에 관한 몇 가지 내용을 여기에 메모해 보자.

- 대부분의 고객이 샀으면 하는 것, 즉 여러분의 추천 상품은 무엇인가? _____

- 가격은 얼마인가? _____

- 특별한 이유는 무엇인가(왜 사람들이 원할 것 같은가)? _____

- 더 크게 최고급으로 만들면 어떤 것 같은가? _____

- 추천 상품을 돋보이게 만들려면 어떻게 해야 할까? _____

- 비용은 얼마나 드는가? _____

- 추천 상품을 높은 가격의 기준점으로 시작하려면 잠재 고객에게 어떤 식으로 소개하겠는가? _____

| **관련 개념** | 프레이밍 효과(5장), 점화 효과(6장), 기준점 제시(7장), 상대성(8장), 사회적 검증(12장), 넛지(13장), 선택의 역설(14장), 놀람과 희열(17장), 정점-종점 규칙(18장), 호혜성(20장), 기대.

작은 단계로 해체하기

보통 사람들은 하루에 3만 5천 번 결정한다.[169] 이상적으로 하루에 8시간을 잔다면 1시간에 2,187가지, 즉 1분에 36가지 결정을 내리는 셈이다. 놀랍지 않은가?

삶이 의식하지 못하는 선택의 연속임을 감안하면, 고객이나 동료가 때때로 다른 데 정신이 팔리는 것도 당연한 일이다. 알다시피 선택 대부분은 잠재의식이 관할한다. 누군가의 습관 주기를 깨고 행동을 바꾸고 싶다면, 즉 잠재 고객이 경쟁사가 아니라 우리 회사의 제품을 쓰거나 사게 하려면 여러 장벽을 뛰어넘어야 한다.

몇 년 동안 나는 수많은 광고를 검토하고 조언했다. 광고나 웹사이트, 페이스북 포스트, 그 외 여러 곳의 광고에서 자주 나타나는 실수는 상품에 관한 설명이 너무 많다는 것이다. 기왕 홍보할 거면 이것도 넣고 저것도 넣자는 식이다.

앞에서 배웠지만 그런 방식은 게으르고 금방 지치는 뇌에 효과가 없다. 내용만 많고 분명한 방향이 안 보이면 '추후 검토' 파일에 들어가서 먼지만 뒤집어쓰다 잊힐 것이다. 설문 양식, 우편, 이메일, 웹페이지를 막론하고 광고는 간결할수록 좋다. 나는 광고를 구상할 때 이 질문을 해 보라고 고객들에게 말한다. "이것을 보는 사람이 단 하나만 할 수 있다면 무엇이 좋을까?"

질문에 대한 답이 홍보 우편물을 받은 후 곧바로 상품을 '구매하는 것'이 될 순 없다. '우편물 받기'에서 '구매'에 이르기까지 여러 단계가 필요하기 때문이다. 각 단계에는 다음 단계로 안내하는 명확한 방향이 있어야 한다. 전반적인 경험을 되돌아봤을 때는 정점과 종점이 가장 중요하지만, 소비자가 적절한 구매 여정을 선택하도록 하려면 각 단계를 연결하는 소통 방식이 중요하다. 홍보 엽서를 받은 고객의 경험을 단순화하면 다음과 같다.

1. 엽서를 발견한다.
2. 엽서를 읽는다.
3. 엽서를 뒤집는다.
4. 버리지 않을 정도의 흥미를 느낀다.
5. 웹사이트를 방문한다.
6. 내용을 읽는다.
7. 제품 페이지를 클릭한다.

8. 가격 페이지를 클릭한다.

9. 장바구니에 담는다.

10. 구매한다.

모든 홍보물에는 특정 목표가 있고, 받은 사람이 취하기를 원하는 작은 단계도 있다. 홍보 엽서의 목적은 잠재 고객의 흥미를 끌어 버려지지 않는 것이다. 그러려면 내용이 장황해서는 안 된다. 그래야 고객이 계속 읽고 회사 웹사이트까지 들어가기 때문이다.

그 과정은 멋진 이미지를 통해서도 가능하지만, 점화 효과에 관한 감각을 이용할 수도 있다. 혹시 제품의 포장지를 선택하기 전에 재질의 촉감을 느껴 본 적이 있는가? 마케팅과 무관한 사람들은 없다고 하겠지만, 의외로 마케팅 분야에서 일하는 사람들도 대부분 별 관심을 두지 않는다. 온라인 주문 시스템은 그저 추천 수만 보여 주지만(군중심리), 포장지 재질이 브랜드에 대해 알려 주는 점이 있다.

이 책의 추천사를 써 준 로저 둘리가 〈브레이니 비즈니스〉에 출연하여 저서《프릭션》에 대해 이야기한 적이 있다. 나는 눈가리개를 하더라도 문제없이 책장에서 그 책을 꺼낼 수 있었다. 어떻게 가능하냐고? 표지의 질감이 거칠기 때문이다. 독자들을 '마찰friction'에 점화하므로 안 봐도 딱 알 수 있는 질감이다. 책의 주제를 완벽하게 구현하고 지은이 둘리를 눈에 띄게 만드는 탁월한 장치다. 그는 분명 구매 경험을 처음부터 끝까지 깊이 생각했을 것이다. 남다른 저술가임을 보여 주는 증거다. 표지 질감을 느껴 본 독자의 뇌는 이렇게 말할 것이다. "지은이가 종이 질감까지 고민했을 정도면 내용에는 얼마나 심혈을 기울였을까!"
내가 이런 말을 했더니, 로저는 그런 말을 해 준 사람은 거의 없었다고
했다. 하지만 그렇다고 해서 독자의 잠재의식이 그 점화를 내재화하지
않은 것은 아니다.

우편함에 있는 우편물의 질감이 모두 비슷하다면, 우리가 보낸 우편
물을 두드러지게 하려면 어떻게 해야 할까? 양각 처리? 거친 질감? 특
이한 모양? 단가는 더 비쌀지 모르지만 어떤 식으로든 특이하게 제작
하면 눈에 더 잘 띄고, 잘 읽히고, 흥미를 끌 것이다. 각 경험의 지점을
작은 단계를 밟는 기회로 생각하면 경험을 최적화하여 투자 비용에 비
해 큰 효과를 이끌어 낼 수 있다.

홍보물을 만들 때는 발행 부수가 많을수록 좋을 것 같고 최대한 많은
사람에게 발송하고 싶을 것이다. 하지만 비용이 같다면 무작위로 1백만
명에게 보내는 것보다 가능성 있는 1천 명에게 보내는 편이 좋다. 관심
을 끄는 것이 우선이다. 그 일은 생각보다 어렵지 않을 수도 있다.

포스트잇의 힘

여러분이 보험회사의 회계 직원이라고 해 보자. 12월 어느 날 여러
분은 일하다가 오류를 발견한다. 보험설계사 150명에게 수수료를 2배
로 지급한 것이다. 액수로 치면 무려 70만 달러다. 그래서 여러분은 돈
을 되돌려 받기 위해 몇 명을 모아 팀을 꾸렸다. 이 민감한 상황에서는
어떤 방법을 쓰는 게 좋겠는가?

다행히 예전에 뇌과학을 교육받으면서 들은 실험 결과가 기억난다. 설문조사할 때 포스트잇에 손글씨를 써서 맨 앞 장에 붙였더니 사람들이 설문지를 작성해서 보내 줄 확률이 2배나 높아졌다는 실험이다.[170] 여러분은 최선의 결과를 기대하며 포스트잇 1팩을 꺼내 작업에 돌입한다. 몇 주 후 깜짝 놀랄 일이 벌어진다. 150명 중 130명이 수표를 되돌려 보냈고, 몇 주 후에는 3명을 제외한 모두가 잘못 지급된 수수료를 되돌려 보낸 것이다. 어떻게 포스트잇 1장이 그렇게 큰 힘을 발휘했을까?

여기에는 몇 가지 요인이 작동했다. 나는 이에 관해 브라이언 에이헌과 대담한 적이 있다. 사실 그는 앞에서 이야기한 보험회사의 그 팀에 있었다.

첫 번째 요인은 색깔이 선명한 포스트잇으로 뇌 의식 영역의 관심을 끈 것이다. 이 요인은 공문 첫 장에 평범하게 남긴 메모보다 훨씬 큰 효과를 발휘했다. 쿠키 상자에서 흰색 칸막이와 비교되는 밝은색 칸막이 역할을 한 것이다. 뭔가를 두드러지게 하기 위해서는 잠재의식 영역이 인식하고 한 번 더 쳐다보게 만들어야 한다. 그래야 다음의 중요한 단계로 넘어갈 가능성이 높다.

두 번째 요인은 포스트잇에 쓴 손글씨 메모다. 호혜성을 자극하고 수신인을 넛지하여 원하는 행동을 이끌어 낸 작업이다. 연구 결과가 나오고 몇 년 동안 많은 기업이 그 방식을 모방했다. 하지만 시간을 아끼려고 손글씨 서체로 입력하여 레이저프린터로 출력한 메모를 붙였다. 물론 눈이 있는 사람은 직접 쓴 글이 아님을 즉시 알아봤을 것이다. 그 결과는 메모를 붙이지 않은 것보다도 못 할 수 있다. 노력을 충분히 들이지 않았다는 사실이 뻔한데, 고객들이 왜 시간과 에너지를 들이겠는가?

진심으로 베풀어야 한다

놀람과 희열, 정점-종점 규칙, 호혜성에 관한 장에서 배웠듯이 예의에는 높은 가치가 있다. 작은 노력이 큰 효과를 발휘하기도 한다. 손글씨로 포스트잇에 메모를 쓴 노력이 심각한 문제를 해결한 것처럼 말이다. 여기서 '포스트잇을 붙인다'는 비유적 표현이다. 자신이 진실한 인간임을 보여 주어 사람들의 관심을 끄는 방법은 다양하다. 고객의 이름과 중요하고 자세한 내용을 기억하는 것은 고전적인 방식이다. 특히 고객 관리 데이터베이스가 생기기 전에는 그런 노력이 수많은 판매 직원을 돋보이게 해 주었다.

모든 것에 관심을 끌 필요는 없다. 그러면 효력도 사라질 것이다. 따라서 포스트잇을 써야 할 순간이 언제인지를 잘 포착해야 한다. 1년에 최대 4회로 생각하고, 어디에 쓸지를 궁리해 보자.

질문은 선물이다

이메일이나 소셜미디어에서, 그리고 대부분의 커뮤니케이션에서 더 많은 응답을 받는 의외의 요령은 평서문이 아니라 질문으로 끝내는 것이다. 그 효과는 엄청나다. 다음은 흔히 쓰는 문장을 질문으로 바꾼 것이다.

질문 있으면 알려 주세요.	어떤 질문이 있나요?
이것이 귀하의 질문에 대답이 되었기를 바랍니다.	다른 질문 있나요? 귀하의 질문에 충분한 대답이 됐나요? 제가 빠뜨린 게 있나요?
귀하에게 맞는 시간을 알려 주십시오.	통화 가능한 시간은 다음과 같습니다. 귀하에게 맞는 시간이 있습니까?
흥미롭군요. 더 자세히 알려 주세요!	흥미로운데요? 그중에서 어떤 부분이 가장 좋았나요?

문장이 질문으로 끝나면 상대방이 자연스럽게 응답하고 전반적인 과정이 더 쉬워진다. 다른 사람의 시간과 에너지를 빼앗는 이기적인 방식도 아니다. 수많은 고객이 이 방식이 정말 편하다는 댓글을 남기는 것을 보면 말이다. 서로에게 도움이 되는 간단한 뇌과학 사례다.

눈맞춤이 주는 신뢰감

어린이용 시리얼 브랜드는 슈퍼마켓에서 진열대 아래칸을 배정받는 대가로 별도의 수수료를 낸다.[171] 시리얼 상자 앞부분 캐릭터의 성인(앞을 보도록)과 어린이(아래를 내려다보도록)는 서로 다른 자세를 취한다. 연령대에 따라 시선을 맞추기 위해서다. 눈맞춤은 포스트잇 메모처럼 중요하다. 소비자의 관심을 끌고 브랜드에 애정을 느끼게 해서 계속 고객으로 남게 만들기 때문이다. 효과는 어느 정도일까? 브랜드 캐릭터와 눈을 맞춘 사람들은 해당 브랜드에 대한 신뢰도가 16퍼센트나 더 높았다.

작은 단계들 적용하기

| **요점** | 모든 요소가 중요하다. 하지만 모든 요소에 신경 쓸 필요는 없다. 항상 호기심을 품고, 상품을 두드러지게 할 기회를 찾고, 적절한 지점에서 소비자의 관심을 끌면 된다.

| **실천 과제** | 팔고자 하는 상품의 구매 경험을 작은 단계로 나누지 못하면, 고객은 '선택의 역설'에 의해 적절한 지점을 찾지 못하고 당황할지도 모른다. 모든 것이 중요하다. 하지만 그렇다고 해서 모든 것에 초점을 맞출 필요는 없다. 앞에서 작성한, 구매 경험을 작은 단계로 나눈 메모를 찾아보면 도움이 될 것이다.

- 구매 경험에서 빠뜨린 작은 단계가 있었는가? _____

- 추가하거나 제거할 수 있거나 제거해야 하는 단계가 있는가? ____

- 고객의 행동을 넛지할 '포스트잇 순간'을 어떻게 이용할 수 있는가?

- 평서문을 의문문으로 바꿀 수 있는 곳은 어디인가? _____

| **보너스 팁** | 다른 브랜드의 자료를 살펴보면서 스스로 질문하면 유익하다. "무엇이 나로 하여금 링크를 클릭하게 했나?" "왜 나는 하던 일을 멈추고 그 우편물을 열어 봤는가?" "왜 나는 그 이메일을 삭제하고 싶었는가?" "저 상품들은 의도적으로 저 칸에 올려 놓은 걸까?" 등은 우리 뇌에 훌륭한 연습이 된다. 호기심, 관찰, 질문 3가지가 여러분의 브랜드를 두드러지게 하고, 소비자의 방어막을 뚫을 작은 기회를 만들 수 있다.

| **관련 개념** | 프레이밍 효과(5장), 점화 효과(6장), 기준점 제시(7장), 상대성(8장), 군중심리(11장), 사회적 검증(12장), 넛지(13장), 선택의 역설(14장), 분할(15장), 놀람과 희열(17장), 정점-종점 규칙(18장), 습관(19장), 호혜성(20장), 현상 유지 편향, 기대.

주문하시겠습니까?

레스토랑의 메뉴판 디자인은 고객의 음식 선택에 얼마나 영향을 미칠까? 별로 크지 않을 거라고 생각할지도 모르겠다. 선택 설계가 합리적이라면, 예를 들어 혼란을 줄이기 위해 알파벳순으로 하지 않고 쉽게 이해하도록 분류했다면 나머지는 별로 중요하지 않을 것이다.

그러므로 메뉴 최적화에 행동경제학을 활용할 부분은 '가격 책정 방식'이 전부일 거라고 짐작할 수도 있다. 기준점 제시와 상대성을 활용하여 가장 비싼 와인이나 스테이크를 맨 위에 배치해서 손님이 중간 가격대의 메뉴를 선택하게 하는 것 말이다. 하지만 행동경제학에 의하면 고려해야 할 요소가 많다.

텍사스A&M대학교 인간행동연구소는 메뉴 프로젝트에서 눈부신 성공을 거둔 바 있다. 달러 표시를 없애고, 메뉴 배치를 업데이트하고,

3부 행동경제학을 활용하는 법   275

점화 효과와 프레이밍 효과를 도입하여 소개하고, 몇 가지 개입을 통해 레스토랑 메시나 호프 와이너리의 수익률을 18.6퍼센트나 끌어 올렸다.[172] 가격은 모두 그대로였다. 성과에 기여한 요소는 행동경제학 원리로 메뉴판을 최적화한 것뿐이었다. 바비큐 레스토랑 1775 텍사스 핏 BBQ도 수익 증진을 기대하며 텍사스A&M대학교 인간행동연구소를 찾아왔다. 레스토랑의 고민은 원가 상승 때문에 칠면조나 소시지 요리에 비해 양지머리 요리의 수익률이 훨씬 낮아졌지만 손님들 대부분이 양지머리 요리만 주문하는 것이었다. 연구소는 메뉴판을 다음과 같이 조정했다.

- 눈에 잘 들어오는 서체 쓰기
- 메뉴판에 칠면조 요리와 소시지 요리를 첫 번째, 두 번째로 올려 관심 유도하기
- 점화 효과를 적용하여 요리 이름을 수정하고 메뉴 설명 추가하기. 칠면조 요리는 '천천히 훈제한 칠면조 가슴살' 등으로 바꾸고, '육즙을 위해 장시간 훈제하고 풍미를 온전히 즐길 수 있도록 직전에 슬라이스함'이라고 소개하기

결과는 어땠을까? 칠면조 요리의 판매량이 약 30퍼센트 늘었고, 코로나 시기임에도 6개월 후에는 4백 퍼센트 늘었으며, 소시지 요리의 판매량도 50퍼센트 늘었다.[173] 게다가 칠면조 요리를 처음 먹어 본 손님들의 만족도도 높았다. 또 하나의 윈-윈이었다!

《넛지의 천재들Ripple》의 공동 저자 제즈 그룸Jez Groom과 에이프릴 벨라코트April Vellacott도 영국의 유명 레스토랑 체인의 의뢰를 받아 코리 컨설팅 팀이 진행한 메뉴 최적화 작업에 관해 언급했다. 프로젝트의 목표는 1인당 주문 금액을 4펜스 늘리는 것이었다.[174]

레스토랑의 메뉴판은 언뜻 보면 흠잡을 데가 없었다. 브랜드를 드러내는 섬세한 일러스트와 적절한 여백도 있었다. 지면도 잘 나뉘어 있었다. 하지만 코리의 팀이 시선 추적 기법으로 관찰해 보니(시선 추적에 관해서는 28장에서 다룬다), 갈등을 일으키는 심리적 장벽이 21군데나 있었다. 손님의 98퍼센트가 메뉴판을 보다가 가장자리나 여백으로 시선을 돌렸다.

"메뉴판 구성이 안 좋으면 손님들은 메뉴를 고르려 애쓰다가 불안감과 시간 압박 때문에 별로 좋아하지도 않는 음식을 고릅니다. 그런 경험은 레스토랑의 전반적 인상에 영향을 미칠 수 있지요. 원인이 메뉴판에 있음을 손님은 의식하지 못하겠지만 말입니다." 제즈의 설명이다.

그들이 시도한 변화는 눈에 잘 띄지 않을지도 몰랐다.

- 일러스트의 위치와 방향을 바꾸어 손님들의 시선이 가장 중요한 지점으로 향하게 한다.
- 특정 요리에 관심이 가도록 요리 이름의 바탕에 배경색을 깐다.
- '칵테일에 큼직한 우산이 꽂혀 있어서 마시기 민망하지 않을까?' 하고 두려워하지 않도록 칵테일 메뉴를 아름다운 일러스트로 묘사한다.

메뉴판을 새로 구성하자 손님들의 시선이 자연스럽게 이동하다가 의도한 지점에서 멈췄다. 특히 일러스트로 그린 칵테일처럼 영리한 점화 효과 이미지는 뇌를 훨씬 매끄럽게 작동하게 만든다. 텍스트를 이해하는 데는 0.3~0.4초가 걸리지만 이미지를 이해하는 데는 0.013초만 걸리기 때문이다.[175] 코리의 컨설팅팀은 1인당 결제 금액을 13펜스나 늘려 주어 의뢰인의 목표량을 3배 이상 달성했다.

우리의 메뉴 구성은 어떠한가

앞의 사례들은 레스토랑 메뉴지만 어느 업종이든 현재 고객 또는 잠재 고객들에게 매일 메뉴를 보여 준다. 대부분의 회사는 웹사이트, 소셜미디어, 1장짜리 요약 문서 등으로 선택지를 제시한다. 고객이 만족하고 우리에게도 이익이 되는 상품을 선택하게 함으로써 수익률이 18퍼센트에서 4백 퍼센트까지 오른다고 생각해 보라.

여러분 회사의 웹사이트는 고객 만족도가 높고 행동과학 측면에서 바람직하게 구성되었는가, 아니면 레스토랑으로 치면 애피타이저, 디저트, 음료, 주요리, 사이드메뉴가 뒤섞여 있어 이용자들을 답답하게 하는가?

메뉴심리학 적용하기

| **요점** | 뇌의 작동 방식을 무시하고 과도한 정보를 보여 주면 고객의

경험 전반에 악영향을 미친다. 잘못된 '메뉴' 구성이 문제라는 것을 고객이 의식하지 못하겠지만 말이다.

| **실천 과제** | 정보의 작은 단계들은 서로 영향을 미친다. 따라서 조금씩 조정하면 더 나은 결과가 나올 수 있다. 레스토랑에 갔다고 생각하고 관련 요소들을 이리저리 바꿔 보자.

- 어느 단계가 제일 먼저 와야 하는가(준비 작업, 설계)?
- 무엇을 가장 먼저 선택하면 좋을까(애피타이저)?
- 어느 부분이 가장 중요한가(주요리)?
- 어떤 사이드메뉴가 레스토랑에서의 기억을 좋게 만들 것 같은가?
- 체리를 어떻게 놓으면 가장 예쁠 것 같은가(디저트)?
- 정점은 무엇이고 종점은 무엇인가? 최적화하려면 어떻게 해야 할까?
- 고객을 단골로 만들려면 어떻게 해야 할까? 호혜성을 어떻게 자극할까? 계산서와 함께 건네는 박하사탕을 떠올려 보자.

| **관련 개념** | 프레이밍 효과(5장), 점화 효과(6장), 기준점 제시(7장), 상대성(8장), 넛지(13장), 선택의 역설(14장), 결제의 고통(16장), 놀람과 희열(17장), 정점-종점 규칙(18장), 호혜성(20장).

Chapter 26

진짜 문제를 찾아라

"행동 변화를 목표로 삼으면 가장 중요한 질문을 간과하기 쉽다.
'사람들은 왜 지금까지 이렇게 행동할까?' 하는 질문 말이다."
— 캐스 선스타인 (《넛지》 공동 저자)[176]

21장에서 간단히 언급했지만, 비즈니스에 행동경제학을 적용할 때 가장 중요한 점은 문제의 핵심을 이해하는 것이다. 지금까지 상품 개발, 작은 단계 분석, 가격 책정, 상품 소개 등의 구매 경험을 살펴봤으니, 이제 실험을 설계하기 전에 문제의 성격을 다시 따져 보자.

현상 유지 편향과 군중심리에 휘둘리는 뇌는 현 상태를 유지하고 문제를 안고 가려 한다. 현 상태를 바꿀 때 어쩔 수 없이 생기는 예측 불가능성을 싫어하기 때문이다. 실제로 뭔가를 시작하지 않았더라도 말이다. 미리 문제를 재검토하면 해결하기 쉽고 비용도 덜 들지만, 새로운 시도를 하다가 뒤늦게 잘못되었음을 깨달으면 시간이나 비용이 많이 든다.

문제를 재검토할 때는 문제 진술problem statement 또는 핵심 질문을 수

정해야 한다. 사실 원점으로 돌아가 문제를 재검토하는 동안 아무것도 발견하지 못했다면, 그것이야말로 우려스러운 일이다.

아인슈타인은 문제를 이해하는 데 1시간 중 55분을 할애했다. 우리도 지금 55분을 써야 하는 단계에 있다. 이 장에서는 몇 가지 사례에 담긴 통찰을 살펴볼 것이다. 세상의 통념에 맞서 문제 진술을 재검토하고 놀라운 성과를 거둔 주인공들에 관한 이야기다.

연체를 줄이는 법

어떤 기업들은, 소비자들이 요금을 고의로 연체하는 나쁜 습관을 바꾸려면 위협적 경고나 불이익, 벌금을 동원해야 한다고 본다. 이런 이유로 징수 단계에 흔히 처벌식 접근법을 활용한다. 돈을 안 내면 처벌하겠다는 태도다.

스위스는 유럽에서 연체 비율이 가장 높은 나라에 속했다. 이 문제는 기업이나 시민들 모두의 고민거리였다. 그래서 스위스의 주요 통신 사업자 스위스컴Swisscom은 고객들의 통신비 납부율을 올리면서 만족도도 높일 방안을 강구하기 위해 행동과학자 엘리자베스 이머Elizabeth Immer에게 도움을 청했다.[177]

어떻게 하면 사용자들이 통신료를 제때 내면서 만족할까?

엘리자베스는 행동에 나서기 전에 정확히 질문하는 것이 중요하다는 점을 알았다. 그래서 프로젝트에 돌입한 초기에는 진짜 문제를 찾느라 몇날 며칠 밤잠을 설쳤다. 그 결과 프로젝트의 방향을 결정할 2가지

스위스컴에는 극복해야 할 통념 몇 가지가 있었다.

- 스위스 사람들은 통신비를 내지 않는다.
- 사람들은 내야 한다는 것을 알면서도 내지 않는다.
- 나쁜 습관을 고치는 최선의 방책은 경고와 처벌이다.

질문이 나왔다.

- 고객들은 왜 통신비를 내지 않는가?
- 고객들이 통신비를 제때 내게 하려면 무엇을 해야 하는가?

"프로그램이 성공한 이유는 조사에 집중한 덕분이었어요. 조사 작업을 완수하니 새로운 단계를 구상하기가 비교적 수월하더군요." 그녀의 말이다. 단계를 재설계하는 과정에는 다음 질문도 포함된다.

- 고객들에게는 언제 통보하는가? 그들은 언제 놀라는가?
- 어떤 수단으로 연락하는가? 맥락이 중요하다.
- 각 단계에 어떤 방법이 결제를 북돋울까? 넛지하기에 좋은 인센티브는 당근인가 채찍인가, 아니면 둘 다인가?
- 이메일은 어떠해야 하는가(점화 효과, 프레이밍 효과)?
- 어떤 단어와 숫자를 사용해야 하는가(프레이밍 효과)?

한 가지 문제는 고객들은 스위스컴이 벌금을 물리거나 불이익을 주리라는 것을 예측하지 못했다는 것이다. 그래서 처벌은 통신비를 제때 내게 하는 데 효과가 없었고, 고객을 당황하게 하는 데만 효과적이었다. 고객이 처음 연체를 통보받은 시점에는 기간이 많이 지나서 문제를 해결할 시간이 없는 경우가 많았기 때문이다. 그렇다면 고객이 당황하기 전에 대응할 시간을 주는 편이 나을 것 같았다.

불이익을 당할 위험이 있음을 사전에 고객들에게 경고하고 피하는 법을 확실히 알리자 고객들이 통신비를 빨리 내기 시작했다. 즉, 친절한 넛지가 먹히자 스위스컴도 새로운 처벌법을 도입하기보다 고객들을 돕는 법을 찾았다. 결과는 어땠을까?

이제 고객들은 이전보다 훨씬 일찍 통신비를 낸다. 게다가 만족도도 올랐다. 스위스컴은 처음 2년 동안 진짜 문제를 찾는 데 집중한 덕분에 880만 달러나 아낄 수 있었다.

진취적인 온라인 축제

코로나가 세계적으로 유행하면서 이동이 불가능해지자 컨퍼런스에 의존하던 많은 기업이 온라인 대회로 규모를 줄였다. 규모를 축소한 대처는 현명했을까, 아니면 현상 유지를 좋아하는 뇌의 착각이었을까? 잘못된 신념에서 벗어나는 가장 좋은 방법은 질문으로 그것을 공격하는 것이다.

- 누가 그렇게 말했는가?

- 왜 내가 그렇게 느끼는가?

- 그게 사실이 아니라면?

- 어떻게 달라질 수 있을까?

- 사실은 그 반대라면?

다른 컨퍼런스 주최자들이 작은 행사를 계획하고 있을 때, 영국의 대표적 광고회사 오길비 UK의 행동과학자들은 행동과학 축제로 불리는 '넛지스톡 페스티벌Nudgestock Festival'을 준비하면서 다른 관점을 취했다. 2019년에는 현장에 참석한 행동과학 신봉자가 4백 명 정도였다. 그런데 2020년에는 450명이 참가하리라는 것이 오길비 UK의 예측이었다. 질문을 다음과 같이 바꿨기 때문이다. "온라인으로 더 진취적인 행사를 만들려면 어떻게 해야 할까?" 이런 질문도 던졌다고 한다. "어떻게 하면 행동과학의 '라이브 에이드Live Aid'*를 만들 수 있을까?"[178]

'넛지스톡 2020'은 15시간 내내 연속으로 무료 콘텐츠를 즐길 수 있는 세계적 강연자들의 무대가 되었다. 인도에서 하와이에 이르는 여러 시간대의 강연자들이 등장했다. 온라인 청중은 12만 명이 넘었다.

이들은 억지로 앉아 있는 웹 세미나 청중과 달랐다. 그날 트위터는 행사 이야기로 떠들썩했고, 많은 사람이 친구가 되었다. 링크드인

---

* 1985년 7월 영국 런던과 미국 필라델피아에서 이뤄진 대규모 공연. 에티오피아 난민의 기아 문제를 해결할 자금을 마련하기 위해 기획되었다. 역사상 가장 규모가 큰 실시간 위성중계방송으로, 1백여 개 국가에서 약 15억 명이 시청했다.

LinkedIn*에서는 행동과학 클럽이 우후죽순처럼 생겨나 금세 2천 명 이상이 가입했다. 온라인으로 참가하여 감동받은 나는 나중에 오프라인 행사가 열리면 꼭 참석할 행사로 넛지스톡을 점찍었다. 추후에 넛지스톡 온라인 컨퍼런스가 유료로 바뀌더라도 꼭 참석할 생각이다.

큰 꿈을 꾸고 문제에 색다르게 접근한 오길비 UK는 코로나 시국이 도래하기 전보다 훌륭한 행사를 만들었다. 그로 인해 늘어난 브랜드 자산은 측정하기 힘들 정도다. 기존 방식이 옳거나 최선이라는 통념을 거부했기 때문에 이룬 쾌거였다.

숫자 없는 체중계

숫자가 없는 체중계에 올라서서 체중을 재는 모습을 상상할 수 있는가? 말이 안 된다. 체중을 숫자로 보여 주지 않는데 체중이 줄어서 정상에 가까워졌는지, 늘어나고 있는지를 어떻게 안단 말인가.

《상식 밖의 경제학Predictably Irrational》을 비롯해 여러 권의 베스트셀러를 저술한 듀크대학교 고급통찰센터 원장 댄 애리얼리는 건강 문제를 조금 다른 시각으로 봤다.[179]

나의 팟캐스트 〈브레이니 비즈니스〉 101회에 출연하여 설명한 바에 따르면, 건강을 구성하는 것은 체중뿐이 아닌데 우리는 건강을 체중이라는 숫자와만 연결시킨다. 디지털 저울이 널리 보급되면서 측정치가

---

* 세계 최대의 비즈니스 전문 소셜미디어. 특정 업계 사람들이 구인, 구직하고 업계 정보를 파악하기 위해 이용하는 서비스다.

훨씬 정밀해졌다. 체중을 소수점 이하 한 자리나 두 자리까지 정확히 알면 좋겠지만, 사실은 그렇지 않다.

"체중은 하루에도 9백 그램에서 3.5킬로그램까지 왔다 갔다 합니다. 어떤 조치를 취하든 체중에 반영되기까지는 최대 2주가 걸릴 수 있습니다." 댄의 설명이다. 자연스러운 체중 변화로 오차가 생길 수 있고, 진짜 체중을 파악하기까지는 일정 기간이 필요하다는 말이다. 오차가 반영된 숫자는 혼란을 주고 의욕을 앗아 가기도 한다. 댄이 "건강한 음식을 믹고 사흘 동안 운동했는데 체중이 늘었다면 얼마나 절망스러울지 상상해 보세요"라고 하자 나는 상상할 필요도 없다고 했다. 내가 경험자니까!

숫자가 나타나기를 기다릴 때의 두려움도 또 다른 어려움이다. 그래서 많은 사람이 마음껏 포식한 후에는 며칠 동안 체중계에 올라가지 않는다.

그런데 중요한 것은 정확한 체중을 아는 것이 아니라 매일 체중계 위에 올라가는 행동이다. 하루 동안 건강에 좋은 선택을 하겠다고 마음먹게 되고, 그 생각이 좋은 쪽으로 연쇄반응을 일으키기 때문이다. 아침에 제일 먼저 체중을 생각하는 사람은 그날 하루 건강한 음식을 먹고 적절하게 운동해야겠다고 다짐하고, 지킬 가능성도 크다. 반면 밤에 체중계에 올라서는 사람은 잠을 푹 자는 것 외에 딱히 할 수 있는 일이 없다.

"비만은 체중이 조금씩 증가해서 나타나는 현상입니다. 나쁜 일이 하나도 일어나지 않은 1년은 사실상 의학적으로 놀라운 1년이죠." 댄 건강을 유지하려면 정확한 체중을 알아야 한다는 생각은 샤파에 통념에 불과했다. '건강하다는 것이 무슨 뜻인가?' 또는 '체중을 줄이기 위해서는 자신의 체중을 알아야 하는가?'라는 질문은 통념을 잊고 뇌과학에 맞는 새로운 문제 진술을 찾는 데 도움이 되었다.

의 말이다. 이상적인 것은, 평상시에는 동일한 체중을 유지하고 1년 동안 몇 차례 감소하는 것이다.

그러한 통찰에 중점을 둔 댄은 숫자 없는 체중계 샤파 Shapa를 만들었다. 매일 체중계에 올라가면서도 전체적 건강 관리에 더 집중하도록 숫자를 없애 버렸다.

숫자가 없으면 목표에 도달하기까지 체중을 어떻게 관리하는지 궁금할 것이다. 샤파는 5가지 색깔 시스템을 이용한다. 체중을 유지하면 초록색으로 축하해 주고, 체중 감소는 청록색이나 파란색, 그리고 체중 증가는 회색으로 표시한다.

샤파가 작동하기까지는 일정 기간이 필요하다. 처음 열흘 동안 매일 하루 2회씩 샤파에 올라서야 색깔이 나타나기 시작한다. 습관을 들이기 위해서다. 이 기간 동안 샤파는 사용자의 평소 체중 범위를 파악하여 언제 초록색을 보여 줘야 할지를 정한다. 9백 그램에서 3.5킬로그램까지의 자연스러운 변화는 체중 증가나 감소로 판단하지 않는다.

칼로리 섭취를 제한하며 다이어트하는 동안 수치를 약간 속인 적이 있는가? 초콜릿을 7조각 먹었는데 3조각만 먹었다고 한다든지 말이다.

우리는 왜 그런 짓을 할까? 그 칼로리만큼 섭취한 것이 사실인데 말이다. 그래도 기분이 좀 낫기 때문이다. 칼로리 제한은 체중을 줄이는 데 도움이 되지만 수치를 속이지 않을 때만 그러하다. 샤파는 이 문제를 해결했다. 사용자는 숫자에 대한 두려움 없이 체중계에 올라선다. 사용자는 뭔가가 진도를 관찰하고 있다는 것만 안다. 그것이 체중 변화를 감지해서 매일 색깔을 보여 주므로, 사용자는 복잡하게 계산할 필요 없이 체중을 유지하는 활동을 즐겁게 받아들인다.

체중계에 올라시기민 하면 될 정도로 행동을 단순화하고 두려움을 제거한 이 방식은 사용자의 전반적 건강을 증진하면서 중요한 습관을 형성한다. 조사에 의하면 5명 중 4명이 일주일에 6회 이상 샤파에 올라서고, 샤파를 1년 동안 사용한 사람들의 75퍼센트가 체중이 늘지 않았다.

진짜 문제는 체중계의 숫자가 아니라는 것을 간파했기 때문에 나온 성과다.

통념 공격하기

| **요점** | 우리는 항상 자신의 신념이 옳다는 증거를 찾기 때문에 통념을 당연하게 받아들인다. 하지만 이것이 발전을 가로막는다. 잘못된 통념을 알아차리고 허위를 밝혀야 진짜 문제를 파악할 수 있다.
| **실천 과제** | 여러분의 문제를 제대로 파악하지 못하게 가로막고 있는 통념 3가지를 적어 보라.

• 통념 1: _____

그것이 틀렸음을 입증할 질문들: _____

• 통념 2: _____

그것이 틀렸음을 입증할 질문들: _____

• 통념 3: _____

그것이 틀렸음을 입증할 질문들: _____

여러분의 진짜 문제는 무엇인가? _____

| **관련 개념** | 프레이밍 효과(5장), 점화 효과(6장), 손실 회피 성향 (9장), 군중심리(11장), 넛지(13장), 선택의 역설(14장), 습관(19장), 호혜 성(20장), 현상 유지 편향.

Chapter 27

새로움과 이야기의 힘

이제 첫 번째 테스트를 설계할 준비가 되었을 것이다. 그전에 고려할 사항이 있다. 다행히도 재미있는 일이다. 정말이다.

인간의 뇌는 새로운 것과 약간 특이한 것을 좋아한다. 그래서 농담이나 유치한 밈을 좋아하고 자신이 똑똑하게 느껴지는 말장난도 즐긴다. 고객이 경험하는 작은 단계들은 모두 중요하므로 신중하게 구성해야 한다. 그렇지만 첫 단계에 흥미를 끌지 못하면 고객은 다음 단계로 넘어가지 못한다. 우리 광고를 스크롤해서 올려 버리거나 이메일을 지워 버렸을 테니 말이다. 관심을 끄는 좋은 방법 중 하나는 작은 재미를 심어 두는 것이다.

캐스 선스타인은 넛지를 개발할 때 FEAST 프레임을 이용하라고 권한다.[180] 훌륭한 행동과학적 개입은 재밌고Fun, 쉽고Easy, 매력적이고

Attractive, 사회적이고Social, 시의적절Timely하다는 것이다.

이 틀에 맞는 사례 중 내가 가장 좋아하는 것은 누구나 아는 상품인 포도다.

포도는 단순명쾌하게 고를 수 있다. 초록색 아니면 붉은색, 그리고 씨가 있거나 없거나. 따져 봐야 할 브랜드도 없고, 선호하는 포도 농장도 없다. 그런데 솜사탕 포도Cotton Candy grapes가 등장했다.[181]

솜사탕 포도는 재밌다! 포장이 분홍색이어서 눈에 띈다. 포장의 솜사탕 이미지들은 매력적이고 장점을 이해하기 쉽다. 수량이 한정돼 있으므로 화젯거리도 된다. 그래서 매년 이 포도가 상점에 등장하면 사진들이 올라오고, 스타벅스의 빨간색 컵처럼 솜사탕 포도 찾기가 시작된다. 슈퍼마켓에서 소비자들이 무슨 과일을 살지 생각할 때 그 포장이 보이기 때문에 시의적절하기도 하다. 나는 평범한 포도를 원하는가, 아니면 재밌는 포도를 원하는가? 쉽다.

비즈니스에 행동경제학을 적용하려면 머릿속에 재미를 각인시켜야 한다. 그렇다. 이것은 과학이다. 하지만 뇌는 참신함도 좋아한다. 비즈니스에 행동과학을 도입할 때 자신이 지루함을 느낀다면 절대 소비자의 관심을 끌지 못한다.

나는 FEAST 프레임에서 한 걸음 더 나아가 FEASTS 기반의 프레임을 제안하고 싶다. 비즈니스에 행동경제학을 적용할 방법을 찾고 있다면 다음 요소에 주목하길 바란다.

- 재미있는 것Fun

- 쉬운 것Easy

- 매력적인 것Attractive

- 사회적인 것Social

- 시의적절한 것Timely, and have it tell a great

- 이야기를 담은 것Story

옛날 옛날에……

왜 이야기가 그렇게 중요할까? 신경경제학 연구센터Center for Neuroeco-nomics Studies 창립 이사 폴 잭Paul Zak 박사는 옥시토신이라는 뇌 호르몬이 스토리텔링storytelling의 중심이라는 사실을 발견했다.[182] 연구팀의 발견에 따르면 옥시토신은 어느 인물이 안전하고 신뢰할 만하다고 뇌에 신호를 준다. 그래서 옥시토신이 분비되면 상대방에게 더 공감하고 협조적으로 변한다. 호혜성 반응과 비슷하다.

인물 중심의 이야기를 들을 때도 뇌에서 옥시토신이 분비된다. 동영상을 볼 때도 마찬가지다. 단, 보는 사람이 관심을 갖고 어느 정도 긴장하며 지켜볼 때 그렇다. 재밌는 이야기는 듣는 사람을 빠져들게 한다. 새로 나온 블록버스터든 비즈니스 요령이든 말이다.

동영상 첫 장면이 중요한 이유는 그 때문이다. 만일 유튜브 영상이 "안녕하세요. 멜리나가 다시 왔어요. 오늘 여러분을 만나게 되어 정말 신나요. 왜냐하면……" 같은 식으로 시작하면 시청자들은 다른 영상을 볼 것이다. 반면 특이한 질문이나 강렬한 이미지 또는 독특한 얼굴 표

정이 나오면 이렇게 생각할 것이다. '다음에 뭐가 나오려고 이러지?'

영상이든 이미지든 글이든 이야기의 매 순간은 보는 사람이 다음 단계로 넘어가게 만들어야 한다. 우리가 원하는 행동을 할 때까지 넘어가게 하면 가장 좋다. 이야기의 목표는 우리 채널을 구독하게 하는 것일 수도 있고, 클릭해서 리드 마그넷을 선택하게 하는 것일 수도 있고, 콘텐츠를 공유하거나 상품을 사게 만드는 것일 수도 있다.

잘 만들어진 이야기는 뇌의 기억 센터와 연결되기 때문에 우리는 이야기에서 배운 것을 더 잘 기억한다. 모든 문화는 고대까지 거슬러 올라가면 어떤 형태로든 이야기를 들려주고 듣는 전통이 있다.[183] 이야기하기는 인간의 본성이다. 그러므로 브랜드를 알리는 데 그 본성을 최대한 활용해야 한다.

작은 상점을 구한 이야기

지금이 2019년 하반기라고 하자. 나는 작은 상점을 운영하는데 운 좋게도 시내 번화가에 좋은 자리를 얻었다. 항상 유동 인구가 많기 때문에 상황이 좋다. 그런데 시에서 이 지역에 경전철을 깐다고 한다. 장기적으로는 호재지만, 문제는 공사가 진행되는 동안 거리의 통행이 불편해진다는 것이다. 공사가 끝나기까지는 몇 년이 걸릴 예정이다. 공사가 시작되자 한때 행인들로 북적이던 거리는 이제 유령 마을이 됐다. 몇 시간 동안 지켜봤지만 3명과 개 1마리만 지나갔을 뿐이다. 2주 만에 가게 몇 군데가 문을 닫았고, 점차 속도가 빨라져 매주 가게 5군데가

문을 닫는다. 앞날이 암담해 보인다.

이스라엘 텔아비브시가 작은 상점들을 보호할 방안을 찾기 위해 콜루Colu를 영입할 때의 상황이 이랬다.[184]

콜루는 당면한 문제를 파악했다. 통행 인구가 줄어든 현실은 3년 동안 지속될 것이고, 그렇다면 살아남는 상점은 없을 터였다. 앞의 모범 사례처럼 그들은 올바른 해결책을 찾기 위해 정확한 질문을 뽑았다. '소비자들이 이 지역 상점에서 물건을 사게 하려면 어떻게 해야 할까?'

그들은 '이 지역에서 1달러를 쓰면 앱에서 코인으로 30퍼센트를 돌려받고, 코인을 지역 상점에서 쓸 수 있다'와 같은 작은 인센티브와 사용자들의 관심을 끄는 이야기들을 해결책에 포함했다. 언론을 통해 인센티브를 홍보하는 한편 상인들의 개인적 사연과 사진도 알려서 시민들이 상점을 방문하도록 유도했다.

그랬더니 처음 45일 동안 그 지역 상가에 4천 명이 와서 2만 3천 건의 구매를 했다. 그중 70퍼센트는 그곳에서 처음 쇼핑한 사람들이 했다. 인센티브 비용으로 투입된 15만 달러는 상점들에 70만 달러의 수익으로 되돌아왔다.

가장 좋은 결과는 인센티브 행사가 끝난 후에도 쇼핑객이 줄지 않은 일이다. 그래서 상점들의 평균 매출이 공사 전보다 오히려 30퍼센트나 늘었다. 이유가 뭘까? 소비자들에게 상점 주인들의 개인적 사연들을 공들여 들려줬기 때문이다. 사연을 들은 손님들은 그들을 도우며 좋은 결과를 맺고 싶었고, 그 동기는 금전적 인센티브보다 중요한 역할을 했다.

환자에게 꿈과 희망을 주는 이야기

"암입니다." 절대 듣고 싶지 않은 말이지만 해마다 미국에서 180만 명이 암을 진단받는다.[185] 우리 자신이나 가족이 암을 진단받으면 궁금한 점을 묻기 위해 누구에게 가야 할까? 밤새 잠도 못 자고 얼마나 궁금한 점이 많을까? 누구와 상담해야 한단 말인가? 구글에서 찾은 답이 정확한지 가짜 뉴스인지 어떻게 알겠는가? 게다가 부자가 아니어서 최고의 명의를 만날 수 없고, 대안적 치료법을 찾아 먼 곳까지 갈 수 없다면 어디서 치료 방도를 찾아야 할까?

최고의 명의들을 접하고 암에 대한 정확한 정보를 얻을 수 있는 비즈니스를 기획한다면 어떻게 해야 할까?

많은 사람이 웹엠디WebMD* 같은 곳을 떠올릴지도 모르겠다. 하지만 서바이버넷SurvivorNet 창업자 스티브 앨퍼린Steve Alperin은 생각이 달랐다.[186] ABC 뉴스 임원이었던 스티브는 이야기의 힘을 잘 알았고, 어려운 내용을 친근하게 설명해야 한다는 점도 잘 알고 있었다.

스티브는 이렇게 말했다. "피터 제닝스Peter Jennings는 20년 넘게 ABC 〈월드 뉴스 투나잇World News Tonight〉 앵커였죠. 미국인들에게는 삶의 일부였다고 할 수 있습니다. 그런 피터가 폐암에 걸렸다는 사실이 알려지자 온 국민이 그야말로 충격에 빠졌어요. 그가 세상을 뜨자 폐암 진단이 급증했고 그다음 해에 폐암 환자가 3.5퍼센트나 늘어났죠. 그 정도

---

* 1998년 제프 아널드Jeff Arnold가 설립한 건강, 의료 관련 정보 사이트.

증가는 실로 엄청난 일입니다."

사람들에게 건강 진단을 받으라고 하거나 담배를 끊으라고 하는 것은 효과가 없다. 우리 뇌는 시간이 많다고 생각하는 성향이 있기 때문이다. 자신은 면역력이 강하고 나쁜 일은 일어나지 않으리라고 믿는다. 하지만 사랑받던 유명인이 그 싸움에서 패배하는 것을 목격하자 많은 사람이 건강 진단을 받았다.

10년쯤 지난 후 스티브는 서바이버넷을 세웠다. 그는 이 플랫폼이 암 정보에 관해서는 가장 앞서간다고 지부한다. 미디어 네트워크인 서바이버넷은 학술 논문을 따분하게 저장한 구식 정보망이 아니고 무작정 암에 대한 공포를 조장하지도 않는다. 두려운 상황에 처한 이들이 이야기의 힘으로 희망을 찾고 힘을 얻도록 돕는다. 또한 최고의 의사들과 환자들을 연결해 준다. 이 모든 것이 뉴스 네트워크처럼 진행된다. 짧지만 아름다운 동영상들, 그리고 다양한 사연들이 펼쳐진다.

서바이버넷은 매달 260만 명의 순 방문자가 생길 정도로 거대한 웹사이트가 되었지만 여기서 그치지 않고 다른 미디어로 확장했다. 서바이버넷 TV는 애플 TV, 로쿠 TV, 프라임비디오, 구글플레이에서도 라이브로 스트리밍된다. 서바이버넷이 이야기의 힘으로 사람들이 암과 싸우고, 암에 관해 공부하고, 힘을 얻도록 도왔다면, 그리고 콜루가 작은 가게들이 매출을 올릴 수 있게 도왔다면, 여러분 회사는 무엇을 할 수 있겠는가?

새로움과 이야기 적용하기

| **요점** | 재밌고 잘 짜인 이야기는 뇌의 관심을 끌어 행동을 바꾸는 핵심 열쇠가 될 수 있다.

| **실천 과제** | 행동과학의 FEASTS를 실천할 때다.

- 재밌게 행동과학적으로 개입하려면 어떻게 해야 할까? _____
  _____
- 어떻게 하면 쉬워질까? _____
- 무엇이 가장 매력적일까? _____
- 어떻게 하면 화젯거리가 될까? _____
- 무엇이 가장 시의적절할까? _____
- 재밌는 이야기를 어느 지점에 넣을까? _____

| **관련 개념** | 점화 효과(6장), 손실 회피 성향(9장), 사회적 검증(12장), 넛지(13장), 호혜성(20장), 현상 유지 편향, 옥시토신.

Chapter 28

테스트, 테스트, 다시 테스트

한 번도 거래한 적 없는 사람들을 상대로 다음과 같이 설문조사를 한다고 해 보자. "계약서에 서명하기 전에 꼭 알고 싶은 것이 있다면 무엇인가요?" 그랬더니 46퍼센트가 똑같이 대답했다고 하자. 우리가 쉽게 실천할 수 있는 데다 다른 직원들과 프로덕션팀도 몇 년 동안 추가하자고 주장해온 사항이었다. 진입 장벽이라 생각하고 있었기 때문이다.

그럼 어떻게 해야 할까? "좋아요! 합시다"라고 할 것인가, 아니면 일단 테스트를 1회(또는 10회) 해 볼 것인가? 많은 비즈니스 분야가 설문조사를 테스트로 받아들이는 경향이 있다. 알아볼 만큼 알아봤고, 조사 대상자 중 거의 절반이 의견이 같았으니 그 방향이 옳을 거라고 말이다. 그래서 최대한 빨리 방침을 밀어붙여 실행하고 싶어 한다.

현명하게도 넷플릭스는 언뜻 보면 합리적인 이 접근법을 실천하지 않았다.[187] 넷플릭스에서 무료 체험 회원을 모집할 때 가장 높은 장벽은 콘텐츠 카탈로그를 보여 줄 수 없다는 것이었다. 이들은 우선 몇 가지를 테스트했다. 연구팀은 새 버전 중 어느 것이 최선인지 판단하기 위해 일련의 A/B 테스트를 설계했다. 그러면서 새로 구성한 버전 모두 기존 버전보다 반응이 좋을 거라고 자신했다. 설문조사 결과, 가입을 가로막는 이유 중 하나는 콘텐츠를 미리 볼 수 없는 디자인이라고 절반 정도가 응답했기 때문이다. 그래서 새로운 디자인 중 어느 것이 가입률을 가장 높일지 테스트하기로 했다.

1라운드는 통제 그룹(콘텐츠를 안 보여 주는 버전) 대 테스트 버전 1의 경쟁이었다. 그랬더니 통제 그룹의 가입률이 높았다. 이어서 통제 그룹은 테스트 버전 2와 경쟁했다. 이번에도 통제 그룹의 승리였다. 그다음에도, 그다음에도 마찬가지였다. 콘텐츠를 안 보여 주는 버전의 가입률이 매번 높았다.

왜 이런 결과가 나왔을까? UX런던이라는 디자인 컨퍼런스에 참가한 네이빈 아이옌가Navin Iyengar에 의하면 콘텐츠와 선택 사항이 너무 많으면 사용자가 부담을 느낀다. 넷플릭스의 잠재 고객들도 제목을 직접 입력해서 찾느라 넷플릭스가 새로이 마련한 마법을 경험하지 못했다.

사용자는 의식 영역에서는 선택지가 많으면 좋을 거라고 생각했지만, 선택지가 엄청나게 늘자 무료 체험 등록을 포기해 버렸다. 이 사례 연구에서 분명히 밝혀지지 않았지만 조심스럽게 말하자면, 찾는 작품이 목록에 있을지 기대하여 도파민이 분비되면 '무료 체험'이라는 장벽을 넘어섰을 것이다. 기대할 것 없고 호기심을 자극하는 것도 없는데 등록 버튼을 클릭할 이유가 없지 않은가?

분기마다 수백만 명의 신규 구독자가 생기는 넷플릭스가,[188] 콘텐츠를 보여 주는 것이 좋다는 설문조사 결과를 보고 곧장 디자인을 바꿨다면 큰 손해를 봤을 것이다. 다행히도 이곳에는 탁월한 행동과학연구팀과 테스트에 기반하는 문화가 있었다.

앞에서 언급한 내용을 반복하면, 원한다고 생각하는 것과 진짜 원하는 것은 다르다. 뭔가 효과가 있으리라고 확신한다고 해서 실제로 마법 같은 효과가 나타나는 것은 아니다. 이 책의 몇 가지 개념을 실행하는 과정에서도 비슷한 일이 생길 수 있다. 하지만 테스트하지 않으면 더 나은 해결책을 알 길이 없다.

영국의 컨설턴트 회사 덱테크Dectech는 무작위 배정 임상시험randomized controlled trial* 플랫폼 행동연구소Behaviourlab를 통해 고객들을 대상으로 여러 가지를 테스트한다. 테스트의 중요성을 보여 주는 연구 자료는 무수히 많다.[189]

그중 하나는 보험료를 낮추기 위해 다른 운전자 명의로 보험에 가입하거나, 분실한 노트북 컴퓨터 가격이 실제보다 1백 달러 비싸다고 속이는 등의 거짓말에 관한 연구다. 사소해 보이는 이 작은 사기들 때문에 보험회사는 1년에 10억 파운드 정도의 손실을 입는다. 그 결과 계약자 각각의 보험료가 오르기 때문에 악순환의 고리가 형성된다.

---

* 치료 효과를 측정하고 검증하기 위해 피험자들을 두 그룹 중 하나에 무작위로 할당하고 진행하는 시험.

덱테크는 속임수들을 해결하기 위해 가상의 보험금 청구 상황 18가지를 설정하고 5가지 개념(규범화/사회적 검증, 자아 일관성, 점화 효과, 프레이밍 효과, 호혜성)을 테스트했다.

대부분의 상황에서 5가지 개념과 개입이 긍정적인 영향을 미쳐서 부정직한 대답을 줄여 줬다. 하지만 거짓말을 줄이는 데 효과적이었던 요소를 알아내야 했다. 5퍼센트의 효과가 있었던 '정직히 답하겠다는 맹세'부터 74퍼센트의 효과가 있었던 '다른 사람들은 정직하게 답변했다는 정보'까지 범위가 넓었다. 거짓말을 5퍼센트 줄여 준 '정직함의 맹세'만 믿고 일을 진행했다면 수억 달러를 아낄 기회를 놓쳤을 것이다.

현 상황에서 행동과학 개념이 효과를 발휘할지, 어느 정도까지 발휘할지를 아는 유일한 방법은 테스트하는 것이다.

때로는 '어떻게 되는지 보자'라는 마음으로 해 본 어이없는 시도가 가장 좋은 결과를 낳기도 한다. 투자 조사업체 모닝스타Morningstar 행동과학국장이자《행동변화 설계하기Designing for Behavior Change》지은이 스티브 웬들Steve Wendel이 자신의 경험을 들려준 적 있다. 그는 외환 ATM 수수료를 피하도록 사람들의 행동을 바꾸는 방법에 관한 시나리오들을 테스트했다.[190] 누가 봐도 당연한 조치들은 별 효과가 없었지만, ATM 괴물이 돈을 먹는 그림을 눈에 띄는 곳에 붙였더니 효과가 있었다. 나는 그 이유는 자기 돈이 어떻게 될지를 재밌고 쉬우며 매력적이고 사회적이며 시의적절하고 이야기가 있는 방식으로 전달했기 때문이라고 믿는다.

우리가 넷플릭스처럼 A/B 테스트를 할 수 있는 풍부한 예산과 구독자 1억 8천만 명을 갖고 있다면 좋겠지만, 거대 기업만 지속적으로 테스트할 수 있는 건 아니다.

자기 방식대로 테스트하기

비즈니스에 행동경제학을 적용하려면 실험을 준비할 때 다음 3가지를 염두에 두라고 당부하고 싶다. 작게 시작하고, 심사숙고하고, 여러 번 하는 것이다.

작게 시작하라

넷플릭스의 실험이 단순한 일련의 A/B 테스트인 점은 우연이 아니다. 온갖 분야에서 간단한 틀을 활용한 넷플릭스는, 회원이 적절한 타이틀 이미지를 보면 시청할 가능성이 30퍼센트나 올라간다는 사실을 깨달았다.[191] 구글은 A/B 테스트로 자신들의 링크에 딱 맞는 파란색 색조를 찾아냈고, 해마다 광고 수익이 2억 달러씩 증가했다.[192]

한 실험에 글자를 버튼으로 바꾸기, 색깔 바꾸기, 단어 바꾸기 등 너무 많은 요소를 넣으면 결과에 영향을 미친 요소를 정확히 알 수 없기 때문에 정보를 이용할 수도 없다. 마르코 파머 박사가 말했듯 "두통이 있을 때 두통약 6가지를 먹으면 어떤 약이 효과가 있었는지를 알 수 없다. 그래서 다음에 두통이 생길 때 어떤 약을 먹어야 할지 모른다. 먼저 하나를 먹고 효과가 있는지 기다린 다음 다른 것을 시도하는 것이 바람직하고 비용도 적게 든다." 작은 규모로 실험하면 배운 것을 실천하고 다른 실험을 하는 데도 용이하다.

심사숙고하라

나는 이메일이나 〈브레이니 비즈니스〉 끝부분에서 언제나 "심사숙고하세요"라고 말한다. 합당한 이유가 있기 때문이다. 심사숙고하라는 말은 무슨 뜻일까? 통념과 편협한 시각에서 벗어나는 것이다. 그래서 새로운 관점에서 여러 가지 질문을 던지며 다른 사람들이 놓친 미지의 기회를 찾는 것이다.

또한 이 책에서 제시한 틀을 사용하여 테스트에 뛰어들기 전에 시간을 들여 계획을 세우는 것이다. 사소한 요소들을 테스트한다 해도 신중하지 않으면 긴 시간을 잡아먹을 수도 있다. 설계하고 분석하는 몇 사람으로서는 이메일, 포스트, 웹사이트 페이지, 우편물 등을 매번 여러 버전으로 바꾸는 일이 하루 종일 해야 하는 중노동이 될 수 있다. 그러므로 모든 것을 테스트하기보다 올바른 것을 선택해야 한다.

또한 테스트를 설계하기 전에 어떤 문제를 해결해야 하는지, 반드시 해결해야 하는 이유가 무엇인지 알아야 한다. 무엇을 성취하려 하고, 왜 중요한지를 생각해 보자.

이 질문이 중요한 이유는 여러 가지다. 우선 질문이 정확하면 집중할 대상이 분명해져서 주의가 산만해지지 않는다. 그래서 시간을 효율적으로 쓸 뿐 아니라, 배운 내용을 실천하고 계속 발전하는 데 충분한 자원을 투자할 수 있다. 무엇이든 테스트할 수 있지만, 명확한 초점과 목표가 없다면 모든 것이 시간 낭비로 끝날 수 있다. 둘째, 연구하는 근거, 그리고 전체 조직이 존재하는 근거를 공유하는 데 도움이 된다.

- 우리 회사가 하는 일이 가치 창출이라면, 이것을 반영하는 테스트에 집중해야 한다. 어떻게 하면 광고 비용을 적게 들이고 할인을 더 많이 할 수 있는가? 어떻게 하면 가장 효율적으로 소비자에게 제품을 소개할 수 있는가?
- 회사가 잠재 고객을 실제 고객으로 전환하는 데 집중한다면, 홍보 이메일을 열어 보고 클릭하는 비율을 높이는 것이 중요하다.
- 신청 절차가 있다면, 잠재 고객들이 어디서 더 나아가지 못하고 멈추는지를 알아야 한다. 이유가 뭘까? 어떻게 하면 절차를 완료하게 할 수 있을까? 특정 고객들만 멈추는가, 모두가 그러는가? 그들을 대상으로 테스트하면 직원들의 노동력을 효율적으로 줄일 방안이 나올까?

과일로 치면 테스트 참가자들이 주스를 짤 만한 과일인지 확인해야 한다. 그래야 엄청난 시간과 노력을 낭비하지 않는다. 미리 심사숙고하면 테스트, 프로젝트, 제품을 통해 계속 배우고 발전하도록 설계할 수 있다.

일반화의 오류 피하기

한 테스트의 결과가 반드시 모든 분야와 상황에 들어맞지는 않을 것이다.

상황이 중요하다는 것을 잊지 말아야 한다. 예를 들어 페이스북의 빨간색 '지금 구매' 버튼은 대조 효과 때문에 타깃의 웹사이트보다 소비자 행동에 미치는 영향력이 더 클 것이다.[193] 구축 단계에 치밀하게 계산하면 배운 내용을 다른 상황에 합리적으로 적용하는 방법을 알 수 있다.

한마디 더 하자면, 미리 입력하지 않은 정보는 더 깊이 파헤칠 수 없다. 만일 인구통계와 다른 상세한 내용을 더 알아봐야 한다면 미리 데이터에 포함해야 한다. 이처럼 테스트를 설계하기 전에 필요한 사항과 통찰을 활용하는 방법을 차분하게 고려해야 한다.

테스트는 일찍, 여러 번 하라

내부에서 소규모로 테스트하면 결과를 신속하게 반영할 수 있다. 여러 번 할수록 더 많이 배우고 쉬워진다. 테스트는 의문스러운 점을 찾아 후속 실험을 설계할 수 있는 기회다.

실험에서 예상치 못한 결과가 나올 수도 있다. 하지만 때로는 의외의 결과가 더 성공적인 발견으로 이어진다. 나는 원래의 가설이 옳음을 증명하려고 할 때보다 색다른 결과의 원인을 파헤쳤을 때 훨씬 많이 배웠다.

> "데이터를 충분히 오랫동안 괴롭히면 어떤 고백이든 나올 것이다."
> ─로널드 H. 코스Ronald H. Coase(영국 경제학자)

바뀐 것이 없어서 새로 발견한 점이 없거나 예상과 반대되는 결과가 나왔다면 중요한 정보를 담고 있을 것이다. 이때 확증편향과 자신이 옳다는 신념에 맞서야 한다. 그 싸움에서 지면 우리는 실험 결과를 조작해서라도 예상에 끼워 맞추려고 한다. 반대로 열린 마음으로 대하면 뭔가를 배울 수 있다. 홍보 이미지를 네 차례나 바꿨는데 효과가 없다면 그 이미지가 그다지 중요하지 않다는 뜻이니 마음 편히 생각해도 된다. 그 이미지가 정말 필요없는지, 또는 유인 효과가 있는지를 알기 위해 제거해 보는 것도 좋다.

구글을 방문한 이용자들이 첫 화면의 'I'm Feeling Lucky' 버튼을 클릭하는 비율은 1퍼센트도 안 된다. 그 버튼이 없으면 매해 광고 수익 1억 달러를 더 벌어들일 수 있다고 한다.[194] 그런데 왜 버튼을 유지할까? 20년 동안 계속 테스트한 결과, 클릭하는 사람은 거의 없지만 그 버튼이 있을 때 기존 방식으로 검색하는 이용자 수가 더 많다는 사실을 알아냈기 때문이다. 버튼을 없애고 광고 수익을 택하면 그 버튼을 자주 이용하던 사람들이 다른 검색 사이트로 옮겨갈 터이므로 장기적으로 보면 구글이 손해를 볼 것이다. 이것도 테스트를 계속 했기 때문에 알아낸 사실이다. 테스트 결과가 예상을 벗어나면, 열린 마음으로 원인을 파헤칠 기회가 생겼다는 것을 고마워해야 한다.

새로운 테스트 방법

조직 내부에서 테스트하는 것은 좋은 일이다. 이 책의 내용을 적용하며 할 수 있는 일도 많고 성취할 수 있는 일도 많다. 하지만 때로는

> 수십 년 동안 전 세계의 마케팅 전문가와 브랜드 전문가는 자기 분야의 가치를
> 설파하는 데 어려움을 겪었다. 어떤 사람은 마케팅이 딱딱한 숫자와 객관적 사
> 실이 아니라 추측과 직감에 바탕을 둔 '부드러운' 영역이라고 생각한다.
> 행동경제학은 마케터가 그 가치를 정량화하고 설명할 수 있는 수단이다. 그래
> 서 나는 행동경제학이 마케팅, 브랜딩, 그리고 모든 비즈니스 전략의 미래라
> 고 생각한다. 행동경제학은 앞으로 10년에 걸쳐 전 세계 비즈니스 프로그램의
> 토대가 될 것이다.

결과가 무척 달라진다. 이런 프로젝트에서는 조사 파트너를 영입할 것을 권한다.

이 책의 목적은 독자가 스스로 행동경제학을 적용하는 방법을 알려주는 것이다. 따라서 이 분야를 뒷받침하는 과학을 세세하게 설명하지는 않았다.

행동경제학은 지나치게 전문적이지 않으면서도 많은 것을 보여준다. 한 예로 텍사스A&M대학교 인간행동연구소[195]는 아이모션스 iMotions[196]와 제휴하여 초당 6백 데이터 포인트를 동시에 추적했다. 예를 들면 다음과 같은 정보다.

- 눈은 1초에 2~3회 주변을 스캔한다. 그렇게 짧은 시간에 두 눈은 무엇을 볼까? 무엇을 반복해서 살필까?
- 소비자가 항목을 볼 때 얼굴 표정이 어떻게 변하는가? 예컨대 이마를 찡그리면서 유심히 들여다보는 것은 헷갈린다는 뜻이다.

- 결정하는 데 얼마나 걸리는가? 1천 분의 1초를 머뭇거리는 것도 많은 의미를 담고 있다.
- 화면에 흥분했는가, 아니면 놀랐는가? 심장박동수를 실시간으로 감지하고, 미세하게 땀 흘리는지 알기 위해 피부도 관찰하는데, 땀이 난다는 것은 화면에 빠져들었다는 뜻이다.
- 화면에 어느 장면을 보여 줬을 때 사람들이 앞으로 몸을 기울였는가, 멀리 떨어졌는가? 화면으로부터의 거리 변화는 중요한 정보를 담고 있다. 눈동자가 조금이라도 커졌는가?
- 이 모든 과정에서 뇌의 신경 신호와 함께 무슨 일이 일어났는가? 뇌전도 검사는 모든 신호를 종합해서 보여 줄 수 있다.

과학은 우리 뇌의 목적지를 알려 줄 뿐 아니라 어떤 경로를 따라가는지도 알려 준다. 여정을 살펴보면 다른 사람이 언제 여정을 떠나고 어디로 가는지를 거의 정확하게 예측할 수 있다.

이처럼 데이터 포인트를 관찰하는 것만으로도 누군가가 물건을 살 것인지 말 것인지를 84퍼센트의 정확도로 추측할 수 있다. 아무 질문도 하지 않고 말이다.[197]

〈브레이니 비즈니스〉 웹사이트 테스트하기

운 좋게도, 이 책의 출간에 맞춰 나의 웹사이트를 다시 디자인하면서 아이모션스와 함께 일했다. 이번에는 내가 고객이 되었다. 우리는 어떤 방식이 효과적이고 무엇을 고쳐야 하는지 알기 위해 예전 웹사이트를 참고했다. 그리고 웹사이트를 새로 디자인하고 테스트했다. 초반 테스트에는 프레이밍 효과, 점화 효과, 호혜성, 사회적 검증 등 여러 개념을 포함했다.

행동을 유도하는 문구 '이야기해 봅시다'는 '여러분만의 프로젝트를 시작하세요'보다 효과가 미약했다. 이 발견은 다음 질문으로 이어졌다. '효과가 나타난 원인은 마음을 끄는 이미지 때문인가, 단어 자체의 힘 때문인가?' 후속 테스트가 답을 알려 줄 것이다. 여러분이 이 책을 읽을 무렵이면 새로 디자인한 홈페이지가 완성되었을 것이다.

이 테스트와 〈브레이니 비즈니스〉 웹사이트의 체험 과정을 더 알고 싶다면 thebrainybusiness.com/ApplyIt을 방문하면 된다.

빵을 구울 시간

앞에서 비유로 활용한 빵 굽기를 다시 떠올려 보자. 여러분은 재료(개념)와 그것들의 역할을 배웠다. 3부에서는 레시피에 관해서도 이야기했다. 잊지 말고 무료 워크북을 다운로드해서 자세한 내용을 알아보고, 여러 분야에 적용할 수 있는 사항도 읽기 바란다. the brainybusiness.com/ApplyIt에서 받으면 된다.

해당 과정들을 연습하고 개선하다 보면 다른 재료를 넣어 자신만의 레시피를 만들 수 있다는 자신감이 생길 것이다. 때로는 이상한 반응이 나올 수도 있지만 포기할 필요는 없다.

다양한 생일 케이크 정도는 쉽게 만들 수 있겠지만, 웨딩 케이크 정도면 전문가를 모셔 와야 할 것이다(제가 도와 드릴게요!). 여러분은 이제 행동경제학을 비즈니스에 적용할 준비가 됐다. 이 책의 마지막 부분에서는 현상 유지 편향에서 벗어나게 해 주는 일반적 뇌과학을 이야기하겠다. 건너뛰지 않고 꼭 읽기를 바란다. 여러분을 성공으로 안내할 내용이다.

테스트 적용하기

| **요점** | 테스트하기 전에는 어떤 방식이 성공할지 알 수 없다. 중요한 프로젝트에는 전문가를 모시는 것이 좋고, 그렇지 않은 프로젝트는 작은 규모로 심사숙고하며 여러 번 해 보는 것이 좋다.

| **실천 과제** | 이 장에서는 테스트에 필요한 많은 단계를 설명했다. 그러므로 여기서 되풀이하지는 않겠다. 대신 시작하기 전에 자문할 사항 3가지를 이야기하고 싶다.

- 첫 번째 테스트의 목표는 무엇인가? _____
- 혼자 할 것인가, 조사 파트너와 협력할 것인가? _____
- 계획과 결과를 멜리나 파머와 공유할 것인가? 그러면 좋겠다! ____
  (어디서든 @thebrainybiz로 연락하면 된다.)

| **관련 개념** | 프레이밍 효과(5장), 점화 효과(6장), 사회적 검증(12장), 선택의 역설(14장), 호혜성(20장), 현상 유지 편향, 기대.

4부

뇌의 방해를
극복하는 법

What Your Customer Wants and Can't Tell You

Chapter 29

우리를 방해하는 힘

우리는 컨퍼런스에 다녀온 후, 멋진 웹 세미나를 본 후, 또는 책을 읽은 후 "월요일에 사무실에 가면 꼭 실행해 봐야지. 신난다!"라고 말했다가 일상 업무에 묻혀서 잊어 버린다. 그러다 계획들을 적은 아이디어 노트가 먼지만 뒤집어쓰고 있는 모습을 발견한다.

이제는 그러지 않으면 좋겠다. 여러분은 이 책의 내용 모두를 실천할 능력이 있다. 잠재의식이 어떻게 발목을 잡는지 알면 한 수 위에서 놀 수 있다. 그래서 이 부분이 중요하다.

왜 우리는 다짐을 금세 잊을까? 중요한 이유 중 하나는 현상을 유지하려는 뇌의 성향 때문이다. 생각해 보라. 잠재의식은 대부분 경험 법칙을 통해 일한다. 뇌는 다음에 무슨 일이 일어날지를 예측하며 현실을 구성한다. 빨리 예측하지 못하면 의식 영역이 할 일이 많아지는데, 잠재의식 영역은 그것을 좋아하지 않는다.

잠재의식은 작은 속임수를 많이 쓴다. 우리가 늘 안전한 방식대로 행동하도록 일종의 장애물을 투입한다. 하지만 우리는 다음과 같은 이유로 행동경제학을 삶과 일에 적용해야 한다.

- 우리의 노력이 결실을 맺도록 도와줄 것이다.
- 사람들을 넛지하여 이메일에 반응하거나 웹사이트를 클릭하게 할 수 있다.
- 고객 충성도를 높이고, 고객이 우리와 교류하면서 행복감을 느끼게 할 수 있다.

뇌는 편향성을 숨긴다. 그리고 우리는 어둡거나 불확실한 모든 것을 두려워한다. 그러니 판단력을 마비시키는 괴물이 무엇인지 빛을 비춰보자.

미래의 나에게 책임 떠넘기기

체중 조절을 위해 다이어트와 운동에 돌입하겠다는 결심을 토요일에 한 적 있는가? 다음 주 월요일부터 하겠다고 말이다. 일요일 내내 계획을 세우고 알람을 맞추며 흥분했을지도 모른다. 그런데 다음 날 알람이 울릴 때는 다른 사람이 된 것처럼 의욕이 사라지지 않았는가? 그 이유는 시간 할인time discounting이 작동했기 때문이다. 나는 '월요일부터 시작해야지 효과'라고 부른다. 연구에 의하면 뇌는 미래의 자신을, 예를 들어 새벽 5시에 일어나 운동하러 나가는 자신을 전혀 다른 사람으로 본다.[198] '미래의 나'를 약속하는 것은 쉽다. 하지만 '현재의 나'가 알람이라는 힘든 현실에 직면하면 '5분 후' 버튼을 누르는 것이 더 쉽다. 그래서 실행은 다시 미래의 내 문제가 돼 버린다.

시간 할인을 극복하고 행동경제학을 비즈니스에 적용하는 최선의 방법은 지금 할 수 있는 일을 찾는 것이다. 오늘 시작해야 한다. 심사숙고해서 이끌어 낸 질문을 파헤치거나 평소와 다른 손으로 양치질하면서 말이다. 연구에 의하면 평소와 다른 손으로 양치질하면 하루를 더 창조적으로 보낸다.[199] 어떤 일을 내일로 미루고 싶다면 왜 그래야 하는지를 자문해 보자.

그 일이 중요하다는 사실을 뇌에 증명하기 위해 당장 할 수 있는 일을 궁리하고 실천하자.

(시간 할인은 〈브레이니 비즈니스〉 51회에서 자세히 다루었다.)

낙관주의 편향과 계획 오류

다음과 같이 말하거나 생각한 적 있는가?

- "오늘 할 일 목록에서 2가지밖에 못 했지만, 내일은 오늘 못 한 12개까지 더해서 다 실천할 거야!"
- "다음 회의가 2분 후 시작된다고? 이 이메일은 금방 마무리할 수

있을 거야……."

- "그 프로젝트를 끝내는 데는 보통 5시간이 걸리지만, 이번에는 3시간에 확실히 끝낼 수 있어. 왜냐하면……."

나 자신도 여러 번 속은 이런 자신감은 계획 오류와 낙관주의 편향에서 나온다. 우리 뇌는 내일은 오늘보다 더 잘될 거라고 믿는다. 갑자기 더 빨라지고, 더 창의적이 되고, 더 효율적이 될 거라고 말이다.

우리는 전화 통화, 급한 이메일, 긴급 회의, 점심 시간 등의 불가피한 상황을 무시하는 경향이 있지만, 작은 장애물들은 쌓이기 마련이다. 그 일들에 대비하지 않는 것은 지각하고, 예산을 초과하고, 이기기 힘든 스트레스를 받겠다고 계획하는 셈이다.

뇌는 우리가 초인적인 능력이 있다고 보기 때문에 할 일을 적게 계획하는 것을 실패로 받아들인다. 하지만 내일 '할 일 목록'에 1가지만 적고 시작하면 어떨까? 그렇다. 1가지. 생각만 해도 불편한가? 이유가 뭘까? 할 일 목록에 1가지만 적고 2가지를 해내면 뿌듯할 텐데, 왜 우리는 결국 실망으로 끝날 10가지를 적어 놓아야 안심이 될까?

뇌가 긍정적으로 작동하도록 방향을 돌리려면 새로운 기준점을 정하고 틀을 다시 짜야 한다. 할 일 목록에 10가지가 있고 그중 3가지만 완수한다면 자신이 실패자라는 기분을 느낄 수밖에 없다. 게다가 내일은 실패가 예정돼 있다. 오늘 못 한 7가지가 내일의 할 일 목록에 추가되기 때문이다. 스트레스와 불안감 때문에 뇌는 동요하고 마음 편히 잠을 이루지도 못한다.

내일 반드시 실천해야 할 일, 절대 미룰 수 없고 끝내기 전에는 침대에 누울 수도 없는 1가지만 적으면 무시하기 힘들다. 그 일을 끝내고 시간이 남아 2가지 일을 더 했다면 어떨까? 기분이 날아갈 것이다. 슈퍼맨처럼 자신감이 넘치고, 잠도 잘 자고 개운한 몸으로 일어나 내일의 과제 1가지를 해낼 준비를 할 수 있다.

그 중요한 '1가지'를 어떻게 선택해서 최우선 순위로 정할 것인가? 일단 목표를 3가지로 줄인다. 그렇다. 일과 삶을 통틀어 3가지만 찾는다. 나는 수많은 고객이 이러한 마음가짐을 갖도록 돕는다. 이들을 위해 thebrainybusiness.com/MYM에서 '마인드셋의 달인 되기'라는 미니 코스를 무료로 제공한다. 이곳의 동영상과 워크시트를 활용하면 목표를 좁히고 한 번에 하나씩 성취할 수 있을 것이다.

(낙관주의 편향과 계획 오류는 〈브레이니 비즈니스〉 34회와 114회에서 자세히 다루었다.)

사소한 일에 집중하는 이유

- 새로운 웹사이트가 필요하다는 건 확실해. 하지만 템플릿 8만 5천 개를 다 훑어보고 카피를 쓸 거야.
- 소셜미디어 팔로어를 늘리고 싶지만, 그전에 인플루언서들을 모두 조사해 봐야겠어(그러다 인스타그램에 빠져서 시간 가는 줄 모른다).
- 비즈니스에 행동경제학을 적용하고 싶어. 하지만 우선 관련 서적 10권을 더 읽어야 해.

이처럼 언뜻 중요해 보이지만 그렇지 않은 일에 매달려 질질 끄는 행동을 바이크셰딩bikeshedding이라 한다.[200] 핵발전소 설계를 맡은 그룹이 우선 자전거 보관소를 설계하기 위해 터무니없이 많은 시간을 쓴 데서 유래한 용어다. 사소한 일은 실패하더라도 여파가 작기 때문에 거기에 집중하는 것이 마음 편하기 때문이다.

객관적으로 보면 참으로 우스꽝스럽다. 하지만 다음 항목들이 보여주듯 보통 사람들도 그렇게 행동한다. 여러분 뇌가 지시하는 일이 그 순간 그렇게 중요한가? 진짜 목표인 두렵고도 큰 일을 시작하기 전에 반드시 해야 하는 일인가? 그렇다면 그 일이 진짜 목표를 보지 못하도록 눈을 가린다고 볼 수 있다.

니르 이얄이 베스트셀러 《초집중》에서 보여 준 통찰력은 내 인생을 바꿨다. 나뿐만 아니라 무수한 사람의 인생을 바꿨을 것이다. 집중의 반대말은 주의 산만이다. 주의를 산만하게 만드는 요소를 알려면 언제 집중력이 흩어지는지를 알아야 한다.[201]

내가 하는 일은 소셜미디어가 중요하기 때문에 여기서 많은 시간을 보낸다. 하지만 팟캐스트 대본이나 잡지 칼럼 원고, 혹은 이 책 원고를 쓸 때처럼 다른 곳에서 일해야 하면 소셜미디어가 바이크셰딩이다.

목표를 3가지로 줄이고, 가슴 벅찬 목표에 이르기 위해 오늘 완수할 일 하나를 정했다 해도, 뇌는 더 안전하고 언뜻 보기에 중요하고 긴급한 임무를 앞에 던질 것이다.

오늘 하기로 한 중요한 일이 끝날 기미가 안 보이면 지금 하는 일이 바이크셰딩일 가능성이 크다. 뇌가 무언가를 하고 싶어 할 때마다 습관이 일을 당장 해야 하는가? 다음 표에서 긴급/중요 여부를 체크하라.

긴급 중요하지 않음 안 하는 게 좋다.	긴급 중요 이 일을 먼저 하라.
긴급하지 않음 중요하지 않음 이 일은 하지 말라.	긴급하지 않음 중요함 이 일의 일정을 세우라.

긴급/중요 표를 이용하면 무엇이 바이크셰딩인지 판단할 수 있다.

적으로 자문해 보자. "나는 정말 이 일을 하고 싶어 하고, 해야 하는가. 아니면 시간만 잡아먹는 사소한 일인가?"

잘 생각해 보면 뇌의 장난이 모여서 발목을 잡는다는 것을 알 수 있다. 이때 시간 할인과 낙관주의 편향은 우리가 내일은 혹은 1시간 후에는 더 잘해 낼 거라고 말할 것이다. 그 말에 속으면 안 된다!

바이크셰딩으로 넘어가기 전에 지금 당장 뭔가를 해야 한다. 작은 일 하나를 정해서 타이머를 켜고 강제로라도 행동에 돌입하라. 나는 글을 써야 할 때 잠재의식이 과자를 사 오라거나 인스타그램과 이메일을 보라고 하면 타이머를 15분으로 맞춘다. 15분 동안 글을 쓰고, 그리고도 잠재의식이 시킨 일을 하고 싶으면 그때 한다. 이때도 시간을 제한하기 위해 타이머를 켠다.

(〈브레이니 비즈니스〉 99회에서 바이크셰딩을 자세히 다루었다.)

뇌의 장난을 피하면 깜짝 놀랄 만큼 많은 일을 성취할 수 있다. 그러기 위해서는 잠재의식 영역이 좋아하는 규칙 위에 의식 영역의 규칙을 덮어 써야 한다. 연습을 거듭할수록 곧 습관이 되고 쉬워질 것이다. 장담한다!

Chapter 30

내게 자격이 있을까?

뇌가 우리를 방해하는 또 다른 수단은 불안감이다. 우리가 팟캐스트를 시작해 볼까 생각하고 있다고 하자. 뇌가 이렇게 말하면 바이크셰딩이 고개를 들 수 있다.

- "네 이야기를 누가 듣겠어(가면 증후군)?"
- "네 아이디어가 아무개 수준이 되기 전에는 시작도 하지 마(완벽주의)."
- "아무도 안 듣고 나를 비웃으면 어떡하지(실패에 대한 두려움)?"
- "너무 크게 성공해서 내 일을 할 시간이 없고 다른 사람까지 고용해야 하면 어떡하지? 그럴 여력이 없는데(성공에 대한 두려움)!"

뇌의 방해를 극복하려면 어떻게 해야 할까. 정원에 거대한 잡초가 있다고 생각해 보자. 그 자리에서 몇 주 동안 자랐을 수도 있다. 눈에 보이진 않아도 자라는 동안 주변으로부터 영양분을 빨아먹었을 것이다.

식물학에 관해 아는 것이 없다면 잡초를 어떻게 제거하겠는가?

- 꽃을 위쪽에서 자른다.
- 잎사귀를 따 버린다.
- 잔디깎이로 밀고 지나간다.

이 방법들은 일시적으로는 효과가 있거나 나아 보이겠지만 제내로 된 장비로 뿌리째 뽑지 않으면 다시 살아날 것이다.

마음가짐도 마찬가지다.

지금까지 우리는 제대로 된 장비가 없었고 '잡초', 즉 가장 큰 심리적 장벽이 어떻게 생겨나는지도 몰랐다. 이제 잡초의 존재를 알았고 신경이 쓰인다. 찔러 보거나 잎을 뜯어 보기도 하지만 뿌리까지는 가지 못했다. 잡초를 완전히 뽑아 낼 적절한 도구도 없다. 흙을 파헤칠 수는 있겠지만 그러면 문제만 커질 것 같다. 그래서 신경을 안 쓰고 잊어 버렸다.

게다가 가장 큰 잡초를 잡아당기면 작은 잡초가 3개나 더 돋아나는 것 같다. 저쪽에도 하나 있다. 잡초를 없애려고 적극 대처할수록 작은 잡초들이 더 쉽게 나온다. 아마 계속 자랄 것이다.

뇌의 심리적 장벽도 비슷하다. 그것들은 항상 생겨난다. 우리는 장벽을 완전히 없애지 못할 것이다. 미안하지만 사실이다. 하지만 정확한 질문을 던지고 뇌에 새로운 습관을 가르치면서 장벽을 만날 때마다 극복하면 차차 발전하고 목표도 성취할 수 있다.

그럴 줄 알았다

뇌는 예상한 대로 결과를 얻는다. 믿기 힘들겠지만 사실이다. 최고의 운동선수나 업계의 최고 거물들이 시각화 기법을 쓰는 데는 이유가 있다. 회의적인 생각이 들더라도 이 책의 내용을 실천하면 결국 새로운 방향이 옳다는 것을 확증편향과 초점 착각이 인정할 것이다.

잠재의식은 매초 1천1백만 비트의 정보를 처리하고, 의식 영역은 40비트밖에 처리하지 못한다는 것 기억하는가? 잠재의식이 처리하는 정보 하나당 27만 5천 개의 다른 정보는 불필요한 것으로 분류된다는 뜻이다. 그런데 불필요하다고 분류된 정보 중 하나가 중요할 가능성도 있지 않을까? 그 가능성에 마음을 열어야 옳다는 사실을 알아차릴 수 있다. 그리고 필요 없는 정보는 무시할 수 있다.

뇌과학의 힘을 믿기까지는 어느 정도 의식적인 노력이 필요하지만 금세 습관이 되어 행동경제학을 성공적으로 활용할 수 있을 것이다.

호기심의 힘

앞으로 30일 동안 이 책에서 배운 개념을 현실에서 찾아보기 바란다. 광고가 보이면 하던 일을 멈추고 찬찬히 살펴보자.

- 저 광고는 우리가 어떻게 행동하길 원하는가?
- 다른 프레임을 쓴다면 광고 메시지가 어떻게 달라질까?
- 다른 결과를 도출하기 위해 호혜성을 활용한다면 광고를 어떻게 바꿔야 할까?
- 광고에 사회적 검증이 빠져 있다면 어디에 넣으면 좋을까?
- 저 광고에서 소비자의 습관을 깨는 것이 이익일까, 기존 습관을 이용하는 것이 이익일까?
- 잠재 고객이 넘어갈 다음 단계가 명확하지 않다면 어떻게 개선하는 게 좋을까?
- 이야기 요소를 넣는다면 어디가 좋을까?
- 사진이 잠재 고객을 올바른 방법으로 점화하고 있나?

다른 방식으로도 연습하면 뇌가 훈련되어 다양한 분야에 호기심을 품을 수 있다. 질문을 던지는 것은 긍정적인 일이다. 여기에는 새로운 방식에 다른 사람이 제기하는 의문도 포함된다. 왜 사람들이 그렇게 느끼는지 스스로 질문해 보라. 배울 점은 무엇인가?

특정 사안을 여러 각도에서 살펴보는 것은 좋은 자세다. 이런저런 변화를 상상해 보자. 그러면 머지않아 자신의 프로젝트를 기획할 때, 작업을 진행할 때, 그리고 잠재 기회를 찾을 때 그 자세가 몸에 배어 있을 것이다.

축하한다! 이제 뇌를 들여다볼 수 있는 비밀의 문이 열렸고, 여러분은 고객이 무엇을 원하는지 알 수 있다. 그들 자신도 모르는 욕구를 알게 되었다. 여러분은 할 수 있다. 이제 삶과 비즈니스에 행동경제학을 적용하여 여러분의 세상을 바꿔 보라.

아, 그리고 심사숙고하는 것 잊지 말자.

이 책에 담은 통찰과 요령과 사례를 즐겁게 읽었기를 진심으로 바란
다. 이제 여러분도 도움에 대한 요청, 너그러운 나눔, 사회적 검증의 가
치를 인식했을 테니 다음 부탁을 들어주면 좋겠다.

- 이 책에 대한 별점과 서평을 여러분이 이용하는 플랫폼에 올려
  주면 감사하겠다.
- 이 책을 좋아할 것 같은 사람이 생각나면 추천해 주길 바란다.
- 공감하는 대목이 있다면(여러분도 나처럼 형광펜으로 표시했는
  지 모르겠다) 소셜미디어에 올리고 나를 태그해 주길 바란다(@
  thebrainybiz #WhatYourCustomerWants).

내가 가장 바라는 것은 〈브레이니 비즈니스〉 청취자와 이 책의 독자
가 여기서 배운 내용을 실행하여 성공한 경험을 나누며 함께 축하하는

것이다. 질문 있는가? 언제든 물어보라! 나는 행동경제학에 관한 이야기가 정말이지 즐겁다. 언제든 여러분과 경험을 나누고 싶다.

행동경제학을 더 알고 싶다면 thebrainybusiness.com을 방문하면 된다. 계속 배울 수 있는 다양한 강의가 있고, 콘텐츠도 풍부하다(이 책에 딸린 무료 PDF 워크북은 thebrainybusiness.com/ApplyIt에서 구할 수 있다). 우리는 함께 일할 수도 있다. 〈브레이니 비즈니스〉 팟캐스트를 구독하면 매주 금요일에 업로드되는 새로운 내용을 바로 들을 수 있다. 이 내용을 진지하게 업무에 적용하고 싶지만 전문 연구자가 되고 싶진 않다면 텍사스A&M대학교 인간행동연구소를 통해 응용행동경제학 수료증을 취득하는 것이 가장 적절한 대안일 것이다. 이 코스를 진행하게 되어 영광이다. 여러분과도 함께 일하면 좋겠다.

비즈니스에서 좀 더 성공하기 위해 행동경제학 분야 컨설턴트나 강사를 찾고 있다면 melina@thebrainybusiness.com으로 연락하길 바란다.

하루속히 여러분과 만나고 싶다. 다시 한번 감사드린다.

심사숙고하길.

| 감사의 말 |

많은 사람과 조직의 지원과 선처가 없었다면 이 책은 나오지 못했을 것이다. 도와주신 모든 분께 감사를 전한다.

먼저 남편 애런에게 가장 고맙다고 말하고 싶다. 많이 기다려 주고, 몇 시간 동안이나 원고를 읽고 피드백해 주고, 자료의 출처를 찾아 주고, 의지처가 되어 줘서 고마워요. 당신이 아니었다면 도저히 해내지 못했을 거예요. 다른 가족에게도 고맙다는 말을 전하고 싶다. 집에 늦게 들어온 날이 많았고, 밥도 같이 먹지 못할 때가 많았고, 소음 차단 헤드폰을 끼고 혼자 일만 하던 시간도 많았는데 모두 이해하고 견뎌 줘서 고마워.

마르코 파머 박사님, 제프 풀, 그리고 텍사스A&M대학교 인간행동 연구소 연구원 여러분, 저와 제 팟캐스트를 계속 밀어 주셔서 감사합니다. 기술적 검토를 맡아 주고 자료 출처를 검색해 준 일도요! 감사하다는 말로는 부족할 것 같네요.

로저 둘리, 호의와 지원을 베풀고 추천사도 써 줘서 정말 고마워요. 이렇게까지 도와주셔서 정말 영광이에요.

스콧 밀러, 초기부터 저의 가능성을 발견해 주신 것, 그리고 올바른 방향으로 밀어 주신 것에 감사드려요. 조언과 지원, 그리고 망고출판사의 멋진 편집팀과 연결해 주신 것도 감사드려요(당연히 망고팀에도 감사드려요!). 당신의 친절은 절대 잊지 못할 거예요.

인터뷰에 응하고, 이야기를 들려주고, 시간을 할애하고, 경험을 공유하고, 청취하고, 다른 방식으로 팟캐스트 〈브레이니 비즈니스〉와 이 책의 내용을 풍부하게 채워 주신 분들 모두에게도 감사드립니다. 지면이 부족하여 이름을 모두 거론할 수 없지만, 인용 등의 방식으로 거론한 모든 분에게도 감사를 전합니다. 알파벳 순서로 적어 볼게요.

얼린 홀츠워스, 에이프릴 벨라코트, 벡 위크스, 베니 청(그리고 텍테크 팀원들 모두), 비닛 쿠마르, 브라이언 에이헌, 크리스티나 맥램, 댄 애리얼리, 엘라드 에단, 엘리자베스 이머, 아이모션스의 모든 팀원, 글렙 치퍼스키, 제니퍼 클라인헨즈, 제니퍼 핀들레이, 제즈 그룹, 케이티 밀크먼, 크와메 크리스천, 루이스 워드, 매리얼 코트, 맷 월러트, 마이클 매니케, 마이클 머주어, 니키 라우시, 니르 이얄, 패트릭 페이건, 리처드 채터웨이, 새뮤얼 샐저, 스티브 앨퍼린, 스티브 웬들, 팀 홀리헌, 그리고 웬디 우드.

마지막으로, 청취자 여러분, 구독자 여러분, 〈브레이니 비즈니스〉 협찬사들에도 고마운 마음을 전합니다. 여러분이 아니었다면 이 책은 시작도 못 했을 거예요. 정말 감사드립니다.

1   Kaku, M. *(*2014, August 20*)*. The golden age of neuroscience has arrived. *Wall Street Journal*. Retrieved from: www.wsj.com/articles/michio-kaku-the-golden-age of-neuroscience-has-arrived-1408577023.

2   대니얼 카너먼, 《생각에 관한 생각》, 김영사, 2018.

3   A. K. 프라딥, 《바잉 브레인》, 한국경제신문, 2013.

4   A. K. 프라딥, 《바잉 브레인》, 한국경제신문, 2013.

5   Ash, T. (2021). *Unleash your primal brain: Demystifying how we think and why we act*. Morgan James Publishing.

6   전 세계적으로 행동과학과 행동경제학 분야 연구가 많아지고 있다. 앞으로 한층 활발하게 연구되기를 바란다. 이 분야의 학술 조사 결과를 찾는다면 우선 behavior aleconomics.com에서 시작할 것을 권장한다.

7   Steidl, P. (2014). *Neurobranding* (2nd ed.) CreateSpace. Page 15.

8   대니얼 카너먼, 《불확실한 상황에서의 판단》, 아카넷, 2010.

9   Biddle, G. (2018, April 2017). How Netflix's customer obsession created a customer obsession. *Medium*.

10   Nisbett, R., & Wilson, T. D. (1977). The Halo Effect: Evidence for unconscious alteration of judgments. *Journal of Personality and Social Psychology*, 35, 250–256.

11   Bourtchouladze, R. (2002). *Memories are made of this: How memory works in humans and animals*. Columbia University Press.

12   Palmer, M. (Host). (2019, May 17). An overview of memory biases. (No. 48) [Audio podcast episode]. In The Brainy Business.

13   Gardner, R. W. & Lohrenz, L. J. (1960). Leveling-Sharpening and Serial Reproduction of a Story. *Bulletin of the Menninger Clinic*, 24(6), 295.

14   Arkowitz, H., & Lilienfeld, S. O. (2010, January 1). Why Science Tells Us Not to Rely on Eyewitness Accounts. *Scientific American*. www.scientificamerican.com/article/do-the-eyes-have-it 참고. 쇼핑몰에서 길을 잃은 아이 이야기를 여기서 인용하며 표현을 조금 바꾸었다.

15   Begg, I. M., Anas, A., & Farinacci, S. (1992). Dissociation of processes in belief:

Source recollection, statement familiarity, and the illusion of truth. *Journal of Experimental Psychology: General*, 121(4), 446–458.

16 Nickerson, R. S. (1998). Confirmation bias: A ubiquitous phenomenon in many guises. *Review of General Psychology*, 2(2), 175–220.

17 조너선 하이트, 《행복의 가설》, 물푸레, 2010.

18 Bergland, C. (2019). The neurochemicals of happiness. Psychology Today.; Palmer, M. (Host). (2020, October 23). Get your D.O.S.E. of brain chemicals. (No. 123) [Audio podcast episode]. In The Brainy Business.

19 제럴드 잘트먼, 《How customers think-소비자의 숨은 심리를 읽어라》, 21세기북스, 2004

20 FORA.tv. (2011, March 2). Dopamine jackpot! Sapolsky on the science of pleasure [Video]. YouTube. www.youtube.com/watch?v=axrywDP9Ii0; Weinschenk, S. (2015, October 22). Shopping, dopamine, and anticipation. *Psychology Today*.

21 Ramachandran, V. (2009, November). The neurons that shaped civilization [Video]. TED Conferences. www.ted.com/talks/vilayanur_ramachandran_the_neurons_that_shaped_civilization; Palmer, M. (Host). (2019, January 18). Mirror neurons: A fascinating discovery from a monkey, a hot day, and an ice cream cone. (No. 31) [Audio podcast episode]. In The Brainy Business.

22 di Pellegrino, G., Fadiga, L., Fogassi, L., Gallese V. & Rizzolatti, G. (1992). Understanding motor events: a neurophysiological study. Experimental Brain Research, 91, 176–180.; Gallese, V., Fadiga, L., Fogassi, L., & Rizzolatti, G. (1996). Action recognition in the premotor cortex, *Brain*, 119(2), 593–609.

23 Iacoboni M., Molnar-Szakacs, I., Gallese, V., Buccino, G., Mazziotta, J. C., & Rizzolatti, G. (2005) Grasping the Intentions of Others with One's Own Mirror Neuron System. *PLoS Biology*, 3(3): e79.

24 Goel, V. (2014, June 29). Facebook tinkers with users' emotions in news feed experiment, stirring outcry. *The New York Times*.

25 Sharot, T. (2012, February). The optimism bias [Video]. TED Conferences. www.ted.com/talks/tali_sharot_ the_optimism_bias; Palmer, M. (Host). (2019, February 8). Optimism bias: The good and the bad of those rose-colored glasses. (No. 34) [Audio podcast episode]. In The Brainy Business.

26 Palmer, M. (Host). (2019, April 26). Overview of personal biases. (No. 45) [Audio podcast episode]. In The Brainy Business. Palmer, M. (Host). (2019, May 3). Biases toward others—including groups. (No. 46) [Audio podcast episode]. In The Brainy Business.

27 Samuelson, W., & Zeckhauser, R. J. (1988). Status quo bias in decision making. *Journal of Risk and Uncertainty*, 1, 7–59.

28 Meakin, L. (2019, December 29). Top jobs for next decade are behavioral scientist,

data analyst. Bloomberg.

29 Sutherland, R. (2019). *Alchemy: The dark art and curious science of creating magic in brands, business, and life.* HarperCollins.

30 Right Question Institute와 questionstorming에 대한 더 자세한 정보는 rightquestion. org를 참고하라.

31 워런 버거, 《어떻게 질문해야 할까》, 21세기북스, 2014.

32 Lang, N. (2013, September 2). 31 famous quotations you've been getting wrong. Thought Catalog.

33 대니얼 카너먼, 《생각에 관한 생각》, 김영사, 2018.

34 Staff. (2007, August 10). 'Cozy' or tiny? How to decode real estate ads. Today. www.today.com/news/cozy-or-tiny-how-decode-real-estate-ads-wbna20215090.

35 Lawson, M. (2018, September 24). #1003: How CoastHills Credit Union achieved modern marketing success with an old idea⋯CUBroadcast.

36 Terao, Y., Fukuda, H., & Hikosaka, O. (2017). What do eye movements tell us about patients with neurological disorders?—An introduction to saccade recording in the clinical setting. *Proceedings of the Japan Academy. Series B, Physical and Biological Sciences*, 93(10), 772–801.

37 Goldstein, D. G. (2007, March). Getting attention for unrecognized brands. *Harvard Business Review.* Janiszewski, C. (1993). Preattentive mere exposure effects. *Journal of Consumer Research*, 20(3), 376–392.

38 A. K. 프라딥, 《바잉 브레인》, 한국경제신문, 2013.

39 Burmester, A. (2015, November 5). How do our brains reconstruct the visual world? The Conversation. theconversation.com/how-do-our-brains-reconstruct-the-visual-world-49276.

40 Kay, A., Wheeler, S., Bargh, J., & Ross, L. (2004). Material priming: The influence of mundane physical objects on situational construal and competitive behavioral choice. *Organizational Behavior and Human Decision Processes*, 95, 83–96. 이 연구를 다른 학자들이 재현하지는 않았다. 하지만 뇌의 단어 연상이 작동하는 방식을 보여 주기 위해, 그리고 이미지와 단어 선택이 비즈니스에 영향을 줄 가능성을 생각해 보게 하기 위해 포함했다.

41 Fitzsimons, G. M., Chartrand, T. L., & Fitzsimons, G. J. (2008). Automatic effects of brand exposure on motivated behavior: How Apple makes you "think different." *Journal of Consumer Research*, 35(1), 21–35.

42 Eveleth, R. (2013, December). How do we smell? [Video]. TED Conferences. www.ted.com/talks/rose_eveleth_how_do_we_smell.

43 Aqrabawi, A. J., & Kim, J. C. (2018). Hippocampal projections to the anterior olfactory nucleus differentially convey spatiotemporal information during

episodic odour memory. Nature Communications, 9, 2735.

44 센트에어가 향기 마케팅 분야의 유일한 기업은 아니다. 내가 이 회사를 선택한 이유는 홈페이지에 통계와 조사 내용이 정리되어 있었기 때문이다. 책이 나올 시점에 통계를 접했다. scentair.com/how-it-works 참조.

45 Holland, R. W., Hendriks, M., & Aarts, H. (2005). Smells like clean spirit: Nonconscious effects of scent on cognition and behavior. *Psychological Science*, 16(9), 689–693.

46 A. K. 프라딥,《바잉 브레인》, 한국경제신문, 2013.

47 Hirsch, A. (1995). Effects of ambient odors on slot-machine usage in a Las Vegas casino. *Psychology and Marketing*, 12(7), 585–594.

48 Hirsch, A. R. (1990). "Preliminary Results of Olfaction Nike Study," note dated November 16 distributed by the Smell and Taste Treatment and Research Foundation, Ltd. Chicago, IL. Bone, P.F., & Jantrania, S. (1992). Olfaction as a cue for product quality. *Marketing Letters*, 3, 289–296.

49 Staff. (2011, August 16). The smell of commerce: How companies use scents to sell their products. *The Independent*.

50 Hagan, P. (2012, October 31). How the aroma of freshly baked bread makes us kinder to strangers. *The Daily Mail*.

51 Moss, M., & Oliver, L. (2012). Plasma 1,8-cineole correlates with cognitive performance following exposure to rosemary essential oil aroma. *Therapeutic Advances in Psychopharmacology*, 103–113.

52 Staff. (2009, February 16). ScentAir launches the sweet smell of success. *Retail Technology Review*.

53 Redd, W. H., Manne, S. L., Peters, B., Jacobsen, P. B., & Schmidt, H. (1994). Fragrance administration to reduce anxiety during MR imaging. *Journal of Magnetic Resonance Imaging*, 4(4), 623–626.

54 Kotler, P. (1974). Atmospherics as a Marketing Tool. *Journal of Retailing*. 49(4), 48–64.

55 Vida, I., Obadia, C., & Kunz, M. (2007). The effects of background music on consumer responses in a high-end supermarket. *International Review of Retail Distribution and Consumer Research*, (5), 469–482.

56 Vida, I., Obadia, C., & Kunz, M. (2007). The effects of background music on consumer responses in a high-end supermarket. *International Review of Retail Distribution and Consumer Research*, (5), 469–482.

57 Vida, I., Obadia, C., & Kunz, M. (2007). The effects of background music on consumer responses in a high-end supermarket. *International Review of Retail Distribution and Consumer Research*, (5), 469–482.

58 North, A., Hargreaves, D., & McKendrick, J., (1997), In-store music affects product choice. *Nature*, 390, 132.

59 eBay Press Release. (2014, October 27). Radio, chatter and football—the sounds that help us shop. www.ebayinc.com/stories/press-room/uk/radio-chatter-and-football-the-sounds-that-help-us-shop.

60 Peck, J. & Shu, S. B. (2009). The effect of mere touch on perceived ownership. *Journal of Consume Research*, 36(3), 434 – 434.

61 Keysers, C., Wicker, B., Gazzola, V., Anton, J., Fogassi, L., & Gallese, V. (2004). A touching sight: SII/PV activation during the observation and experience of touch. *Neuron*, 42(2), 335 – 346.

62 Williams, L. E. & Bargh, J. A. (2008). Experiencing physical warmth promotes interpersonal warmth. *Science*, 322(5901), 606 – 607. 이 연구를 다른 학자들이 재현하지는 않았다. 하지만 뇌의 단어 연상이 작동하는 방식을 보여 주기 위해, 그리고 이미지와 단어 선택이 비즈니스에 영향을 줄 가능성을 생각해 보게 하기 위해 포함했다.

63 Steidl, P. (2014). *Neurobranding* (2nd ed.) CreateSpace.

64 Bargh, J. A., Chen, M., & Burrows, L. (1996). Automaticity of social behavior: Direct effects of trait construct and stereotype activation on action. *Journal of Personality and Social Psychology* 71(2), 230 – 244. 이 연구는 다른 학자들이 재현하지는 않았다. 하지만 뇌의 단어 연상이 작동하는 방식을 보여 주기 위해, 그리고 이미지와 단어 선택이 비즈니스에 영향을 줄 가능성을 생각해 보게 하기 위해 포함했다.

65 Steele, J. R. & Ambady, N. (2006). "Math is hard!" The effect of gender priming on women's attitudes. *Journal of Experimental Social Psychology* 42(4), 428 –436.

66 Zhong, C. & Liljenquist, K., (2006), Washing away your sins: threatened morality and physical cleansing, *Science*, 313 (5792), 1451 – 1452.

67 Tversky, A., & Kahneman, D. (1974). Judgment under uncertainty: Heuristics and biases. *Science* (New Series), 185, 1124 – 1131.

68 Ariely, D. (2010). *Predictably irrational: The hidden forces that shape our decisions*. HarperCollins.

69 Wansink, B., Kent, R., & Hoch, S. (1998). An Anchoring and Adjustment Model of Purchase Quantity Decisions. *Journal of Marketing Research*, 35(1), 71 –81.

70 Palmer, M. (2019, March 14). 1 word that increased sales by 38 percent. *CUInsight*.

71 Ahearn, B., (2019), Influence people: Powerful everyday opportunities to persuade that are lasting and ethical, Influence People, LLC. Palmer, M. (Host). (2020, June 12). How to ethically influence people: Interview with author Brian Ahearn. (No. 104) [Audio podcast episode]. In The Brainy Business.

72 댄 애리얼리, 《상식 밖의 경제학》, 청림출판, 2018

73 Simonson, I. (1993). Get closer to your customers by understanding how they make choices. *California Management Review*, 35(4) pp. 68 – 84.

74 Bleich, S. N., Barry, C. L., Gary-Webb, T. L., & Herring, B. J. (2014). Reducing sugar-sweetened beverage consumption by providing caloric information: How

Black adolescents alter their purchases and whether the effects persist. *American Journal of Public Health*, 104, 2417 – 2424.

75 Miller, A. M. (2019, May 28). A graphic comparing a bottle of soda to 6 donuts is going viral and it's making people want to eat more pastries. *Insider*.

76 Kahneman, D. & Tversky, A. (1979). Prospect theory: An analysis of decision under risk. *Econometrica*, 47, 263 – 291.

77 이 사례를 이야기할 때(누군가의 계좌에 50달러를 송금한 다음, 행동하지 않으면 '인출'하는 것), 계좌의 주인이 실행하지도 않고 돈을 빼 가면 어떻게 하느냐는 질문이나 우려의 말을 여러 번 들었다. 하지만 이 50달러는 출금 가능 금액이 아니라 현재 잔액이기 때문에 아무도 그 돈을 쓸 수 없고 수수료를 내지도 않는다. 현재 잔액을 보면 뇌는 그것을 출금 가능액으로 만들고 싶어 한다. 이런 시스템을 잘 모른다면 자신의 온라인 뱅킹에 로그인해서 용어들을 찾아보라. 거액을 예치하거나 호텔에서 카드를 쓸 때 일정 금액을 출금 정지시키면 현재 잔액과 출금 가능액이 다르게 나타난다. 출금 가능액만 쓸 수 있기 때문이다.

78 비닛 쿠마르의 판매 직원 인센티브 사례는 이메일을 통해 전해 들은 것이다.

79 Biswas, D. & Grau, S.L. (2008). Consumer choices under product option framing: Loss aversion principles or sensitivity to price differentials? *Psychology & Marketing*, 25(5), 399 – 415.

80 앱이 개입하는 프로그램에 대한 정보는 얼린 홀츠워스와의 인터뷰와 이메일 자료를 통해 알게 되었다. 다음 논문은 추가 정보로 받은 것들이다.
Holzwarth, A. (2018, September 19). How commitment devices can help people stick to their health goals. Pattern Health.

81 Tsai, Y.-F. L. & Kaufman, D. M. (2009). The socioemotional effects of a computer-simulated animal on children's empathy and humane attitudes. *Journal of Educational Computing Research*, 41(1), 103 – 122.

82 패턴 헬스가 '거북이 버질'을 활용한 방법은 얼린 홀츠워스와의 인터뷰에서 들었고, 이미지들(그리고 이 책에 사용해도 좋다는 승인)은 그녀가 이메일로 보내 줬다.

83 Wright, C. (2020, June 20). Craigslist, back rooms & money launderers: Two months hunting for the world's most wanted bourbon. *Gear Patrol*. www.gearpatrol.com/food/drinks/a638762/how-to-buy-pappyvan-winkle-bourbon.

84 Lee, S. Y. & Seidle, R. (2012). Narcissists as consumers: The effects of perceived scarcity on processing of product information. *Social Behavior and Personality*, 40(9), 1485 – 1499.

85 센딜 멀레이너선, 《결핍의 경제학》, 알에이치코리아[RHK], 2014

86 Akçay, Y., Boyacı, T. & Zhang, D. (2013). Selling with money-back guarantees: The impact on prices, quantities, and retail profitability. *Production and Operations Management*, 22(4), 777 – 791.

87 스타벅스는 이제 @therealPSL과 @Frappuccino 같은 계정을 쓰지 않고 모든 포스팅에

메인 계정만 쓴다.

88 A. P. Kirman. (1993). Ants, rationality and recruitment. *Quarterly Journal of Economics*, 108(1), 137 – 156.

89 Price, M. E. (2013, June 25). Human herding: How people are like guppies. *Psychology Today*.

90 Palmer, M. (Host). (2019, January 11). Booms, Bubbles, and Busts. (No. 30) [Audio podcast episode]. In The Brainy Business.

91 Asch, S. (1955). Opinions and social pressure. *Scientific American*, 193(5), 31 – 35.

92 노아 골드스타인, 스티브 마틴, 로버트 치알디니,《설득의 심리학 2》, 21세기북스, 2015.

93 Influenceatwork. (2012, November 26). Science of Persuasion [Video]. YouTube. www.youtube.com/watch?v=cFdCzN7RYbw.

94 캐스 선스타인,《심플러》, 21세기북스, 2013.

95 Young, L. (2016, September 13). Watch these awkward elevator rides from an old episode of candid camera. *Atlas Obscura*.

96 로버트 치알디니,《설득의 심리학》, 21세기북스, 2013.

97 Bekk, M. & Sporrle, M. (2010). The influence of perceived personality characteristics on positive attitude toward and suitability of a celebrity as a marketing campaign endorser. *The Open Psychology Journal*, 3(1), 54 – 66.

98 니쉬 스킨케어에 대해 자세히 알고 싶다면 nicheskincare.com이나 인스타그램 @nicheskincare을 둘러보라.

99 Behavioural Economics Team of the Australian Government (BETA). (2017, October 16). Nudge vs superbugs: A behavioural economics trial to reduce the overprescribing of antibiotics. Retrieved from: behaviouraleconomics.pmc.gov.au/sites/default/files/projects/report-nudge-vs-superbugs.pdf.

100 리처드 H. 탈러, 캐스 R. 선스타인,《넛지》, 리더스북, 2018.

101 Thaler, R., & Benartzi, S. (2004). Save more tomorrow™: Using behavioral economics to increase employee saving. *Journal of Political Economy*, 112(S1), S164-S187.

102 리처드 H. 탈러, 캐스 R. 선스타인,《넛지》, 리더스북, 2018.

103 Thaler, R. H., Sunstein, C. R., & Balz, J. P. (2012) Choice Architecture. The Behavioral Foundations of Public Policy, Ch. 25, Eldar Shafir, ed. (2012). Available at SSRN: ssrn.com/abstract=2536504 or dx.doi.org/10.2139/ssrn.2536504.

104 Staff. (2009, October 22). 52 percent opted to donate to state parks in September. Washington Policy Center.

105 리처드 H. 탈러, 캐스 R. 선스타인,《넛지》, 리더스북, 2018.

106 Thaler, R. (2010, January 11). Measuring the LSD effect: 36 percent improvement. Nudge Blog.

107 Thaler, R. (2008, August 6). A car pedal for the lead foot in your family. Nudge Blog.

108 Thaler, R. H., Sunstein, C. R., & Balz, J. P. (2012) Choice Architecture. The Behavioral Foundations of Public Policy, Ch. 25, Eldar Shafir, ed. (2012). Available at SSRN: ssrn.com/abstract=2536504 or dx.doi. org/10.2139/ssrn.2536504.

109 Blog. (2018. February 7). How many daily decisions do we make? *Science*.

110 Shiv, B., & Fedorikhin, A. (1999). Heart and Mind in Conflict: The Interplay of Affect and Cognition in Consumer Decision Making. *Journal of Consumer Research*, 26(3), 278 – 292.

111 Edland A. & Svenson O. (1993) Judgment and decision making under time pressure. In: Svenson O., Maule A. J.(eds) *Time Pressure and Stress in Human Judgment and Decision Making*. Springer, Boston, MA.

112 Margalit, L. (2019, November 5). This is your brain on sale. *CMS Wire*.

113 Ordóñez, L. & Benson, L. (1997). Decisions under time pressure: How time constraint affects risky decision making. *Organizational Behavior and Human Decision Processes*, 71(2), 121 – 140.

114 Amabile, T. M., Noonan Hadley, C., & Kramer, S. J. (2002). Creativity under the gun. *Harvard Business Review*.

115 Giblin, C. E., Morewedge, C. K. & Norton, M. I. (2013, September 16). Unexpected benefits of deciding by mind wandering. *Frontier Psychology*, Volume 4, Article 598.

116 리처드 채터웨이, 《처음 읽는 행동경영학》, 어크로스, 2021.

117 Dooley, R., (2019), *Friction: The untapped force that can be your most powerful advantage*. McGraw-Hill Education.

118 Cheema, A., & Soman, D. (2008). The effect of partitions on controlling consumption. *Journal of Marketing Research*, 45(6), 665 – 675.

119 Rolls, B. J., Morris, E. L., & Roe, L. S. (2002). Portion size of food affects energy intake in normal-weight and overweight men and women. *The American Journal of Clinical Nutrition*, 76(6), 1207 – 1213.

120 Dooley, R. (n.d.). The psychology of beer (and wine too). Neuromarketing Blog.

121 Cheema, A., & Soman, D. (2008). The effect of partitions on controlling consumption. *Journal of Marketing Research*, 45(6), 665 – 675.

122 Bettinger, E., Cunha, N., Lichand, G., & Madeira, R. (2020). Are the effects of informational interventions driven by salience? University of Zurich, Department of Economics, Working Paper No. 350.

123 Cheema, A., & Soman, D. (2008). The effect of partitions on controlling consumption. *Journal of Marketing Research*, 45(6), 665 – 675.

124 Soman, D. & Cheema, A. (2011). Earmarking and Partitioning: Increasing saving by low-income households. *Journal of Marketing Research*, 48, S14-S22.

125 Dhar, R., Huber, J., & Khan, U. (2007). The shopping momentum effect. *Journal of Marketing Research*, 44(3), 370 – 378.

126 Morwitz, V. G., Johnson, E., & Schmittlein, D. (1993). Does measuring intent change behavior? *Journal of Consumer Research*, 20(1), 46–61.

127 Kaplan, K. (1997, January 15). 5 customers sue AOL over new unlimited access plan. *LA Times*. Brown, M. (n.d.) AOL goes unlimited. *This Day In Tech History*.

128 Mazar, N., Plassmann, H., Robitaille, N. & Lindner, A. (2016). Pain of paying?— A metaphor gone literal: Evidence from neural and behavioral science. Rotman School of Management Working Paper No. 2901808, INSEAD Working Paper No. 2017/06/MKT.

129 Kamat, P., Hogan, C., (2019, January 28), How Uber leverages applied behavioral economics at scale, Uber Engineering Blog. Uber ExpressPOOL eng.uber.com/applied-behavioral-science-at-scale.

130 Zellermayer, O. (1996). The pain of paying. (Doctoral dissertation). Department of Social and Decision Sciences, Carnegie Mellon University, Pittsburgh, PA.

131 Rick, S., Cryder, C. E., & Loewenstein, G. (2008). Tightwads and spendthrifts: An interdisciplinary review. *Journal of Consumer Research* 34(6), 767–782.

132 Prelec, D., & Loewenstein, G. (1998). The red and the black: Mental accounting of savings and debt. *Marketing Science*, 17(1), 4–28.

133 Coulter, K. S., Choi, P., & Monroe, K. B. (2012). Comma n' cents in pricing: The effects of auditory representation encoding on price magnitude perceptions. *Journal of Consumer Psychology*, 22(3), 395–407.

134 Prelec, D., & Loewenstein, G. (1998). The red and the black: Mental accounting of savings and debt. *Marketing Science*, 17(1), 4–28.

135 빙 번역기의 클링온어에 관한 이야기는 맷 월러트가 전화 인터뷰에서 들려주었다. 그는 또한 우리 팟캐스트 〈브레이니 비즈니스〉 128회에서도 그 일에 관해 이야기했다.《기획에서 마케팅까지 끝에서 시작하라》를 보면 그의 연구를 더 자세히 알 수 있다.

136 Berman, B. (2005). How to delight your customers. *California Management Review*, 48(1), 129–151.

137 이 책을 위해 만든 표는 바로 위에서 언급한 논문 〈How to delight your customers〉에서 가져와 약간 수정한 것이다.

138 Berman, B. (2005). How to delight your customers. *California Management Review*, 48(1), 129–151.

139 Coyne, K. P. (1989). Beyond service fads—Meaningful strategies for the real world. *Sloan Management Review*, 30(4), 69–76; Dick, A. S. & Basu, K. (1994). Customer loyalty: Toward an integrated conceptual framework. *Journal of the Academy of Marketing Science*, 22, 99–113.; T. A. Oliva, T. A., Oliver, R. L., & Macmillan, I. C. (1992). A catastrophe model for developing service satisfaction strategies. *Journal of Marketing*, 56(3), 83–98.

140 Berman, B. (2005). How to delight your customers. *California Management*

Review, 48(1), 129 – 151.

141 Berman, B. (2005). How to delight your customers. *California Management Review*, 48(1), 129 – 151.

142 Reichheld, F. F. & Sasser Jr., W. E. (1990). "Zero defections: Quality comes to services," *Harvard Business Review*, 68(5), 105 – 111.

143 Heskett, J. L. (2002). Beyond customer loyalty. *Journal of Service Theory and Practice*, 12(6), 355 – 357.

144 Chubb, H. (2019, June 6). Ed Sheeran teams up with Heinz ketchup to create 'Edchup.' *People*.

145 Berman, B. (2005). How to delight your customers. *California Management Review*, 48(1), 129 – 151.

146 Fredrickson, B. L. & Kahneman, D. (1993). Duration neglect in retrospective evaluations of affective episodes. *Journal of Personality and Social Psychology*, 65(1), 45 – 55.

147 Redelmeier, D. A., Katz, J. & Kahneman, D. (2003). Memories of a colonoscopy: A randomized trial. *Pain*, 104(1 – 2), 187 – 94.

148 Kahneman, D., Fredrickson, B., Schreiber, C., & Redelmeier, D. (1993). When more pain is preferred to less: Adding a better end. *Psychological Science*, 4(6), 401 – 405.

149 웬디 우드, 《해빗》, 다산북스, 2019.

150 Wood, W. & Neal, D. T. (2009). The habitual consumer. *Journal of Consumer Psychology*, 19(4), 579 – 592. Zaltman, G. (2003). *How customers think: essential insights into the mind of the market*. Harvard Business Press.

151 Eyal, N., & Hoover, R. (2014). *Hooked: How to build habit-forming products*. Portfolio/Penguin.

152 Details on Pique were provided via direct interview with cofounder, Bec Weeks, in episode 119 of The Brainy Business podcast.

153 Milkman, K. L., Minson, J. A., & Volpp, K. G. (2014). Holding The Hunger Games hostage at the gym: An evaluation of temptation bundling. *Management Science*, 60(2), 283 – 299.

154 Lorre, C., et. al (Writers), & Cendrowski, M. (Director). (2008, December 15). The bath item gift hypothesis [Television Series Episode] In L. Aronsohn (Producer), The Big Bang Theory. Columbia Broadcasting System.

155 The 6 Principles of Persuasion by Dr. Robert Cialdini [Official Site]. (2019, June 25). www.influenceatwork.com/principles-of-persuasion.

156 Freedman, J. L. & Fraser, S. C. (1966). Compliance without pressure: The foot-in-the-door technique. *Journal of Personality and Social Psychology*, 4(2), 195 – 202. Markman, A. (2008, October 12). The power of yard signs II: Escalation of commitment. *Psychology Today*.

157 비즈니스에 쓸 멋진 사진을 찍을 계획이 있다면 제니퍼 핀들레이를 강력 추천한다. 이 책이 출간될 무렵에 쓰일 내 사진은 제니퍼가 찍었다. 그녀는 함께 일할 만한 탁월한 전문가다.

158 Cialdini, R. B., et. al. (1975). Reciprocal concessions procedure for inducing compliance: The door-in-the face technique. *Journal of Personality and Social Psychology*, 31(2), 206–215.

159 행동경제학을 비즈니스에 적용하도록 돕기 위해 이 책에서는 2백여 개의 뇌과학 개념 중 15~20개에 초점을 맞춰 설명했다. 나머지 개념들은 여러분이 실험하면서 양념처럼 활용하면 된다.

160 리터리에 관한 자세한 내용은 최고경영자 마이클 매니케와 〈브레이니 비즈니스〉 75회에서 인터뷰하는 과정에서 나왔다.

161 이것은 또한 사전 가정 사고prefactual/반사실적 사고counterfactual의 순환을 촉발한다. 기본적으로 우리가 '만약 ~이라면'과 '안 될 게 뭐야'라고 생각하는 것이다. 이 책에서는 2가지를 다루지 않았지만 팟캐스트 〈브레이니 비즈니스〉 68회와 71회에서 다뤘다.

162 Buehler, J. (2017, October 19). Dogs really can smell your fear, and then they get scared, too. *NewScientist*.

163 Nelson, N. (2016, May 3). The power of a picture. Netflix Blog. Roettgers, J. (2016, January 7), This simple trick helped Netflix increase video viewing by more than 20 percent. *Variety*.

164 대니얼 카너먼, 《생각에 관한 생각》, 김영사, 2018.

165 Lam, B. (2015, January 30). The psychological difference between $12.00 and $11.67. *The Atlantic*.

166 Wadhwa, M. & Zhang, K. (2014). This number just feels right: The impact of roundedness of price numbers on product evaluations. *Journal of Consumer Research*, 41(5), 1172–1185.

167 댄 애리얼리, 《상식 밖의 경제학》, 청림출판, 2008.

168 Hanson, R. (2009, January 10). Why we like middle options, small menus. *Overcoming Bias*.

169 Graff, F. (2018, February 7). How many daily decisions do we make? *Science*.

170 브라이언은 이 사례를 〈브레이니 비즈니스〉 104회에서 들려줬다. 더 자세한 내용은 다음 책에서 볼 수 있다. Ahearn, B. (2019). *Influence PEOPLE: Powerful everyday opportunities to persuade that are lasting and ethical*. Influence People, LLC.

171 Mitrokostas, S. (2019, January 14). Why cereal boxes are at eye level with kids. *Insider*.

172 Cobe, P. (2020, September 25). Texas restaurants turn to neuroscience for menu makeovers. *Restaurant Business*.

173 Witte, K. (2019, November 20). Local businesses use Texas A&M behavior science to design menus. *KBTX*.

174 메뉴 프로젝트에 관한 상세한 내용은 제즈 그룹과 에이프릴 벨라코트와의 인터뷰에서 들은 것이다. 그들은 이미지들을 책에 사용해도 된다고 허락했다. 〈브레이니 비즈니스〉 131회에서 인터뷰를 들을 수 있다.《넛지의 천재들》도 읽어 보길 권한다.

175 Trafton, A. (2014, January 16). In the blink of an eye. *MIT News*. Staff, (2019, March 6), Mobile Marketing Association reveals brands need a "first second strategy." *Mobile Marketing Association*.

176 Sunstein, C. (2020, May 19). How to make coronavirus restrictions easier to swallow. Bloomberg.

177 이 프로젝트의 상세한 내용은 엘리자베스 이머가 인터뷰에서 공유한 것이다. 스위스컴 과 함께한 이 프로젝트를 더 알고 싶으면 다음을 참고하라. Immer, E. (2020, March 6). A "fresh" start for collections at Swisscom. *Ergonomen*.

178 Celletti, C. (2020, June 25). Conversations that matter—Nudgestock 2020: Necessity is the mother of reinvention. *Ogilvy*.

179 샤파에 대한 상세한 내용은 댄 애리얼리와의 인터뷰에서 들은 것이고, 그의 팀이 이 책에 인용해도 좋다고 허락했다. 이 내용은 팟캐스트 〈브레이니 비즈니스〉 101회에서 들을 수 있다. www.shapa.com에서 더 많은 내용을 볼 수 있다.

180 Sunstein, C. (2020, May 19). How to make coronavirus restrictions easier to swallow. Bloomberg.

181 Petreycik, C. (2019, July 10). Cotton Candy grape watch: Which stores have them now. *Food and Wine*.

182 Zak, P. (2014, October 28). Why your brain loves good storytelling. *Harvard Business Review*.

183 Staff. (2020, January 24). Storytelling and cultural traditions. *National Geographic*.

184 콜루팀이 예루살렘 프로젝트에 대한 내용을 인터뷰에서 들려줬고, 내용뿐 아니라 이 미지도 이 책에 실어도 된다고 허락했다. 이 내용은 〈브레이니 비즈니스〉 113회에서도 들을 수 있다. 프로젝트에 대한 자세한 사항은 다음에서 확인할 수 있다. Staff. (2020, January 1), Urban regeneration In TLV—Jerusalem Boulevard, Colu. colu.com/ case-studies/urbanregeneration-in-tel-aviv-pcolu-civic-engagement.

185 Staff. (2020). Cancer Facts & Figures 2020. Cpancer.org.

186 서바이버넷 최고경영자 스콧 앨퍼린이 인터뷰에서 해 준 이야기다. 더 자세한 내용은 www.survivornet.com을 참고하라.

187 Zhang, Y. (2015, November 2). The registration test results Netflix never expected. *Apptimize*.

188 Watson, A. (2020, November 10). Number of Netflix paid subscribers worldwide from 3rd quarter 2011 to 3rd quarter 2020. *Statista*.

189 덱테크에 관한 상세한 내용은 그 팀과 인터뷰하며 들었고, 일부는 〈브레이니 비즈니스〉 140회에서 들을 수 있다. 이 연구에 관한 내용은 다음을 참조하라. Mitchell, T. & Benny, C. (2020). Using behavioural science to reduce opportunistic insurance

fraud. *Applied Marketing Analytics*, 5(4), 294－303.

190 상세한 내용은 인터뷰에서 들었고, 〈브레이니 비즈니스〉 116화에서도 들을 수 있다. 그의 책《마음을 움직이는 디자인 원리》도 참고하기 좋은 자료다.

191 Nelson, N. (2016, May 3). The power of a picture. Netflix Blog.

192 Hern, A. (2014, February 5). Why Google has 200m reasons to put engineers over designers. *The Guardian*.

193 Palmer, M. (Host). (2019, May 17). Color theory. (No. 61) [Audio podcast episode]. In The Brainy Business.

194 리처드 채터웨이,《처음 읽는 행동경영학》, 어크로스, 2021.

195 응용행동경제학 과정 수강과 텍사스A&M대학교 인간행동연구소에 대해 더 알고 싶으면 hbl.tamu.edu/certificate-program을 참조하라.

196 아이모션스에 관한 내용은 그 팀의 허락하에 이 책에 실었다. 더 자세한 정보는 www.imotions.com에서 알아볼 수 있다

197 Sundararajan, R. R., Palma, M. A. & Pourahmadi, M. (2017). Reducing brain signal noise in the prediction of economic choices: A case study in neuroeconomics. *Frontiers in Neuroscience*, 11, 704.

198 캐스 R. 선스타인,《심플러》, 21세기북스, 2013.

199 Rose, J. (2019, April 1). Benefits of using your opposite hand—Grow brain cells while brushing your teeth. *Good Financial Cents*.

200 Coyier, C. (2016, January 8). What is bikeshedding?. CSS-Tricks.

201 니르 이얄,《초집중》, 안드로메디안, 2020.

5장

프레이밍 효과는 응용·행동경제학에서 가장 중요한 개념 중 하나다. 〈브레이니 비즈니스〉에도 자주 등장하지만 프레이밍만 집중적으로 다룬 것은 총 2편이다.

▶ 16회 〈말하는 내용보다 말하는 방식이 더 중요하다〉. 프레임이 무엇인지, 비즈니스에서 프레임을 어떻게 활용할 수 있는지를 깊이 파고들었다.

▶ 17회 〈숫자의 힘 파헤치기〉. 가격의 끝부분을 5, 7, 9, 0으로 표기해야 하는지 궁금한가? 여기서는 가격을 정할 때 무엇이 중요한지, 어떻게 결정해야 하는지, 그리고 왜 그래야 하는지를 설명한다.

6장

점화 효과는 내가 가장 좋아하는 개념이다. 무척 간단하게 테스트할 수 있기 때문이다. 새로 선정한 사진이나 약간 수정한 단어가 판도를 바꿔 놓을 수도 있다.

▶ 18회 〈아이스커피를 든 사람과 진지한 대화를 나누지 마세요〉. 브랜드에 점화 효과를 적용하는 방법을 더 많이 소개하고 이 장의 내용도 확장하여 다룬다.

▶ 24~28회 〈여러 가지 감각 시리즈〉. 시각, 청각, 촉각, 미각, 후각이 실제로 어떤 식으로 작동하는지, 그 감각들이 뇌와 어떻게 연결되는지, 그리고 탁월한 브랜드 체험을 만들기 위해 그 감각들을 어떻게 이용하면 좋은지를 배울 수 있다.

▶ 89회 〈뭔가를 생각하면 실제보다 중요하게 느껴지는 이유〉. 특이한 시각과 이것이 일상에 미치는 영향을 알고 싶은가? 초점 착각focusing illusion에 관한 흥미로운 내용을 다룬다.

7장

〈브레이니 비즈니스〉 11회를 들으면 기준점 제시를 깊이 알 수 있을 것이다.

▶ 11회 〈기준점 제시와 조정: 판매량을 38퍼센트나 증가시킨 한 단어〉. 초콜릿 바나 국가 수 외에도 내가 제안하고 싶은 기준점 제시 방식들을 다양하게 소개한다. 귀금속 상점, 부동산, 가구점, 자동차 대리점, 서비스업에서 활용할 만한 것, 기업에서나 비영리기관에서 활용할 만한 것 등 무척 많다.

8장

기업은 제품의 가치를 보여 주기 위해 상대성을 적절하게 활용해야 한다. 〈브레이니 비즈니스〉의 다음 회차를 들으면 더 많은 내용을 배울 수 있을 것이다.

▶ 12회 〈상대성: 하나만으로는 가치를 평가하지 못한다〉. 제품 스펙을 상대성과 기준점을 활용하여 준비하도록 단계별로 상세히 설명한다.

▶ 8회 〈가치란 무엇인가?〉. 214달러의 그릴 치즈에서 배울 점이 있을까? 아주 많다.

9장

〈브레이니 비즈니스〉에서도 손실 회피를 다룬 적 있다.

▶ 9회 〈손실 회피: 새 상품을 사는 것이 모두 똑같지 않은 이유〉. 행동경제학이 어떻게 바탕을 갖추었는지를 보여 주는 내용. 적용할 만한 사례를 소개하고, 손실 회피 개념을 뒷받침하는 여러 실험을 상세히 다룬다.

10장

〈브레이니 비즈니스〉에서도 희소성을 언급했다.

▶ 14회 〈희소성: 우리는 왜 구하기 힘든 것일수록 귀하게 여기는가〉. 스타벅스, 디즈니, 코스트코, 그리고 다이아몬드를 둘러싼 의외의 이야기(다이아몬드가 진짜 희귀한 건 아니다) 등 모두를 이 회차에 이야기했다.

▶ 47회 〈코스트코: 행동경제학 분석〉. 최고에게서 배우자. 코스트코가 중요한 행

동경제학 개념들을 결합해서 어떤 식으로 가치를 창출하는지, 거기서 배운 모델을 여러분 회사에 적용할 수 있는지, 어떻게 적용해야 하는지도 알아본다.

▶ 73회 〈스타벅스: 행동경제학 분석〉. 코스트코 에피소드를 다룰 때와 비슷한 방식으로 진행했는데, 순위가 급격히 올라 〈브레이니 비즈니스〉 다운로드 순위 3위를 기록했다.

11장

군중심리가 어떻게 작동하는지, 특히 투자할 때 어떤 식으로 우리에게 영향을 주는지를 알고 싶다면 〈브레이니 비즈니스〉의 다음 두 회차를 듣기 바란다.

▶ 19회 〈군중심리: 와서 들어 봐요……. 다들 하고 있어요〉. 캠페인을 시작할 때 소셜미디어에서 큰 효과를 얻고 싶다면 군중심리를 활용하는 법을 배워 보라. 그리고 아이스버킷 챌린지Ice Bucket Challenge 같은 것들이 인터넷에서 왜 그렇게 급속히 퍼지는지도 알아보자.

▶ 30회 〈우리는 왜 계속 과대 광고에 끌릴까(그리고 어떻게 멈출 수 있을까)〉. 튤립 구근, 비니 베이비Beanie Babies, 가상화폐에 이르는 역사적 투자 기법을 다룬다. 현명한 투자를 위해 과거의 군중심리 마케팅이 실패한 사례도 이야기한다.

12장

〈브레이니 비즈니스〉에서는 2회 다뤘는데, 사회적 검증을 적용한 많은 사례를 배울 수 있을 것이다.

▶ 87회 〈사회적 검증: 군중심리를 활용하여 소비자 참여를 늘리고 판매량을 올리는 방법〉. 사회적 검증의 6가지 유형에 대한 자세한 내용, 작동 방식, 적용 방법 등을 알아본다.

▶ 106회 〈네트워크 효과: 집단의 힘을 이용하는 법〉. 페이스북이나 우버 같은 소셜 플랫폼은 사용자가 늘어날수록 이익이다. 네트워크 효과는 사회적 검증과는 다르지만 사회적 검증의 훌륭한 대안이므로, 소셜 앱과 플랫폼을 만들거나 이용하고 있다면 반드시 알아 두어야 한다.

13장

〈브레이니 비즈니스〉에서도 7회 시리즈로 넛지와 선택 설계를 자세히 다뤘으니 들어 보기 바란다. 비즈니스에 적용할 때 필요한 것을 더 배울 수 있을 것이다.

▶ 35~41회 〈넛지와 선택 설계: 7회 시리즈〉. 35회에서는 개념을 소개하고 이후 넛지의 여러 성격, 즉 인센티브, 매핑 이해하기, 기본값, 피드백하기, 실수 예상하기, 복합적인 선택 설계하기에 대해 1시간씩 다뤘다.

▶ 109회 〈동기부여와 인센티브의 비밀〉. 무엇이 동기를 부여하는지, 그리고 사람들을 움직이게 하려면 어떻게 해야 하는지에 대해 팀 훌리헌이 놀라운 통찰을 보여 준다. 팀은 〈적재적소 행동과학Behavioral Grooves〉이라는 팟캐스트 운영자인데, 공교롭게도 그의 팟캐스트 109회에 내가 초대 손님으로 출연했다.

▶ 111회 〈일상 업무에서 큰 실수를 피하는 법〉. 잘못된 결정을 하면 큰일나는 문제가 있는가? 글렙 치퍼스키가 출연하여 이 문제를 해결하는 5단계 과정을 소개한다.

14장

다음은 선택과 구매와 관련하여 〈브레이니 비즈니스〉에서 들으면 좋은 회차다.

▶ 32회 〈뇌를 지치게 하는 것은 무엇인가〉. 초콜릿 케이크 연구에 대한 내용과 뇌의 과부하를 극복하는 나의 요령을 담았다.

▶ 72회 〈구매 과정의 장애를 줄이는 방법〉. 로저 둘리를 초청하여 그의 책 이야기, 구매 단계의 장애를 줄이는 법을 듣는다.

▶ 74회 〈재깍거리는 시계가 주는 스트레스〉. 시간 압박이 희소성과 손실 회피와 어떻게 다른지, 그리고 시간 압박을 비즈니스에서 어떻게 활용할지를 다룬다.

▶ 134회 〈행동과학을 비즈니스에 어떻게 활용할 것인가〉. 행동과학을 비즈니스에 도입한 기발한 사례들을 리처드 채터웨이와 인터뷰하며 알아본다.

15장

〈브레이니 비즈니스〉의 다음 회차에서 분할에 대해 알아보고, 여러분의 비즈니스에 활용하기 바란다.

▶ 56회 〈심리적 회계: 돈 계산을 우리에게 유리하게 하는 법〉. 이 장에서는 심리적 계좌를 짧게 언급했지만, 더 알고 싶다면 개념을 설명한 내용 전체를 들어 보기 바란다.

▶ 58회 〈분할: 우리는 왜 대형 포장 치토스를 더 많이 먹는가〉. 분할에 관한 다양한 실험을 알아보고, 비즈니스에 적용하려면 어떤 요령이 필요한지 알려 준다.

▶ 96회 〈어떻게 하면 고객이 편해질까〉. 신경언어 프로그래밍 전문가 니키 라우시와의 대담.

16장

결제할 때 느끼는 부담에 관한 흥미로운 내용 중 이 책에 싣지 못한 것이 많다. 고객이 좀 더 편하게 여러분 회사의 제품을 살 수 있도록 〈브레이니 비즈니스〉의 다음 내용을 들어 보기 바란다.

▶ 59회 〈결제의 고통: 왜 첫 물건을 사는 것이 가장 어려운가〉. 구두쇠와 헤프게 쓰는 사람에 대한 자세한 정보, 토큰과 칩을 현금처럼 사용하는 요령, 결제의 쓰라림을 줄이는 방법을 설명한다.

17장

놀라지 마시라! 〈브레이니 비즈니스〉에도 놀람과 희열을 이해하고 실행하는 데 도움이 되는 내용이 있다.

▶ 60회 〈놀람과 희열〉. 놀람과 희열을 마케팅에 활용할 때 도움이 될 연구와 사례, 함정, 그리고 아이디어를 소개한다.

▶ 128회 〈끝에서 시작하라〉. 맷 월러트를 초대하여 빙 번역기의 클링온어만큼이나 흥미로운 그의 여러 프로젝트에 관해 얘기한다.

18장

〈브레이니 비즈니스〉의 다음 회차를 듣고 비즈니스에 활용하는 법을 더 배우기 바란다.

▶ 97회 〈정점-종점 규칙: 평균보다 중요한 게 있다〉. 더 많은 관련 사례, 그리고 정점-종점 규칙을 극복하기 위한 나의 조언을 들려준다. 실적 평가 회의에서 편향적 관점을 줄이는 데도 도움이 될 것이다.

▶ 141회 〈고객 경험에 관해 기업이 가장 많이 하는 실수〉. 제니퍼 클라인헨즈를 초청하여 디즈니랜드 사례를 더 자세히 들어본다. 더불어 정점-종점 규칙을 고객 경험에 활용하는 방법, 감정의 중요성 등 유익한 내용도 함께 다룬다.

19장

습관에 대한 통찰을 담은 콘텐츠는 너무나도 많다. 이 분야는 참으로 매혹적이다. 웬디 우드 교수를 초청하여 그녀의 저서 《해빗》과 다른 연구 내용을 다룬 팟캐스트를 소개한다. 제임스 클리어James Clear의 《아주 작은 습관의 힘Atomic Habits》과 찰스 두히그Charles Duhigg의 《습관의 힘The Power of Habit》도 강력하게 추천한다. 습관의 본질을 이해하고 활용하여 여러분의 삶과 비즈니스를 성장시키고 싶다면 〈브레이니 비즈니스〉의 다음 회차를 들어 보기 바란다.

▶ 21회 〈습관: 결정의 95퍼센트는 습관이다. 여러분 브랜드는 95퍼센트 쪽인가, 5퍼센트 쪽인가?〉. 습관에 대해 깊이 알아보고, 어떻게 작동하는지를 논한다.

▶ 22회 〈습관의 힘〉. 습관에 관해 할 얘기가 너무 많아서 2회에 걸쳐 다뤘다. 이번 회에는 습관을 적용하고 활용하는 여러 방식을 알아본다.

▶ 78회 〈산만함을 피하는 법〉. 니르 이얄을 초청하여 이야기 나누었다. 앞에서 그의 책 《훅》과 비즈니스와 습관을 결합하는 모델을 언급했다. 그는 《초집중》이라는 책도 썼다. 이 책은 개인의 습관을 이해하기 위해 알아야 하는 것들, 그리고 생산성을 향상하기 위해 할 일들을 설명한다.

▶ 127회 〈좋은 습관, 나쁜 습관〉. 습관에 관한 연구로 세계적 명성을 얻은 웬디 우드를 초청하여 이 분야에 대한 기초 조사, 습관에 대해 알아야 할 것들을 이야기한다.

20장

〈브레이니 비즈니스〉에서 호혜성 개념과 강력한 리드 마그넷을 언급하고 크와메 크리스천과 인터뷰도 했으니 들어 보기 바란다.

▶ 3회 〈리드 마그넷은 효과가 있는가, 그리고 꼭 필요한가?〉. 그렇다. 그것이 '왜' 필요한지, 그리고 호혜성을 이용하여 여러분의 리드 마그넷을 어떻게 만들거나 보완할지를 알려 준다.

▶ 23회 〈호혜성: 조금 주고 많이 받는다〉. 호혜성에 관한 모든 것을 알려 주고, 20장에서 소개한 실험을 자세히 다룬다. 교훈이 될 다른 사례들도 소개한다.

▶ 103회 〈리드 마그넷과 증정품, 옵트인을 재평가해서 업데이트하는 법〉. 코로나 시국 초반은 많은 사람이 리드 마그넷뿐 아니라 비즈니스 모델을 재정비할 수 있는 시간이었다. 이 회차에서는 어려운 시기에(물론 좋은 시기에도) 누구나 반길 만한 리드 마그넷을 구상하는 법을 알려 준다.

▶ 107회 〈인종이나 빈부격차 같은 어려운 주제로 대화하는 법〉. 변호사이자 협상 전문가 크와메 크리스천을 초청하여 '공감하는 호기심'이라는 프레임과 그 밖의 통찰에 대해 듣는다.

21장

이 과정을 더 알고 싶으면 〈브레이니 비즈니스〉의 다음 회차를 들어 보기 바란다.

▶ 126회 〈행동경제학을 적용할 때 가장 중요한 단계: 문제 파악하기〉.

22장

가격 책정을 더 알고 싶으면 〈브레이니 비즈니스〉의 다음 회차를 참고하기 바란다.

▶ 5회 〈가격 책정에 관한 진실〉.

▶ 7회 〈가치란 무엇인가?〉.

▶ 66회 〈가격에 대한 근본적 자신감〉.

▶ 77회 〈가격을 어떻게 올릴 것인가〉.

23장

좀 더 깊이 공부하고 싶다면 〈브레이니 비즈니스〉의 다음 회차를 들어 보기 바란다.

▶ 10회 〈매리얼 코트와 함께하는 생방송 전략 회의〉.

▶ 84회 〈대량 또는 묶음 상품으로 파는 법〉.

24장

이 장에는 브라이언 에이헌과 대화하며 얻은 의미 있는 통찰을 담았다. 훨씬 재
밌는 내용들을 듣고 싶다면 그와 이야기 나눈 〈브레이니 비즈니스〉의 전체 내용
을 들어 보길 바란다.

▶ 104회 〈윤리적으로 사람들에게 영향을 미치는 법〉.

25장

더 자세한 내용은 〈브레이니 비즈니스〉의 다음 회차를 참고하라.

▶ 33회 〈텍사스A&M대학교 인간행동연구소에서 진행한 마르코 파머와의 대담〉.

▶ 131회 〈작은 행동 변화가 가져오는 큰 효과(대담: 제즈 그룸, 에이프릴 벨라코트)〉.

26장

더 자세한 내용은 〈브레이니 비즈니스〉의 다음 회차를 들어 보기 바란다.

▶ 101회 〈숫자 없는 체중계 샤파(대담: 댄 애리얼리)〉.

▶ 118회 〈행동과학 클럽(대담: 공동 창립자 루이스 워드)〉.

27장

더 자세히 알고 싶으면 〈브레이니 비즈니스〉의 다음 회차를 들어 보기 바란다.

▶ 54회 〈새로움과 이야기를 선호하는 경향〉.

▶ 113회 〈행동경제학을 활용하여 발전하는 도시 만들기(대담: 콜루)〉.

지은이 소개

멜리나 파머^{Melina Palmer}는 전 세계 기업들에 행동경제학 컨설팅을 제공하는 브레이니 비즈니스^{Brainy Business} 창업자이자 최고경영자다. 텍사스A&M대학교 인간행동연구소에서 응용행동경제학을 가르치고 비즈니스 잡지 〈잉크^{Inc.}〉에 행동경제학 칼럼을 연재하는 등 활발하게 활동하고 있다. 또한 많은 대학과 기업이 응용행동경제학 교육 자료로 사용하는 팟캐스트 〈브레이니 비즈니스〉를 진행하며 160개국의 많은 청취자로부터 사랑받고 있다.

소비자의 마음

초판 1쇄 발행 2023년 3월 13일
초판 2쇄 발행 2023년 4월 5일

지은이 멜리나 파머
옮긴이 한진영
발행인 박효상
편집장 김현
기획·편집 장경희
디자인 임정현

편집·진행 김효정
교정·교열 강진홍
표지·본문 디자인 엄혜리
마케팅 이태호, 이전희
관리 김태옥

종이 월드페이퍼 인쇄·제본 예림인쇄·바인딩 | 출판등록 제10-1835호
펴낸 곳 사람in | 주소 04034 서울시 마포구 양화로11길 14-10(서교동) 3F
전화 02) 338-3555(代) 팩스 02) 338-3545 | E-mail saramin@netsgo.com
Website www.saramin.com

책값은 뒤표지에 있습니다.
파본은 바꾸어 드립니다.

ISBN 978-89-6049-999-7 03320

우아한 지적만보, 기민한 실사구시 사람in